## 国际规则研究丛书

丛书单位　中国社会科学院世界经济与政治研究所
丛书主编　张宇燕

INTERNATIONAL RULES

"十四五"国家重点出版物出版规划项目

# 国有企业竞争规则的国际化研究

毛日昇 著

The Internationalization of Competition Rules for State-owned Enterprises

中国社会科学出版社

# 图书在版编目(CIP)数据

国有企业竞争规则的国际化研究 / 毛日昇著.
北京：中国社会科学出版社，2025.1. -- (国际规则研究丛书). -- ISBN 978-7-5227-3804-8

Ⅰ. F279.241

中国国家版本馆 CIP 数据核字第 20246L82G1 号

| | |
|---|---|
| 出 版 人 | 赵剑英 |
| 责任编辑 | 党旺旺 |
| 责任校对 | 刘　娟 |
| 责任印制 | 张雪娇 |

| | |
|---|---|
| 出　　版 | 中国社会科学出版社 |
| 社　　址 | 北京鼓楼西大街甲 158 号 |
| 邮　　编 | 100720 |
| 网　　址 | http://www.csspw.cn |
| 发 行 部 | 010-84083685 |
| 门 市 部 | 010-84029450 |
| 经　　销 | 新华书店及其他书店 |

| | |
|---|---|
| 印　　刷 | 北京明恒达印务有限公司 |
| 装　　订 | 廊坊市广阳区广增装订厂 |
| 版　　次 | 2025 年 1 月第 1 版 |
| 印　　次 | 2025 年 1 月第 1 次印刷 |

| | |
|---|---|
| 开　　本 | 710×1000　1/16 |
| 印　　张 | 21.5 |
| 插　　页 | 2 |
| 字　　数 | 273 千字 |
| 定　　价 | 138.00 元 |

凡购买中国社会科学出版社图书，如有质量问题请与本社营销中心联系调换
电话：010-84083683
**版权所有　侵权必究**

# "国际规则研究丛书"
# 编委会

(按姓氏笔画排序):

王　镭　　冯维江　　孙　杰　　任　琳　　张宇燕
张　斌　　姚枝仲　　袁正清　　徐　进　　徐秀军
徐奇渊　　高凌云　　高海红

"国际规划研究丛书"
编委会

(按姓氏笔画排列)

丁一·健一　文宗瑜　叶　枝　陈小虹
洪银兴　宋　涛　余永定　胡鞍钢　秦朵
颜鹏飞　刘力群

# 总　序

张宇燕

"国际规则研究丛书"是中国社会科学院世界经济与政治研究所贯彻党的二十大精神、回应时代需求和践行职责使命，以马克思主义为指导，坚持辩证唯物主义和历史唯物主义，认识世界和理解世界的集体成果。2023年，"国际规则研究丛书"正式入选"十四五"国家重点出版物出版规划项目。

"无规矩不成方圆"。国际规则是国际社会运行所遵循的法则，一般由世界各国共同制定或公认，是国际社会开展全球治理的重要"抓手"。国际规则研究是全球治理研究的基础内容。本丛书意在检视各类国际规则的内涵与本质，为中国参与国际多边事务提供智力支撑，提高中国参与全球治理的能力和水平。

"事之难易，不在小大，务在知时"。在国际格局深刻变动的当下，围绕国际规则制定的讨论与博弈日趋激烈，是"秉承孤立主义，远离现行秩序"，还是"另起炉灶，以国内标准另立新规"，抑或是"对接规则制定，在合作中完善引领"，种种不同选择，成为诸多大国忧思所在。作为崛起中的新兴大国，中国旗帜鲜明地对接并融入国际规则制定，推动全球化朝着更加开放、包容、普惠、平衡、共赢的方向发展，有力回应了内外诉求。

从客观实际看，全球治理现状呼唤新的国际规则体系。当前，新旧全球问题不断涌现，和平赤字、发展赤字、安全赤字和治理赤字更加凸显，国际社会面临巨大的不稳定性和不确定性风险。发达国家参与全球治理的意愿和能力有所下滑，新兴市场国家和发展中国家的作用日益突出。国际规则制定与完善需要因应世界多极化的发展趋势。

从历史经验与思想积累看，中国具备参与乃至引领国际规则制定的能力。作为具有五千年文明史的国家，中国在参与国际规则制定、凝聚国际共识方面拥有深厚的思想优势，"兼爱非攻""不以兵强天下""招携以礼，怀远以德"等理念均有独到价值。中华优秀传统文化、新时代中国特色社会主义思想，能与现行国际规则体系良性互动，可为全球更加美好的未来贡献中国智慧。

近些年来，中国参与全球治理的能力大有提升，参与国际规则制定已取得重要成果。习近平总书记强调："要提高我国参与全球治理的能力，着力增强规则制定能力、议程设置能力、舆论宣传能力、统筹协调能力。"坚持把马克思主义基本原理同中国具体实际相结合、同中华优秀传统文化相结合，中国相继提出"一带一路"倡议、全球发展倡议、全球安全倡议、全球文明倡议、"数字丝绸之路"等创新理念，积极推进加入《全面与进步跨太平洋伙伴关系协定》（CPTPP）和《数字经济伙伴关系协定》（DEPA），推动世界贸易组织改革举措也不断丰富，展现了中国从理念到实践，全链条参与国际规则制定的进展。

本丛书主要关注以下五类规则。第一类聚焦全球气候变化治理规则、劳工规则等，旨在构建区别于西方的话语体系。受历史因素、发展程度差异影响，新兴市场经济体与第三世界国家在这类国际规则的制定中，普遍认同"共同而有区别的责任"，符合国际关系的平等原则。在联络其他发展中国家反对发达国家单边行动、敦促其落实气变资金援助承诺、消除所谓"蓝色壁垒"的行动中，中国有足够空间团结多数力量,构建有别于西方的话语体系。

第二类聚焦国有企业竞争中性规则、主权债务规则等,以求提升中国发展的主动性。参与国有企业中性规则制定有助于推动中国国有企业改革、促进民营经济发展。根据中国国情,加强主权债务规则研究有助于中国完善解决发展中国家主权债务问题的综合框架,提升中国综合发展的主动性。

第三类聚焦新业态知识产权规则、网络治理规则、数字贸易规则等,积极参与打造"新标准高地"。国际规则的制定能力主要包括一个国家的整体实力、领域优势和创新能力。作为网络大国、数字大国和航天大国,中国在推动新领域标准制定方面具有独特优势,因为霸权国有可能主导整体的秩序制定,但某一新兴领域的规则多由具有领域优势的其他大国完成。中国在人工智能、"互联网+"、大数据、区块链知识产权规则制定、数字贸易规则制定方面潜力极佳,具备"弯道超车"打造"新标准高地"的内在优势。

第四类聚焦国际投资规则、国际贸易规则、国际金融规则、国际税收规则等,服务中国经济双循环发展格局。在全球经济复苏乏力,多数国家谋投资、重贸易、抓税收背景下,国际投资、国际贸易、国际金融、国际税收规则的发展拥有良好机遇,有利于中国打造经济双循环发展格局。以国际税收规则为例,新冠疫情对全球经济造成重大影响,世界主要国家通过超常规财政货币刺激计划稳定经济,但经济减速导致财政减收,财政收支矛盾成为不少国家的难题,能够扩大财政收入的国际税收规则改革深受各国关注。

第五类聚焦国际安全规则,为实现永久和平提供建设性方案。东西方理念不同、文化具有差异,既是客观存在,也是中国推出新规则的借力点。在存在利益分歧的背景下，理念差异有利于打造建设性方案。以国际安全规则为例，全球安全倡议有别于美西方"安全困境""修昔底德陷阱""金德尔伯格陷阱"等传统理论，为饱受传统与非传统安全威胁的国家带来了具有中国特色的安全方案。

　　本丛书甄选重点问题领域的国际规则"解剖麻雀"，并针对性提出中国参与该领域国际规则的对策建议。我们希望借此为中国参与全球治理体系改革和建设提供新的思路，为最终建成持久和平、普遍安全、共同繁荣、开放包容、清洁美丽的世界尽绵薄之力。

　　是为序。

# 前　言

公平竞争是市场经济的本质要求。经济学观点认为，市场上众多企业和消费者个体决策的效率取决于市场的自由竞争和公平竞争，创造和维护一个公平的市场竞争环境和秩序，对提高资源配置效率、保持市场经济的活力至关重要。当从一个封闭的市场扩展到国际市场时也不例外，建立一套行之有效的国际贸易与投资规则，协调错综复杂的国家利益，确保世界各国的产品、服务、企业在国际市场上公平竞争，是确保经济资源在世界范围内有效配置，提高世界各国福利水平的关键。因此，国际市场上公平竞争规则的另一个发展方向是竞争中性规则的国际拓展过程。

国有企业竞争规则也称为"竞争中性"（Competitive Neutrality）原则，主要内涵强调国有企业和私有企业之间的平等市场竞争地位，这一规则旨在保证私有企业享有和国有企业同样经营环境、可获得的公开资源及平等的制度安排，通过公平的市场竞争机制消除国企在资源配置上的扭曲状态，实现市场配置资源，增强所有市场参与者的竞争力。"竞争中性"概念最早是由澳大利亚提出的。20世纪90年代，澳大利亚为了改变联邦政府、州政府公有制企业占据大量生产资料，享有不公平竞争优惠政策导致垄断，影响经济运行效率的现状，开始了全国性竞争政策改革。1996年，澳大利亚政府发布了《联邦竞争中性政策声明》（Commonwealth Competitive Neutrality Policy Statement），明确给出了"竞争中性"的概念："竞争中性是指政府的商业活动不因其公共部门所有权地位而享受私营部门竞争者所不能享受的竞争优势"，具体措施包括国有企业公司化改革（corporation reform）、税收中性（taxation neutrality）、债务中性（debt neutrality）、商业回报率（rate of return）、制度监管中性（regulatory neutrality）、成本分摊（cost allocation）和投诉机制7项。竞争中性在法律、政策和执行中得到落实。澳大利亚竞争中性的核心内容是将国有企业作为普通企业对待。国有企业可以正常参与竞争、追求利润，同时还需维持正常的商业回报率，但不得利用国有身份谋求资源倾斜或政策优惠等额外好处。

欧盟在其成立之时就建立了"竞争中性"规则，主要目的在于：①促进公共和私营部门在相同的平台上进行竞争；②保护欧盟内部市场的竞争力；③为消费者谋利益。欧盟法第106条（Article 106 EC）规定，"竞争中性"是指对从事具有公共经济利益的企业、拥有特别或专有权利的企业设立规则确保公平竞争。竞争规则主要内容包括：首先，欧盟委员会有权规范成员的国有企业经济活动。如委员会可以要求成员对本国国有企业适用竞争法；如果成员国有企业违反了竞争法中的相关规定，委员会可以做出决定要求企业停止相关措施，并且可以对企业进行相应的处罚。其次，规定适用于各成员的所有类型企业，政府扶持不仅包括资金的直接补贴，还包括各种税费的减免。欧盟认为除了一些特殊情况，任何形式的政府补贴都是不允许的。此外，欧盟竞争中性原则体现在一系列与竞争相关的法律法规中，如欧盟条约、透明度指南、一般经济利益服务（SGEI）指南、政府援助、反不正当竞争及兼并条款、竞争和政府采购法等。如"透明度审查"

(Transparency Directive）规定：国有企业应对其公共项目和商业行为承担独立的责任。对于承担了一部分非商业活动的国有企业，该措施要求国有企业设立不同的账户来区分商业活动和非商业活动；欧盟条约第107条第1款"国家援助条款"规定："欧盟成员国给予或者利用国家财源给予的援助，不论采用何种方式，凡优待某些企业或者某些生产部门，以致破坏竞争或者对竞争产生威胁，对成员国间贸易产生不利影响时，应视为与公平竞争市场相抵触。"

由此可见，公平竞争原则是国际贸易与投资规则的基石，其贯穿在几乎所有贸易和投资协定之中。在WTO框架下，公平竞争原则是指在经济活动中，成员方不得在货物贸易领域、服务贸易领域、与贸易有关的投资措施和与贸易有关的知识产权领域中采取扭曲市场竞争的措施，或进行不公平竞争行为，而应创造和维护公开、公平和公正的市场竞争环境。纵观乌拉圭回合谈判，公平竞争原则贯穿于始终。WTO最惠国待遇和国民待遇是公平竞争原则的体现。

国际市场的新变化催生了新型公平竞争规则。随着经济全球化的不断深入发展，尤其是20世纪90年代后，越来越多的跨境企业限制竞争行为扭曲了国际市场的公平竞争，形成了新型进入壁垒。而现行的WTO规则主要针对消除政府间的关税和非关税壁垒，对于企业限制竞争行为却显得无能为力。传统上规制企业限制竞争行为主要依靠各国的国内竞争法，但是由于各国国内竞争法的巨大差异，在处理跨境企业限制竞争行为时存在诸多冲突。这就对竞争政策的国际协调提出了更迫切的要求。

另外，国有企业参与国际竞争备受关注，越来越多的国有企业和主权基金进入国际市场，并产生越来越大的影响。美欧等国家和地区认为由于政府背后的支持,而不是自身生产率和创新优势,国有企业在国际市场获得了竞争优势,使得没有政府支持的私有企业陷入了竞争劣势。为应对国有企业国际化带来的新型挑战,确保一个公平竞争的国际市场环境,"竞争中性"是一个有效的政策工具。2011年以来,美国政府高层在外交场合多次重提"竞争中性"概念,积极推广竞争中性规则。

与多边贸易谈判处于停滞形成鲜明对照的是区域贸易谈判的大量出现。目前绝大多数的WTO成员都参与了一个或者多个区域贸易协定。美国近年来进行的TPP和TTIP谈判就是其中的典型代表。美国利用其优势地位绕过WTO多边框架,实现其贸易利益和制度安排主张,维护其贸易地位和全球贸易规则制定者的地位。越来越多的贸易协定设立了竞争政策章节,规定了成员方有义务实施竞争法律和政策,消除反竞争行为,保持成员方在竞争执法领域的合作。根据WTO提供的数据,截至2014年1月31日,其接到583份自由贸易协定通报,其中377个协定已经生效,118个生效自贸协定规定了竞争政策条款。

当前,在中国积极实施"一带一路"倡议,构建开放型经济新体制的总体布局下,加快企业"走出去",积极利用"两种资源,两个市场",构建全国统一大市场,对于形成优进优出、内外联动的双循环产业发展新格局,培育国际合作和竞争新优势具有重要意义。但由于中国竞争政策起步较晚,中国企业在国际竞争法方面的法律意识淡薄。竞争政策在国际经贸规则中越来越多地使用,也为中国企业"走出去"带来了新挑战。强化竞争政策在市场经济发展中的重要作用是中国经济发展的必然要求。中国虽然建立了统一开放的市场体系,但目前仍然存在不规范、不健全的非市场化行为,不仅影响资源的优化配置,也制约了经济转型和整体经济的发展。通过政府补贴、行政主导的产业政策负面问题扭曲了市场信号，损害了公平竞争。竞争政策实施有利于扭转和改变这一局势，打破垄断，扩大私营部门经济活力，保证市场公平竞争。

根据竞争政策国际协调的核心原则，各成员方应当制定自己的竞争法，完善竞争政策体系。这方面的规定是强制性的，一旦谈判成功，成员方就应当履行它们的义务，因此竞争政策的国际协调不仅是中国建立和完善社会主义市场秩序和竞争秩序的一个重要推动力，而且也是一种压力。中国应当利用这个机会加快完善竞争政策，提升中国改革开放水平和经济高质量发展。

美国多次在政治、经济和外交活动中讨论"竞争中性"，责成经济合作与发展组织出台相关指南，积极推广和落实"竞争中性"。2012年4月，美国与欧盟共同发表了《关于投资共同原则的声明》，其第2条关于公平竞争的原则中指出，"欧盟和美国支持经济合作和发展组织（OECD）在'竞争中性'领域所做的工作，重点集中在国有企业和私人企业要受制于同样的外部环境并应确保在既定市场上公平竞争"。此后，美国在双边FTA和多边贸易投资协定中开始广泛加入有关限制国有企业条款，竞争中性原则正式进入"国际化"发展阶段。

在国际贸易与投资新规则重构背景下，对由欧美主导的新一代国际贸易和投资规则的框架、内容、要义及相关法律等问题普遍存在研究和评估不足。对中国现有规则、具体做法以及相关的体制机制与国际新标准、新规则的差异与差距认识也不够到位，对这些新标准、新规则可能造成的影响和风险更是缺乏系统性研究、评估和判断。

本书系统梳理了竞争中性规则的提出、扩展以及在发达国家和发展中国家的具体实践效果，并对比分析了竞争中性规则在新一代国际贸易投资协定中的具体体现。全书除了前言部分，共包括七章。第一章主要回顾和总结竞争中性规则提出的国内和国际背景，以及国有企业对市场竞争规则带来的潜在挑战和应对措施。第二章主要总结全球化背景下，国有企业大量参与跨国经营活动对现有国际投资和贸易规则造成的挑战和政策选择。第三章系统梳理了竞争中性规则的起源以及澳大利亚在竞争中性规则方面的实践措施和得失。第四章全面总结OECD对竞争中性规则的进一步拓展和丰富，以及OECD在推行竞争中性方面的具体建议，指导原则和最佳实践措施。第五章结合具体案例，系统介绍主要发达国家在践行竞争中性规则方面的具体措施和经验。第六章主要总结部分代表性发展中国家在改革国有企业、推行市场公平竞争、践行竞争中性原则的具体措施和面临的主要困境。第七章梳理了最新的国际多边和区域贸易协定中有关国有企业的条款以及竞争规则的主要体现，提出中国国有企业目前面临的潜在挑战和应对措施。

# 目 录

**第一章 国有企业竞争规则提出的背景和内涵** …………（1）
  一 为什么对国有企业竞争规则的关注越来越多 …………（1）
  二 市场公平竞争规则的内涵 …………（9）
  三 促进市场公平竞争的救济措施 …………（13）
  四 规制国有企业公平竞争原则存在的问题 …………（26）

**第二章 全球化背景下的国有企业与竞争规则** …………（32）
  一 国有企业与国际市场竞争规则 …………（32）
  二 国有企业的国际化效应 …………（39）
  三 国有企业在全球经济的重要性 …………（47）
  四 国有企业的国际化活动 …………（54）
  五 应对国有企业跨境活动的主要措施 …………（58）

**第三章 国有企业竞争规则的起源：澳大利亚** …………（64）
  一 澳大利亚竞争原则的改革 …………（64）
  二 澳大利亚竞争政策的结构与目标 …………（69）
  三 推行竞争中性改革 …………（76）
  四 竞争中性投诉机制 …………（80）

五　对澳大利亚方案的思考以及适用性 …………………（93）

## 第四章　国有企业竞争规则的扩展：OECD 指导准则 ………（107）
一　竞争中性与国有企业 ……………………………………（113）
二　实现竞争中性：OECD 的建议与指导准则 ……………（115）

## 第五章　国有企业竞争规则的实践应用：发达国家 ………（173）
一　国家竞争中性框架 ………………………………………（177）
二　实现竞争中性的主要因素 ………………………………（189）

## 第六章　国有企业竞争规则的实践应用：发展中国家 ……（254）
一　印度的国有企业及竞争规制问题 ………………………（254）
二　马来西亚的国有企业管制与竞争中性原则 ……………（265）
三　越南的国有企业与竞争中性问题 ………………………（276）

## 第七章　国际贸易和投资协定新规则与竞争条款 …………（291）
一　国际贸易投资协定中有关国有企业的条款 ……………（291）
二　竞争中性规则国际化对中国国有企业发展带来的
现实挑战 …………………………………………………（311）
三　从市场监管角度来看，如何应对竞争中性国际化
趋势 ………………………………………………………（320）

**参考文献** ………………………………………………………（325）

# 第一章 国有企业竞争规则提出的背景和内涵

## 一 为什么对国有企业竞争规则的关注越来越多

全球许多国家的国有企业和私营企业在市场参与、提供产品和服务方面均存在竞争性行为。OECD 的经验表明：在这些竞争性或者潜在竞争性市场中，政府所有权存在以及为了确保国有企业参与市场竞争成功，政府可能会创造一个不公平的市场竞争环境，维持国有企业的特定优势，从而对市场竞争造成扭曲效应。因此，政府作为企业监管者仍然可能会给予国有企业特定的利益和优势来限制竞争，政府也可能同时会通过直接和间接渠道给予国有企业特定的利益和优势。

澳大利亚政府对于什么是"竞争中性"给出了一个明确而全面的定义，该国生产率管理委员会专门成立了竞争中性办公室。竞争中性定义可以表述为：公共企业相对于私营企业竞争者，在从事商业活动过程中不能凭借公共所有权优势享有净竞争优势（Net Competitive Advantage）。竞争中性政策旨在消除重大商业活动中由于公共所有权存在而导致的资源配置扭曲，促进市场竞争。当竞争中性缺位情况下，政府主导的重大商业活动在定价方面可能不能充分反映要素生产成本，会导致资源配置扭曲，进而会导致生产者和消费者的行为产生扭曲，比如去哪里购买商品和服务，以及政府提供商品和服务的数量究竟应该是多少。这也可能会对私营企业竞争者投资决策产生扭曲效应。竞争中性规则要求政府不能采用立法方式或者财政支配权给予公共企业比私营企业更多的优势。如果政府通过这种手段使公共企业变得更具有竞争优势，就会扭曲市场竞争降低经济效率。政府对公共经济干预越多，私营企业经济效率可能会越低。

竞争中性规则被OECD的国有企业治理原则所提倡。在OECD国有企业治理原则第一章就明确提出：关于国有企业的规制性框架旨在为国有企业和私营企业创造一个公平竞争的环境，避免市场扭曲。国有企业的治理框架应当与OECD的公司治理原则具有严格一致性。公平竞争的市场环境表述也与竞争中性原则的一般定义严格一致。虽然OECD相关原则总体上认为政府可以根据政治优先需要为国有企业设定特殊的规则和目标，但最终目标应当是提高经济绩效和市场一体化程度。

## （一）国有企业潜在的竞争优势

国有企业在很多情况下会具备私营企业无法获取的一些特殊权利和豁免。这些特权和豁免能够使国有企业相对于其竞争者具有竞争优势，但是这种优势并非来自更好的企业绩效、更高的运行效率、更好的技术和管理，而是仅仅依赖于政策创造的优势，从而会对市场公平竞争造成扭曲。比如：

### 1. 直接补贴

一些国有企业会享有政府的直接补贴或者从政府获取各种形式的资金资助来维持其商业运营。比如，政府给予国有企业的税收优惠以及税收豁免就相当于政府的一种选择性补贴。也有的补贴是以间接受益的方式取得。比如在一些网络经济行业中，国有企业在土地使用及购置中能够比私营企业享受很低价格，这种给予国有企业的特殊优惠会显著降低国有企业的成本，提高国有企业定价能力，让国有企业具有更强的市场竞争优势。

2. 金融补偿和担保

国有企业可能会从政府部门直接获取信贷，或者从国有金融机构以低于市场利率的方式获取贷款。国有企业也可能得到政府公开或者隐性的担保，这也会降低其融资成本，提升国有企业相对于私营企业的市场竞争力。这种金融优惠造成的国有企业竞争优势并不一定是直接的，也可能是间接的，比如银行降低贷款利率很可能是考虑到国有企业背后存在政府担保。因为在这种现实情况下很难让人相信政府并没有给予国有企业特定的担保。相反，一些国有企业账面资产长期为负资产，可能更说明这些企业受到政府担保。不仅如此，一些行业的国有企业可能还会直接被给予免于破产法约束的权利。

3. 政府给予的其他优惠安排

国有企业在某些情况下受到的管制也会显著低于私营企业，这也会进一步降低国有企业运营成本。从国内角度来看，这种管制豁免包括信息披露要求，执行反垄断判罚，设立许可规则或者区域特殊管理规则等。尽管在OECD国家存在相对较为严格的公共采购规则，但是一些国有企业事实上仍然能够从公共采购中获取利益。这种利益获取可能并不是由于政府贯彻落实规则的力度不够，仅仅是由于国有企业通过持续政府采购行为积累了更多竞争优势或者信息优势，这种优势能够使国有企业更好地满足政府需求。国有企业同样可能从信息不对称中获得利益，比如国有企业可能更容易获取政府信息和数据，这些数据和信息对于私营企业是不公开或者不完全公开的。不仅如此，国有企业经常会享受免于破产的照顾。由于资本权益是锁定的，国有企业可以维持很长时间的经营损失而不用害怕破产。

4. 垄断和在位优势

在某些情况下，政府会授予国有企业在一些商业活动专有经营权和垄断权。比如，在邮政行业、公共事业以及其他公共服务行业，政府认为这些行业需要国有实体来经营。尽管国有企业在这些自然垄断行业持续经营和获取利益本身对整个市场竞争环境并未造成多大的后果，但是国有企业在这些网络行业的经营通常具有垂直一体化的特征，导致国有企业在产业链上具有垄断优势。国有企业可能会利用产业链的垄断优势来影响一系列商业活动中潜在竞争者进入。

5. 资本俘获

国有企业的资本所有权和控制权通常是被锁定的。换句话说，国有企业的控制权转移不像私营企业那样容易。所有权转移性较差导致国有企业存在一系列优势，比如：①国有企业一般可能不会向股东分红或者分享其他期望的收益。②国有企业更可能从事反竞争的专营定价策略，比如采取掠夺性定价而不担心股票价格下跌导致的损失。③国有企业的管理可能缺乏激励性，从而导致公司效率降低。因为国有企业在不担心被收购的情况下，就没有遵守资本市场纪律的紧迫感。

**案例1.1 美国邮政**

美国邮政服务（USPS）享受到了美国政府赋予的一系列特权，比如，美国邮政被给予了投递邮件以及使用客户信箱的专有垄断权利。美国邮政允许直接从联邦银行借贷,并且保证其公共债券的收益率低于私营企业发债的市场收益率。联邦政府还同时对美国邮政的债务承担担保责任。最后,美国邮政享有特殊的经营地位和领域,不需要为其车辆支付停车费用,不要支付车辆的注册费用,能够购买免税的燃油,不需要申请建筑资质或者遵循区域管制条例。除此之外,美国邮政多年来享受了反垄断法规约束(1970年重组法案)的快速豁免。尽管如此,2007年邮政重组法案明确了将反垄断法适用于美国邮政经营的竞争性服务。

### (二) 国有企业的反竞争行为原因探析

1. 政府为什么会选择偏离竞争中性

为了回答这个问题,首先需要承认即便非国有企业完全按照商业规则运营也是一个不太现实的问题。即便是私营企业也可能追求一些非商业性质的目标。政府决定让国有企业存在的原因本身就是相信:国有企业和私营企业会按照不同的方式来运营。关键的问题在于:在利用国有企业来实现战略目标的情况下能否不损害市场竞争环境。从经济学角度来看,如果国有企业存在的目的是解决和克服市场失灵,这样做是完全合理的。事实上,在一些自然垄断行业政府更倾向于让国有企业来经营而不是私营企业是具有理论基础的,因为在这些行业私营企业如果通过滥用市场地位导致市场失灵,很难通过管制的方式进行约束。而外部性理论则认为,国有企业在新兴经济体市场会显著带动经济发展,实现经济战略目标。用国有企业来实现经济战略目标的根本出发点在于:无法用私营企业和商业化市场手段来解决经济战略目标的外部性。

从很多国家的经验来看,至少有四个原因能够解释为什么政府有时会有意识地偏离竞争中性,发展国有企业。

（1）提供公共服务的责任。为了保护网络经济行业中的国有企业免于过度竞争，一个通常被提及的理由是：这些部门的国有企业需要履行公共服务的责任。比如确保邮政和通信能够到达偏远地区，能够以较低的价格提供一些生活必需的公共服务。从严格的经济学角度来看，这并不意味着这些公共领域的企业就是国有企业，因为要实现上述目标同样可以通过补贴私营企业的方式进行。尽管如此，公共部门的决策者仍然认为通过国有控制的实体能够更好提供持续稳定的公共服务。从另外一个更具争议的角度来看，稳定的国有企业所有权也为一些可以实行交叉补贴的领域提供了便利，通过对一些高利润高回报行业进行额外收费来补贴其他行业的公共服务供给。

除了对竞争环境造成影响之外，国有企业普遍被认为缺乏透明性。如果网络经济行业都面向市场开放，优先进入的国有企业可能会获取不公平的高利润。考虑到上述情形，对高利润行业征收更多的税收来对其他行业进行交叉补贴具有一定的合理性。

（2）国有企业作为实现产业政策的一种工具。从更大范围的国家利益角度出发，推动国有部门发展新的能力、追求新知识和科学技术的进步，这种现象在发达国家并不常见。相反，这种现象在新兴经济体更为普遍。许多OECD国家似乎更愿意将国有所有权贴上"防御性"的标贴，目的在于确保公司能够生存并且控制在国家手中，主要是担心国有企业存在会导致一些经济部门失去较强的竞争力。同时基于上述考虑也会推动国有企业进入国际市场，走向国际化。很多政府鼓励外国人来运营本国的国有企业，确保在国内市场竞争日趋激烈的情况下，国有企业能够实现稳定的收入。

（3）保护财政收入。一些国家的国有企业为财政提供源源不断的收入。这种现象在采掘类行业较为突出，同样在一些公共事业部门也较为普遍。从市场竞争的角度来看，这种做法确实存在很大问题，这意味着政府要保护国有企业不受市场竞争冲击。

（4）国有企业的政治经济学。从世界范围来看，政策制定者有时候需要保护国有企业是因为来自特定组织或者公众的压力。比如，在很多国家，国有企业仍然是就业的一个重要来源。国有企业通常是提供公共服务和高薪水岗位的企业，特别是对于那些蓝领工人来说，很多国家国有企业的员工退休待遇和福利要好于私营企业。

2. 国有企业公司治理存在的弱点

大量的公司治理研究文献表明，国有企业所有人以及代表公众利益管理国有企业的责任人存在委托代理问题。如果政治人物或者公务员不能作为公众合理的代理人导致国有企业经营失败，那说明这本身就是国有企业公司治理的一种缺陷。并不是所有的反竞争行为都可以看做国有企业公司治理的失败，比如，政治家可能认为为公众提供公共服务的义务以及基于实际情况的产业政策本身是符合公众利益的。尽管如此，关于国有企业政治经济学的讨论还涉及很多问题，这些问题的核心在于：国有企业的高管在做决策的时候更多地会从自己的利益，而不是从公众的利益出发。

不仅如此，当我们从传统的角度去讨论公司治理问题的时候，需要谨记的是国有企业的公司架构在不同国家和行业之间存在巨大的差异。并且这种公司架构随着时间的变化而变化。比如，上市公司中如果是大股东的国有企业与完全不上市的纯国有企业相比较，上市国有企业从事非商业活动的空间就会大大压缩。对于纯国有企业来说，只在局部受到公司法的约束，但是得承担一些政府要求的责任。从这一角度来看，很多国家推动国有企业的公司化进程本身有助于提升市场竞争中性，但仍然不能从根本上解决问题。

公司治理问题本身会导致反竞争行为的出现，尤其是国有企业的高层管理缺乏激励的问题较为突出。一些未公司化的国有企业或者其他公司治理较弱的国有企业缺乏激励，特别是一些存在预算软约束的国有企业。由于不担心公司失败，国有企业的管理者就可能采取一些大胆冒险的战略。即便是在一些商业化运营的国有企业，由于存在默认的政府担保，这样的现象仍然会存在。

对于国有企业经理人的市场化程度在不同国家存在较大差异。完全商业化运营的上市国有企业原则上是能够通过市场化的方式聘用经理或者解聘经理的。尽管在一些国家国有企业，政府仍然从公司内部或者公务员中聘用经理人。在许多国有企业中，在位的管理人员可能会觉得他们的职位由于缺乏选择性而受到保护。其他因素有时也会导致国有企业的管理职位会出现裙带关系或者任人唯亲，管理人员也可能来自政府以及其他相关的利益集团。在很多发达国家工会能够确保工会在国有企业管理组织中的位置，从而会形成重要的政治影响，对来自不同利益群体的经理进行适当的安排能够更加稳固工会在国有企业的位置。

不仅如此，许多政府无论是什么原因，在激励国有企业管理者追求利润最大化目标方面都是有限的。大多数国有企业部门运作中受到正式规则的约束，员工报酬不允许存在激励性，而在私营企业中经常采用差异化报酬来激励员工。

由于对国有企业经理报酬的激励约束和安排存在上限和下限，国有企业的管理者在实际中会保持一种公务员的态度来确保国有企业的地位，因此采取的经营战略不是让企业获取更多利润，而是不断扩大国有企业的销售收入和市场份额。国有企业经理存在很强的激励去试图扩张其经营范围，尤其是那些中等规模或者垄断的国有企业，这些国有企业的管理者通常对于固定规模和范围的生产缺乏耐心，会积极寻求规模扩张。

政府机构具有对国有企业进行管理的权限，通常会对国有企业的目标和管理人员进行限制和监督，避免出现严重的逆向选择问题。政府机构能否执行上述管理功能的有效性暂且不论。这里需要强调的是，政府所有权的目标本身也会受到激励的变化而变化。由于缺乏足够的时间和资源，政府管理机构出于经济或者政治原因，会把重点放在那些被认为有问题的企业上面。国有企业经理人会按照管理机构设定的目标给予员工稳定的收入，在实际中也会受到较弱的或者相对更友好的监管。来自一些国家的经验表明，如果一国的财政严重依赖于国有企业的高收入，那么这些国有企业在海外的扩张计划也会在一定程度上被给予优待。

## 二 市场公平竞争规则的内涵

竞争中性框架主要聚焦于改善国有和私营实体的竞争环境。引入竞争中性框架需要对国有企业所在国的立法和行政情况进行系统评估，改革国有企业的运营环境，使其和私营企业的营商条件具有高度的一致性。竞争中性框架包括通过合理的成本核算使其能够与私营企业相比较，从而提升政府商业活动的透明性和责任感。换句话说，竞争中性旨在通过降低国有企业商业活动中相对于私营企业存在的竞争优势来提升市场竞争效率，而这种竞争优势仅仅是因为企业是政府所有而导致的。

竞争中性的一个明确目标是把竞争法以及其他市场管理制度改革进行统一，解决竞争公平性问题，通过竞争改革，降低政府商业活动的范围及其带有的市场竞争优势。竞争中性同样包括事后管理机制的改革来监督竞争中性的执行效率和有效性。目前，竞争中性框架在许多国家还没有共同的程序。竞争中性改革为解决国有企业的竞争优势提供了一个选择。构成了为私营企业和国有企业创造一个公平竞争市场的过渡性战略，即消除国有企业由于政府所有权带来的优势。很多国家根据自己的情况提出了一系列解决国有企业竞争中性问题的政策措施和方案。

  竞争中性问题产生的缘由需要仔细考虑。如果竞争扭曲主要来自政府故意倾向于自己所有的企业，那么通过辩护的方式来解决可能是最有效的。大多数竞争机构有权力来提醒政策制定者，他们的决策可能会对竞争环境带来影响。这个过程同时也能引起社会大众对这些问题的关注。

  除此之外，如果竞争扭曲来自政府政策的无意识结果。那么透明性规则和特定的竞争中性政策可能是更有效的。几乎所有的国家都会采用某种程度辩护的方式来鼓励公有和私营商业部门公平参与竞争。一些国家正在使用修补方式来解决事后存在的竞争中性问题。比如将竞争法应用到公共部门的商业活动来停止那些对市场竞争可能产生不利影响的行为。采用竞争法来解决竞争中性问题要求政府的商业活动本身是受到竞争法约束的，因为政府的一些商业实体可能很大，对市场会产生显著影响的活动并没有受到竞争法的约束。这种基于竞争法的途径可以有效地激励竞争中性环境，但是只能处理一些特别的问题。

  另外一些国家采取事前的方法处理竞争中性问题。通过改变治理结构或者改变公共商业部门的产业组织形式来降低这些具有优势商业活动的范围，通过改变或者约束采购政策来确保国有和私营企业具有平等的竞争地位，或者改革对公共服务的补贴来确保给予国有企业的补贴相对于私营企业并没有优势。这些措施的有效性取决于政策是否包括了提供商业服务的政府组织机构,以及这些政策是否明确了竞争优势和劣势的来源,以及这些政策该如何执行。

### (一) 竞争中性政策涵盖的范围

对于政府商业活动没有统一的定义,因此识别竞争中性框架下政府活动的种类较为复杂,这些问题包括:

1. 政府的层级范围

需要明确是否所有的政府层级,包括国家、区域以及当地的政府都应该包括在竞争中性框架中。尽管国家和区域层面较大的国有企业似乎对竞争中性造成的威胁最大,但是当地政府同样对经济的影响变得越来越重要。当地政府经常在一些关键性的产业与私营企业开展竞争,比如娱乐业、教育、幼儿护理、健康、房地产与交通,因此如果竞争中性框架不包括当地政府商业活动,就会排除政府商业活动很大一部分。

2. 活动的商业本质

将竞争中性框架应用到国有企业首先必须是商业活动,即实体从事的活动是按照商业规则来运营的,并且具有商业特点。尽管如此,区分非营利活动与营利活动十分重要。由于国有企业可能会以零利润甚至亏损的方式提供某种特定的服务,这是国有企业社会责任的一部分。这些非营利性活动就应该排除出竞争中性框架。

3. 实际与潜在竞争者

市场中必须有竞争者存在才能推行竞争中性框架,即不存在任何限制竞争的法律框架。但是竞争者不一定像国有企业那样能够获取竞争优势。

### 4. 成本收益分析

如果竞争中性政策改革能够带来的收益超过成本，那么这个竞争中性的框架就是有益的。因此，将每一个国有企业纳入竞争中性框架进行成本收益分析是必要的。从理论上来说，竞争中性框架可能在实践中适用于小规模国有企业，但是如果这些国有企业市场扭曲效应非常微弱，推行竞争中性成本上并不是有效的，就需要对竞争中性的改革进行重大调整。

在对竞争中性改革范围进行识别之后，下一步就是去除国有企业享有的竞争优势。政府商业活动可能通过管制，或者对商品和服务定价等不同方式获取相对于私营企业的竞争优势。政府在推行竞争中性的时候，首先需要明确这些优势，竞争优势包括前面提及的情况。

### （二）竞争中性改革的监督与执行保障

任何竞争中性改革都需要持续监督确保能够有效执行相关规则。不同国家由于制度差异较大，竞争中性改革力度不同，受到竞争中性改革影响的商业活动不同，在竞争中性改革方面的教育培训存在较大差异，因此关于如何落实监督和执行竞争中性规则方面，不同国家也存在较大差异。

监督包括报告竞争中性改革的最新进展，确保竞争中性原则能够被严格遵守，对任何领域的改革都是为了确保竞争中性改革的有效性。监督可以通过不同的方法进行落实，包括：①通过一个管理机构来监督。该机构负责研究并报告竞争中性改革的执行情况。②通过政府部门来监督。该部门负责在其管辖范围内报告竞争中性的改革情况。③通过国有企业自己来监督。企业被要求自己报告竞争中性改革的进展。④通过定期报告制度来监督。雇用第三方定期对竞争中性落实情况和进展进行评估。

执行保障包括对国有企业强加责任，要求推行竞争中性的机制改革。执行的措施随着国家的情况变化而变化，但是通常包括：①立法执行。通过法律明确规定国有企业在与私营企业竞争情况下，应当遵守的规则和法律行为。②行政执法。通过行政手段要求国有企业必须履行竞争中性义务。③成立正式的上诉机构。该机构负责调查来自其他竞争者对于国有企业违反竞争中性的申诉，并且采取措施进行补救。④利用现有的执行机制。大多数政府都有一些机构来确保企业落实政府的政策和规则。可以对这些机构进行调整来落实国有企业履行竞争中性规则。

## 三 促进市场公平竞争的救济措施

关于国有企业究竟是遵循利益最大化目标经营还是追求长期目标实现，是否需要通过竞争方式推行竞争中性改革已经成为争论的焦点话题。竞争法主要是防止垄断企业或者卡特尔企业限制竞争和提高价格。大多数传统的补救措施并不能适用于解决通过交叉补贴和降低价格方式造成的反竞争行为。

现实中，人们习惯性地认为一种行为是否具有反竞争性都假设企业是以追求长期利润最大化为目标的。但是这种判断并不适用于解决国有企业的反竞争行为，因为国有企业有很强的激励追求非利润最大化目标，这就给竞争管制机构带来了如下挑战。

### （一）反竞争实践的归类问题

国有企业可能享受到的优势体现为给予国有企业竞争优势或者允许国有企业停留在某个行业，尽管这个行业有更具竞争力的企业。这些都会影响市场竞争。不仅如此，国有企业本身可以利用这些优势来制造更多的反竞争行为，这些措施同样可能由私营企业制造，但是由国有企业的在位优势、优惠待遇以及廉价的融资相结合造成的反竞争行为带来的负面影响尤为严重。对于国有企业造成的不公平竞争主要集中在网络经济行业，主要包括：国有企业的掠夺性定价，提高竞争对手的成本和进入障碍，交叉补贴以及无效率技术的选择。

1. 掠夺性定价

政府对国有企业的支持可以通过政府为国有企业创造优势和允许国有企业采取低于边际成本的方式定价。这会造成国有企业为了竞争将对手驱逐出市场，可以随意进行掠夺性定价。判断是否属于掠夺性定价通常在于观察一个企业降低价格之后，能不能后续通过抬高价格来弥补其之前降价的损失。尽管如此，国有企业可能享受到巨额的补贴，不必以长期利润最大化为目标经营，因此在采取掠夺性定价之后也不会通过提高价格来获取更多收入。当国有企业同时在非竞争性和竞争性市场运行的情况下，国有企业有可能通过低于成本的定价方式将竞争对手驱逐出竞争性市场，然后通过非竞争市场的收入对竞争性市场的损失进行交叉补贴，而不用在竞争性市场提高价格来弥补损失。

在一些司法体系下，如果定价者事后提高价格来弥补其所遭受的损失，这种情况下掠夺性定价并不违反法律原因在于如果不能够弥补其定价的损失，那么对竞争造成的损害是不存在的。尽管如此，国有企业并不总是将利润最大化作为目标，并不一定像私营企业那样通过事后提高价格的方式来弥补其损失。因此，国有企业通过无须补偿的掠夺性定价提出了一个重要的问题，即这种事后不提价的掠夺性定价是否给消费者造成了损失，以及是否需要一个不同的法律标准来审视国有企业的掠夺性定价问题。对于国有企业无须事后补偿的掠夺性定价，部分人认为应该适用于反垄断法进行规制，原因在于这种竞争方法打击了竞争对手创新的能力，是一种资源浪费，但是同样有人认为国有企业这种定价方式导致的低价格反而更能激励创新活动。如果一个企业在多产品的市场上进行竞争，一种成功的掠夺性定价会产生一种声誉效应，会对其他竞争对手产生一种可信威胁，反过来又会对整个市场产生负面效应。

2. 提高竞争对手的成本和进入障碍

掠夺性定价和提高竞争对手的成本的限制竞争行为需要严格区分。评估掠夺性定价是否发生要求垄断法评判短期的损失与长期的收益。而在提高竞争对手的成本方面，目标是增加竞争对手的产出价格而不是降低其价格。成功提高对手成本的策略是确保自己成本提高的幅度要小于竞争对手。这就允许垄断性企业创造一种相对于竞争对手不对称的成本提升效应，造成竞争对手不得不提高价格降低产量。通过这种方法国有企业可以将自己的产出规模进一步扩大，增加产出的规模效应。

提升竞争对手的成本与采取掠夺性定价的最终目的不一样。提高对手成本的策略并不是将对手从市场上驱赶走，而仅仅是垄断者能够将价格保持至一个具有竞争力的水平。尽管国有企业并没有像私营企业那样把获取利润看得更为重要，但国有企业通过一些反竞争的手段将产出和收入扩大，这对于国有企业来说仍然是一种最优选择。

考虑到国有企业将收入而不是利润作为追求目标，国有企业相对于私营企业能够更好地消化成本增加的压力。当国有企业追求能有效提升竞争对手成本策略的情况下，国有企业就可以扩大其经营范围。掠夺性定价或者提高竞争对手成本的方法会造成竞争对手失去研发和创新的能力，限制竞争对手推出新的产品和服务，进而降低竞争对手通过创新带来的动态收益。国有企业对于提高竞争对手的成本可能尤为有兴趣，随着竞争对手边际成本的增加，尽管国有企业的成本也会增加，但是对国有企业的产品和服务需求也同时会增加。由于国有企业的主要目标是增加收入，随着对国有企业产品和服务需求的增加，国有企业将会从中获益。

国有企业可以通过不同的方法提高竞争对手成本。比如，在位的国有企业阻止竞争对手获取关键的基础设施或者中间投入品，可以通过大量购买中间投入品，导致中间投入品价格大幅上涨。新进入的企业会面临新的环境管制约束，国有在位企业可以游说政府采取"老爷"条款，即对于新进入企业立即适用于新的环境管制约束，但是对于老的在位企业继续适用于旧的环境管制约束，这就会导致新进入的企业成本较高，无法盈利甚至无法进入市场。在位的国有企业可以根据消费者的偏好调整自己的产品和服务，造成消费者很难将需求转移到新进入的私营企业。或者在位企业可以努力追求专利的延期申请，这将会对新进入的企业施加额外的成本，拖延或者阻止竞争对手进入市场。

3. 交叉补贴

许多国有企业同时在一个垄断市场和多个竞争性市场运营，在竞争性市场上与私营企业存在不同程度的竞争。在这种情况下，国有企业就可以实现规模经济，在两个市场上实现成本互补。对于国有企业来说，一种最为直接方式是国有企业为了将竞争对手从竞争性市场中驱逐出去，将竞争性市场的成本转嫁到垄断性市场上，用垄断性市场上的收益来弥补竞争市场上的成本损失。如果一个国有企业被允许进行交叉补贴，那么国有企业就可以将价格定得低于成本，降低竞争对手市场份额，逼迫竞争对手退出市场或者阻碍竞争者进入市场。

不仅如此，法定的垄断会阻止更有效率的竞争者进入竞争市场，像国有企业那样实现规模竞争，因此总体上会提高整个竞争性市场产品供给的边际成本。国有企业同样可以从规模经济获取间接好处。如果国有企业能够通过垄断市场和竞争市场实现交叉补贴，将价格降低到成本以下，国有企业竞争性产品产出将增加。随着国有企业产出增加会导致国有企业在竞争性市场上单位产出成本下降，进一步将销售额从竞争对手转向国有企业。

4. 无效率技术的战略性选择

如果一家国有企业从战略上要选择一种生产技术，那么它可以从各种生产技术种类中选择。国有企业可能利用这种机会采用一种无效率的技术来确保相对较低的边际生产成本，但会付出特别高的固定成本。国有企业采取这种战略的原因在于，采用这种无效的技术可以显著降低生产的边际成本，这种情况下就可以摆脱价格不能低于成本的限制性约束。利润导向越弱的国有企业，越有激励去投资本品，因为越强调收入相对利润的重要性，通过以低价格的方式扩大产出和收入的收益将越大。因此，技术无效性越高，那么产品的定价就会越低。

根据各种情况和政策优先程度，不同国家制定了一系列政策用来解决竞争中性问题。竞争中性问题的来源在不同国家也不一样。如果竞争扭曲主要是由于政府通过决策故意给予国有企业优势导致的，那么通过法律手段来解决是最有效的方法。如果竞争扭曲是由于政府其他政策实施无意造成的后果，那么透明规则和特别的竞争中性政策可能是最为有效的办法。虽然市场竞争管理机构也存在一定的局限，但市场竞争管理机构在维护私营和国有企业公平竞争方面确实应该发挥一定的作用。

### 案例1.2 掠夺性定价的管制分析

1. 确定基准成本

目前在确定掠夺性定价中对于基准成本的确定并没有统一的标准，也没有理想的测度方法。尽管平均可避免成本测算方法得到了一些学者和实际工作人员的支持，但在实践中在不同的司法体系下如何确定成本来判断是否存在掠夺性定价存在很大的争议。传统的利用平均可变成本以及平均总成本来推断基准成本的方法虽然饱受批评，但仍然广泛被采用，主要是因为采用这种方法测算较为简单。在一些行业中，包括许多网络经济行业中，很难采用边际成本的概念，因为这些行业的边际成本几乎等于零，但是固定成本却又很高。在一些其他行业，很难区分固定成本与可变成本。不仅如此，无论采用上述哪两种方法对于掠夺性定价成本的确定都有些太宽松，因为在掠夺性定价情况下，随着产出的扩张，成本是大幅增加的，而不是按照产量增加的比例缓慢增加。这种问题的存在导致一些司法体系考虑采用平均可避免成本来推断基准成本，这种方法聚焦于一个企业产出的范围。同时也会考虑企业的固定成本，尤其是这些企业在产能扩张的情况下。

2. 补偿检验

补偿检验主要用来判断企业在采取掠夺性定价的情况下是否阻碍了市场竞争，在采用掠夺性定价之后，是否会提高价格来挽回前期降低价格造成的损失。换句话说，补偿检验关注的不是掠夺性价格战略被实施了，而是重点关注是否对市场竞争产生了实质性的扭曲。补偿检验首先需要确定掠夺性价格战略是否对消费者福利产生了有害的作用，并且需要确定他们不是故意在损害消费者的福利。检验需要筛选出在位企业以及是否事后通过提升价格获得了补偿,如果事后没有通过提价获取补偿就很难说是给消费者福利造成了长期的影响,这种情况是有可能存在的,比如,当企业进入的障碍较小,或者竞争对手有充足的资金支持,可以通过价格战的方式在市场上生存,事后补偿可行性不存在的情况下,就不会对消费者的福利产生长期损害。

**(二) 国有企业竞争规则问题的反垄断措施**

1. 竞争规则的事后执行

一些国家采用事后的救济措施来解决竞争中性问题,比如采用竞争法要求国有部门的商业活动停止对市场竞争产生负面影响。一般来说,竞争法同时适用于私营和国有企业。大多数 OECD 国家并没有在竞争法中将国有企业排除(除了一些特殊的企业被部分国家排除在竞争法之外)。尽管如此,仍然存在对公共部门商业活动或者部分商业活动的局部性排除规制。政府相关商业活动与私营部门竞争的情况下,通常需要将这些实体活动纳入竞争法中进行约束。

在一些 OECD 国家中,竞争规则已经为调查和制裁国有企业滥用垄断地位的行为提供了基础。这些情况多数是指滥用市场定价的行为,说明用竞争法规则来约束国有企业的局限性。所有 OECD 国家都有规则来约束掠夺式定价,即对于一个垄断性的企业将价格定在低于成本的水平是违法的。尽管如此,不同国家对于如何测度企业的生产成本作为掠夺式定价的依据存在较大差异,一些国家将企业采取事后补偿措施作为判定掠夺式定价的依据,但同样有一些国家并未采取这种办法。

当采用竞争法来规范国有企业的行为时,有以下两个问题特别突出。

（1）国有企业可以从事无补偿的掠夺式定价。由于预算软约束的存在，国有企业除了利润最大的目标之外，还有收入最大化的目标，同时还具有政府支持带来的优势（比如政府给予的直接或者间接补贴），这些都允许国有企业的定价低于边际成本。这就造成国有企业在事后不需要通过提升价格来补偿低价竞争带来的损失。国有企业无须补偿掠夺式定价提出了一个非常重要的问题，就是如果价格在事后并没有提升，这是否会对消费者造成伤害，以及是否需要一种不同的法律标准来处理国有企业无补偿方式的掠夺式定价。支持采用垄断法对国有企业的无补偿掠夺式定价进行规制的人认为，国有企业采取这种掠夺式的定价虽然对于消费者福利没有损害，但是降低了竞争对手创新和经营所能利用的资源，属于不公平竞争，但是反对者同样提出在价格更低的情况下也有可能更加激发创新活动。成功的掠夺式定价同样会带来具有可信威胁的声誉效应，即便在国有企业没有采取掠夺式定价的情况下，其竞争对手也可能会主动退出市场，国有企业便可从中获利，这反过来又会对整个市场产生负面影响。

（2）基于成本角度来判断掠夺式的定价不适用于国有企业。相对于私营企业来说，用适当的方法来衡量国有企业的生产成本，存在明显的困难。特别是国有企业的治理安排结构存在严重不透明或者其会计准则存在严重缺陷的情况下，将反垄断法用于规制国有企业的时候会产生很多问题。

采用竞争法来规制国有企业只能解决部分竞争中性问题，只有当政府的商业活动本身属于竞争法管辖范围之内，并且政府的商业活动足够大而且能够给市场带来显著效应，且没有被竞争法给予排除，才能解决全部的竞争中性问题。

**2. 采用兼并规则来创造公平竞争的环境**

在所有的 OECD 成员国中，大投资商在获取公司的股东控制权之前都需要经过竞争机构的事前审批，只有在得到批准的条件下才能开展相应的业务。在多数的OECD国家中兼并控股规则是竞争中性的，同时适用于私营和国有控股投资者。对于国有或者国有控制的实体从事商业投资活动，并没有有关兼并业务方面的豁免。由外国政府控制实体进行收购同样需要受到兼并法律约束。

兼并控制的目的就是识别和调查由于兼并重组活动产生的市场竞争问题。这种竞争问题包括由于兼并导致一家公司的市场势力显著增强，形成垄断势力，提高产品的定价（或者降低产品的品质）损害消费者利益，或者兼并重组改变了竞争的性质，导致不同公司之间更容易协商统一定价，提高产品的价格水平，降低产品价格、质量，或者不利于产品的创新活动。

出现上述任何问题，市场竞争管理部门都可以阻止这种交易进行，除非各方能够采取措施补救。通过补救措施能够让市场竞争管理部门影响市场竞争结构，确保市场竞争的有效性不受到阻碍。补救的措施可以是结构性或者是行为性的。对于结构性的补救允许在市场中建立新的竞争实体。对于行为性的补救包括给予关键基础设施、网络、新科技、专利、专有技术或者其他知识产权以及关键性投入的支持。这些救济措施旨在重新建立一个公平竞争的市场。

3. 国有企业反垄断义务的免责条款

在一些国家，公共部门的企业可以从事一些反竞争行为而受到竞争法律的豁免。尽管大多数的国家没有将公共部门的企业排除在竞争法的范围之外，但是仍然存在对于公共部门或者公共部门部分活动的豁免条款来保护公共部门的企业。比如在美国，美国邮政就享有邮政快递业务的反垄断法规约束豁免，这种豁免来自1970年美国邮政重新组织法案。尽管如此，2007年的美国邮政新的重新组织法案要求反垄断法同时适用于美国邮政服务的竞争性业务。

除此之外，一些公共部门的商业活动扭曲市场竞争的行为并没有被传统的竞争法律所包含。公共实体可能赋予国有企业在商业活动中制定价格或者从事其他业务的权利。问题是这些被法律授权的国有企业活动，可能会带来严重的价格或者产出扭曲，是否需要反垄断的审查？在国家行动辩护原则下，基于合法的公共活动带来的市场扭曲效应不受到反垄断法的约束。在实际中，司法谨慎原则似乎倾向于对公共活动带来的竞争扭曲效应采取严格的限制。

### 案例1.3 国有企业掠夺式定价

德国邮政案例：2001年3月，欧盟委员会发出了关于在邮政部门的裁决命令：德国邮政运营商，AG公司利用在包裹快递服务的垄断地位通过折扣的方式进行掠夺性低价竞争。德国邮政AG公司被处以2400万欧元罚款用于惩罚其长期通过隐蔽的打折手段来限制竞争。但是对于掠夺式的定价并没有给予惩罚，因为考虑到当时用来识别掠夺式定价的成本太高。从调查结果来看，德国邮政利用了邮件投递的垄断收入来资助以低于成本的价格从事商业包裹服务。

欧盟委员会裁决认为，在公开竞争市场上，垄断服务供应商的受益人必须承担由于业务扩展导致的额外成本增加。任何低于这种成本的覆盖都会被认为是掠夺式定价。调查表明德国邮政在5年时间内，没有承担由于将业务扩展后带来的成本支出。欧盟委员会认为这并非背离欧盟委员会的竞争规则，因为停止了德国邮政通过折扣的低价竞争，增加其价格，让其价格能够充分反映其成本，并不妨碍德国邮政AG公司遵守其法人义务，继续从事其对公共经济利益的服务。

美国邮政案例：美国最高法院决定美国邮政服务能否享受反垄断法的豁免。当美国邮政服务公司决定与一家弗莱明戈企业（专门生产邮政大包裹的供应商）签订合同的时候，该企业将美国邮政上诉至地方法院，认为美国邮政公司发布虚假的邮包供应短缺信息，能够让美国邮政不采取招标的方式直接从国外更加便宜的制造商那里购买到邮包。弗莱明戈企业认为美国邮政是在打压竞争，在邮包的购买方面制造垄断，违反了联邦反垄断法。地方法院驳回了该上诉，理由是联邦政府受到反垄断豁免的保护，美国邮政是属于政府的一个部门，而不属于单独的自然人。因此最高法院认为由于缺乏明确的国会申明认为美国邮政可以被投诉违反垄断法，美国邮政作为政府的一个独立部门不受反垄断法的约束。法庭做出这种判决也与美国邮政本身的公共责任和义务相一致，即美国邮政不寻求利润增长，提供全面的邮政服务，还包括满足特定人群的邮政服务，以及对于国家安全方面的公共责任。最后，法庭这种判决很大程度上是因为美国邮政各种职能和服务更像一个政府部门，而不是一个私营企业。

日本邮政案例：日本邮政同样遭受了掠夺式定价的投诉。但是日本地方法院和东京高等法院都驳回了原告关于日本邮政掠夺式定价的投诉。对于案件的判断主要取决于原告能否提供足够的证据证明日本邮政采取了掠夺式定价。由于日本联邦贸易委员会并没有把此事作为自己的事情考虑，原告无法获取成本数据来支持日本邮政采取了低价掠夺竞争。日本高院认为在商业包裹邮递中，日本邮政的成本不能仅仅以单独的成本支出来直接计算。日本法院认为当一个企业进入一个新的商业领域，利用现有的商业资源来支持新进入事业的发展，在经济上是理性的行为。2006年，日本联邦贸易委员会发布了一份意见，认为当一个垄断企业从A市场进入B市场的时候，应该采用单独的成本计算方法，但是日本东京高院拒绝了这个意见，认为单独核算成本方法并没有充分法律依据。

### 案例1.4 国家行动辩护

1. 美国的情况

美国最高法院首先在1947年处理帕克和布朗地区相关事务时强调了政府指导下的反垄断责任。在帕克地区，一群葡萄干生产商约定限制产出量，这个约定后来被美国农业部予以批准。最高法院认为反竞争行为在以下两种情况下可以不受到反竞争法的约束：①这种行为必须清楚明确地表明是一种国家政策；②这种行为受到政府积极的监管。在帕克案例中，限制产出的反竞争行为明确被界定为一种国家政策，并且受到了国家的积极监管，因此不需要承担反对垄断法的义务。在帕克案例之后，又有很多采用国家行动辩护的案例，美国法院重新梳理澄清了上述两个条件。特别是法院对于国家政策的具体含义采取仔细核查的原则，拒绝将所有的政府活动适用于国家行动辩护。法院同时对于政府积极监管的标准进行了严格的核查，反对将事实上没有政府监管的活动看作是积极的政府监管。比如，在酒业零售协会和中部铝业公司的案例中，法院否决了将贸易协会的价格公布系统作为国家行动或者政策，尽管这个系统是按照法律来设定的，但是价格并没有得到政府的适当监管，仍然是由参与的交易商来决定的。

2. 欧盟的情况

自从20世纪70年代，欧洲法院已经开始考虑国家措施导致的反竞争行为及其与欧盟委员会条约之间的关系。尽管如此，大多数情况下主要讨论国家行动的规范，主要宣布那些能够阻碍欧盟委员会竞争条款有效性的国家措施不合法，而不是采取国家行动辩护行为，国家行动辩护主要豁免由于公共措施对竞争规则造成的挑战。

对于国家行动辩护，本身与国家行动规则是互补的，欧洲法院认为成员国在条约下的义务与私营企业在欧盟委员会竞争规则下的反垄断义务应当有区别。根据欧洲法院的条款，国家行动辩护范围非常狭窄，并且不能豁免私营企业的反垄断责任。在欧洲委员会的法律框架下，如果企业的反竞争行为是在公共要求或者企业没有自主行动的情况下，企业可以不对自己的行为负责任。欧洲法院认为这种辩护是基于一般共同体法律立法原则。尽管如此，如果这些公共措施仅仅是鼓励，或者促使企业更容易从事反竞争的行为，在欧洲委员会竞争规则情况下仍然需要承担责任或者受到处罚。在这种情况下，反垄断责任仍然成立，但是国家的法律框架需要考虑作为抵消因素来降低惩罚力度。

### 案例 1.5 法国天然气公司与苏伊士集团的合并

2006 年 11 月欧盟委员会基于欧盟兼并管制条例批准了法国天然气公司对苏伊士集团的兼并。经过深入调查，欧盟委员会最初发现这一兼并会对比利时的天然气、电力市场和法国的天然气市场产生反竞争效应。委员会主要担心法国天然气公司和比利时苏伊士集团原本存在的互相竞争，在兼并完成后这种竞争就会被消除。考虑到市场条件，企业合并以后的垄断地位可能变得更强。为了应对这种关切，批准合并的前提是要采用广泛的救济措施，包括对 Distrigz（比利时市场中法国天然气公司最大的竞争者）出售其它业务，以及苏伊士集团放弃对比利时Fluxys公司网络运营的控制权。通过这些结构性的补救措施，欧盟委员会认为该项企业合并不能显著地造成欧元区或者欧元区任何重要的一部分市场产生反市场竞争效应。

## 四 规制国有企业公平竞争原则存在的问题

20多年来，基于竞争中性原则的国有企业治理改革对于降低市场扭曲产生了积极的效应。改革趋势总体上迈向对国有企业更为全面的公司化运作。众多的商业化活动开始脱离政府部门转向公司化运作并且部分国有企业成为上市企业。这在很大程度上降低了国有企业的反竞争行为以及非商业化运作模式。在一些国有企业，所有权与运营功能开始分离也带来了很多收益。在早期的垄断运营商，特别是在网络经济行业，在许多情况下已经被竞争性的企业所取代。

尽管如此，我们不能从上述变化就认为对于竞争中性规则的关切开始消减了。第一个原因是尽管公共部门的垄断开始变得稀少了，但是在很多国家私营、公共以及非商业部门之间的界限开始变得越来越模糊。比如，市场机制越来越多地被引入公共部门提高效率，包括更多依赖公共采购、许可、代理转让合同。这样的结果是，国有和私营企业在一些新领域的直接竞争或者竞争活动开始出现，很大程度增加了商业活动的争端问题。

第二个原因是越来越多OECD国家的国有企业开始国际化运营，同时出现了大量的非OECD国家的国有企业进入国际市场。对于非OECED国家的企业是否更不愿意遵守竞争中性规则当然是一个开放的问题，但是公平来讲，多数刚开始公司化运作的国有企业相对于大多数 OECD 国家的国有企业，采取竞争中性立场的意愿确实要低。同样，政府承诺创造公平竞争的环境是否同时适用于国内和国际市场也需要考虑。

**案例 1.6　美国反垄断机构对于国有企业公司化治理的看法**

2005 年 OECD 给出的国有企业公司治理指导原则是对于国有企业一份重要的指导原则，并且也与美国联邦政府对于国有企业的治理具有一致性。因此，建议同时参考 OECD 指导准则以及美国的经验来指导该领域的国有企业改革。

首先，关于国有企业的法律地位，无论是基于公司法还是法人授权建立，都应该清楚地明确企业与政府之间的关系。对于任何管制框架的豁免，任何特殊权利，以及与国有企业来往的其他经济利益体都应该明确说明。特别是分配给国有企业承担的公共服务和责任都应该能够在法律或者管制的框架下清晰透明地陈述清楚。比如，国有企业承担公共服务责任的成本应该以透明的方式明确，以便于判断国有企业在与私营企业市场竞争的时候是否接受了成本补贴。

其次，政府应该确保给予国有企业和私营企业平等竞争的市场环境。避免不必要的市场扭曲，以免降低消费者福利。同样，为了实现国有企业公共服务和责任的最大化，政府应该对给予国有企业的优惠金融尽可能最小化。

再次，应该存在一条清晰的分界线来区分国有企业的所有权功能以及其他功能对市场的影响，尤其是对市场管制的影响。为了实现国有企业公共服务和责任效应的最大化，政府管制机构应该公平地对待国有和私营企业，以及对国有和私营企业适用于同样的商业框架（包括反垄断法）。

最后，政府在企业中的所有权必须清晰界定，并且与管制机构分离，脱离对国有企业时时刻刻的管理，不能阻碍国有企业独立董事会行使权力。为了评估政府是否遵循上述规则，国有企业应该每年接受外部独立审计，并且应该接受公开上市企业同样的财务和审计标准约束。

### （一）应该推荐什么样的国有企业准则

从竞争效率来看，最好的国有企业准则就是，国有企业按照该准则运营不会引起对竞争中性问题的任何关切。在2009年OECD竞争委员会工作组的会议期间，西班牙政府提到应当有必要对于公共企业的组织模式给予精确的说明，便于与OECD的国有企业公司治理准则相一致。巴西的机构强调成立一个部长之间的委员会来管理联邦国有企业，并且告知该委员会旨在建立与OECD国有企业指导原则一致的战略原则。关于国有企业的指导原则，美国政府机构对于国有企业治理在竞争中性框架下的改革阐述最为详细。

毫无疑问，全面推行国有企业的OECD指导准则足以解决由于国有企业经理人带来的反竞争行为。假设一个国有企业，顶层治理已经全部公司化，并且还有一个独立的董事会，在对国有企业所有权监管的情况下运作，避免了政府的频繁介入，能够顺畅沟通，有可验证的目标，并且从事正常业绩监督，公司的管理层相对于私营企业就没有更多的空间去从事公司利益以外活动。

重要的问题是：政府是否有积极性去指导国有企业按照反竞争行为从事活动。这当然是对国有企业指导准则中为国有和私营企业创造公平竞争环境承诺的一种亵渎。但现实中，这种指导准则本来就没有任何有效的约束力。最为关键和重要的是，对于国有企业和私营企业不存在竞争的市场中，指导准则没有给出任何陈述。国有企业合法的完全垄断情况下，并没有什么竞争中性问题，但是可能存在由于在位的国有企业得到了政府的强有力支持，以至于其他私营企业根本没办法进入市场参与竞争，那么这就是一种严重的市场扭曲。但是这种情况并没有被国有企业指导准则所明确和包含。

国有企业指导准则中的很多建议，包括获取金融资源的竞争条件，对于国有企业的非豁免规则和条款、信息充分披露和国有企业目标成本覆盖超过正常可接受的标准，都需要经历一段很长的时间才能达到竞争中性的标准。尽管如此，不满足上述标准并不一定意味着脱离了公平竞争。当国有企业用来被修正市场失灵的情况下，脱离了通常认可的商业目标也可能是符合竞争中性原则的。

政府可以寻求补偿的方法来扩展国有企业的指导准则。比如国有企业在追求公共目标的情况下可以给予补偿，但是由于其所有权优势得到的利益应当被征收相关的费用。在实际操作中，OECD国家的一些政府会对国有企业廉价获取金融资源征收税收。澳大利亚政府甚至率先开发了一套方法来计算由于国有企业得到无形担保获取的利益。评级结构被要求评估如果在没有国有所有权的情况下，这些企业的债务和融资成本应该是怎样的。基于这种评估，国有企业会依据理论计算的和实际的融资成本差值向国家财政部门偿还相关的所得利益。

### （二）未来面临的挑战

相对于OECD的公司治理准则，OECD的国有企业治理指导准则在不同OECD国家执行的一致性要低很多。国有企业治理指导准则旨在将公司治理准则中好的实践推广到国有部门，对国有企业治理准则的推行由于受到管制者、投资者以及股东方面的压力而受阻。不同国家推行国有企业准则工作过程积累了大量的实践，许多国家的实践已经清楚地表明 OECD 国家在未来仍然会把国有企业准则继续当作一种高期望的建议。国有企业的公司化和商业化进展仍然在持续不断地推进过程中。

可能会对竞争中性产生影响且被经常提及的问题是，许多国家的国有企业在管理层的任命存在裙带关系和任人唯亲的现象，以及公务员会被安排进企业的管理层作为对政府部门公务员的一种报酬或者补偿。无论最初的目的如何，这将会造成国有企业的管理者与国家的高层人员产生有效的后向关联。一方面，这会允许国有企业的经理人获得超越监管机构的权利逃避责任；另一方面也会造成国有企业的经理人为了维护自身的利益通过游说政治家来要求政府干预市场。OECD 国有企业工作组的一些经验已经表明，即使是完全推行了国有企业治理准则的国家，国有企业中具有很丰富经历的经理人仍然能够通过运作受到最低层次的监管。最后，国有企业管理层与政府部门之间的紧密关系也更容易让国有企业优先获取信息，在市场竞争中相对于私营企业更容易获得优势。

一般来讲，关于国有企业与竞争中性经常听到的担忧主要分为两种，一种是关于国有企业对国内市场竞争的影响，另一种是专门针对外国国有企业可能产生的影响。第一种情况是即便国有企业变得越来越商业化的情况下，国有企业仍然在产业链上可能存在垄断，仍然可能以承担公共责任为借口从政府获取补偿。私营企业可能从一开始就认为国有企业会被过度补贴，或者存在广泛的交叉补贴，尤其当国有企业扩展到国内和国外分割的完全竞争市场，私营企业的抱怨就会更多。

当来自外国政府控制的国有企业进入本土市场的时候，对于市场竞争的公平性担忧就会显著地增加。这个问题的争议在于，第一，很多国家都在保护自己的冠军企业，政府更可能参与到本国冠军企业当中，但是很多冠军企业未必就是国有企业，政府也同样可能保护那些私营的冠军企业。私营企业竞争中经常被提及的问题是，私营企业认为外国的国有企业能够获取优惠贷款，这就容易让外国的国有企业更具市场竞争优势，而且更容易收购和兼并企业。第二，政府有时会被指责没有为了公共利益目标，为了保护他们自己的企业而毫无理由地给予国有企业免责的待遇。第三，当 OECD 国家的政府采购受到严格的法律和规则约束的情况下，国有企业所在的部门仍然普遍存在复杂合同以及多重投标的问题。政府同样被指责，从复杂的程序和"灰色地带"给予他们国家冠军企业优惠待遇。任何这些措施都违反了国有企业治理的指导准则，但仍然是一种普遍存在的现象。

非 OECD 国家的大型国有企业进入国际市场更加剧了这种担忧。尽管从竞争的角度来看，大多数国家都受到 WTO 纪律或者其他投资贸易协定的管制和约束，但是非 OECD 国家与 OECD 国家在什么是国有企业的良好实践方面并没有一致的观点。现实中，针对企业脱离竞争中性，采用公开补贴国有企业（包括来自国有商业机构的信贷软约束）的投诉主要是针对新兴市场国家对国有企业的补贴。

# 第二章 全球化背景下的国有企业与竞争规则

## 一 国有企业与国际市场竞争规则

国有企业不仅会对一国内部市场竞争规则产生显著影响和挑战，更为重要的是，随着全球化的快速发展，国有企业的大规模跨国并购和贸易投资行为对现有的国际市场竞争规则也产生了显著的影响和挑战，如何正确认识和解决国有企业在国际市场的公平竞争问题成为当下多边和区域贸易协定重点关注的问题。本章将重点关注国有企业在全球化背景下的贸易投资行为，以及对竞争中性规则带来的挑战。国有企业在国有经济中占有重要的位置，在一些发达国家亦是如此。

无论从经济角度还是非经济的角度，都能给出很多国有企业存在的原因，并且不同政治体制的国家对于政府在经济中究竟该扮演怎样的角色持有不同的观点。国有企业可以基于商业原则进行运行，也可能基于非商业形式的优先考虑来运行。在特定的情况下，国有企业可能被赋予特定的优势，从而对进口国市场准入以及出口商竞争力产生影响。这些特殊的优势可以是直接的补贴，优惠性的融资，国家偏向性的管制待遇、反垄断或者破产规则的豁免以及其他事项等。给予国有企业特殊的优势地位可能会对全球经济产生重要影响，也可能与以规则为导向的WTO、非歧视原则的多边贸易体制本身存在冲突。因此，单纯从贸易角度来看，有关国有企业的核心问题主要包括以下几个方面：①国有企业的跨境活动带来的主要关切和影响有哪些？②国有企业的特殊优势与多边贸易体制下非歧视原则不一致问题。③国有经济在全球经济中的重要性如何？④成员国该采取怎样的措施应对国有企业开放市场，确保国有企业能够有效参与市场竞争？

对于第一个和第二个问题，国有企业的跨境投资和贸易活动越来越频繁的主要原因在于：政府政策以及国内针对国有企业经营市场的变化所致。从贸易角度来看，重要的不是国有企业在国际市场的不断扩张问题，而是国有企业在国际市场的扩张本身对市场竞争条件和方式的改变。第一，一些国家会利用国有企业作为追求非商业或者实现战略性目标的主要工具，这就会对其他参与贸易的成员方造成不公平竞争效应。第二，国有企业的行为在一国国内本身不存在的问题或者可以被有效解决的问题，但是当国有企业在国际市场不断扩张的时候，就可能不会被有效地解决，从而成为一个国际关切的问题。第三，政府对国有企业承担公共责任和义务确定补偿标准通常是基于业务量，而不是基于国有企业本身承担的公共责任和义务来认定，这就可能激励国有企业规模的过度扩张，从而对市场竞争包括国际市场竞争造成扭曲。第四，从一个国家内部角度来看，支持国有企业做大，追求规模经济具有经济上的合理性，但是也会造成国有企业在外国市场份额的快速上升，不同国家对这种行为的合理性持有不同的观点。国有企业追求不同的目标可以通过政府的支持和给予特殊的权利而实现，这些优惠和特权包括：直接补贴、优惠融资、国家担保、偏向性的管制待遇、反垄断或者破产规则的豁免以及其他措施等。所有这些优势和特殊优惠都可以看作是对国有企业通过降低固定或者可变成本产生的直接或者间接补贴。因此，国有企业通过获得上述的优惠和补贴很容易在国内和国际市场相对于私营和外资企业产生竞争优势地位。国有企业获取的上述竞争优势地位参与国际竞争会违反国内或者国际竞争规则，政府给予国有企业优惠从而实现战略性目标，会被认为不合法并且违反竞争规则。同时，现有的法律框架对于如何规制国有企业的上述跨境经营活动仍然存在较大的改进空间。

对于第三个问题，总体来看，国有企业部门在 OECD 国家相对于新兴市场国家所占的比重越来越小。但是，在部分 OECD 经济体国有企业仍然在一些网络产业（能源、电信、交通）以及银行部门占有重要的地位。从国际贸易和投资角度来看，很难识别 OECD 国家政府有明显的战略意图去扩张其国有企业在国外市场的贸易投资活动，但这也不意味着政府没有采取手段组织本国的国有企业抵御外国同行的竞争，或者帮助本国的国有企业在国外扩张。在新兴市场国家的经济中，国有企业仍然占有重要的地位，并且在一些情况下，国有企业的市场份额还在攀升。这些国家似乎在利用国有经济来实现发展和战略性目标，大多数的大型国有企业在积极从事国际贸易和投资活动，一些新兴市场国家政府在国有企业的国际化问题上具有明确的政策。

据 OECD 基于福布斯数据对全球 2000 家最大的企业分析统计，在全球最大的 2000 家公司中，有 204 家企业在 2010—2011 年属于国有企业，横跨 37 个不同的国家。最大的国有企业在不同国家的分布情况差异巨大，其中属于中国的国有企业最多（70 家国有企业），其次是印度，为 30 家，俄罗斯为 9 家，阿拉伯联合酋长国为

9家，马来西亚为8家。全球204家最大的国有企业在2010—2011年总销售额高达3.6万亿美元，约占全球最大的2000家企业销售额的10%，超过英国、法国以及德国2010年的国民收入总额，这些国有企业销售的增加值约占全球GDP的6%，这些国有企业合计的市场价值相当于所有上市公司市场资本价值的11%。中国、阿联酋、俄罗斯、印度尼西亚、马来西亚、沙特阿拉伯、印度、巴西、挪威以及泰国这10个国家的国有企业在其最大的十大企业所占的销售、资产以及市场价值比重最高。国有企业地位最为突出的国家同时也是全球最为重要的贸易参与者，这一点对于中国尤其突出，2019年中国是全球最大的出口国家，占全球出口的比重超过14%，同时也是全球国有企业比重最高、国有企业地位最为突出的国家。在中国之后的9个国家合计的贸易份额占全球贸易份额比重超过8%，因此，全球国有经济体最为突出的10个经济体总计占全球贸易的比重超过了22%。

从行业的分布状况来看，国有企业也呈现出很大的差异性。同样利用全球最大的企业数据库可以计算行业层面的国有企业销售、资产以及市场价值所占份额。国有企业比重最高的行业主要包括：采矿业相关服务、民用工程、陆上及管道运输、煤炭及石墨开采、天然气及原油开采。在OECD国家中，国有企业在上述行业所占的比重总体上并不高，但是在金砖国家和印度尼西亚，国有企业在上述行业的比重十分突出，尤其是在自然资源和制造业部门。在一些制造行业，国有企业比重并不高但占据的世界贸易份额十分显著。比如，在汽车制造、拖车及半拖车制造领域，国有企业所占的平均比重约为20%，但是该领域的贸易却占世界贸易总额的比重接近12%。比如压延金属制品制造、专有机械设备、基础金属、电子设备、通用机械设备以及其他交通运输设备制造业中，国有企业相应的比重只占7%，但是这些行业的贸易额却占全球贸易额的比重达到60%。在国有企业比重较高的服务业领域，同样占据了全球服务贸易较高的比重。比如在民用工程、建筑及工程活动、技术测试与分析，以及其他商业服务行业，这些行业占据了全球服务贸易比重的21%。交通运输（包括陆上、管道和航空运输）占据了全球服务贸易的20%，而金融服务（不包括保险和养老基金）占全球服务贸易的比重大约在7%。同样，在服务业领域，新兴市场国家的国有企业比重要显著偏高。

因此，无论在原材料、商品还是服务行业，国有企业比重相对较高的行业同时也是贸易活动较为密集的行业。这也表明，如果政府给予国企特别的优惠安排，国有企业在上述行业的广泛存在有可能对世界市场造成潜在的扭曲效应。特别是国有企业在新兴经济体的大量存在和国际化扩展倾向（将国有企业作为实现经济发展和战略目标的手段）明显的情形下，而且在新兴经济体中由于对国有企业的规制框架发育不够成熟，并不能保证国有企业持续地履行良好的公司治理以及透明度规则，这也表明需要OECD成员国之外的新兴经济体共同参与有关国有企业跨境经济活动的相关对话。

对于第四个问题，针对国有企业在国际市场上可能存在的反市场竞争行为的规制性框架，主要包括：OECD公司治理指导准则（OECD国有企业指导原则）；国别竞争中立框架（CNFs）；国别竞争法；WTO协议；优惠贸易安排（PTAs）以及双边投资协定（BITs）。部分规制性框架设置的出发点是基于国内角度来规范国有企业的行为，因此只涉及了国有企业的部分条款和内容。而其他一些规制性框架则更多地考虑了现代国有企业的纪律约束，但是只适用于小部分发达国家。针对国有企业的不同规制框架在约束国有企业的行为是否具有执行力和有效性方面存在显著的差异性。

基于反垄断法原则可以处理国有企业滥用市场主导地位，包括在国际市场环境下，可用来防止国有企业在兼并和重组过程中的反竞争性行为。但是，传统的反垄断法主要是针对利润最大化的企业，目的是防止企业利用垄断地位设定高价格，而并不针对企业接受补贴故意压低价格的行为，除非这种故意压低价格是由于明显的战略性动机。

OECD的国有企业指导原则列出并详述了在不同领域开展公平竞争的一些基本原则，建议国有和私营企业能够基于商业原则开展公平竞争，但是OECD的国有企业指导原则本身并不具有法律约束力和执行力，并没有专门针对不同国家的国有企业应该受到什么样的约束进行阐述。OECD的国有企业竞争中性原则适合用来指导，如何将国有企业在不同国家之间的跨境贸易和投资活动带来的不利影响降到最低，以及用来评估不同国家国有企业的竞争质量，缺乏一种具有约束力的规制框架，而国际贸易和投资协定中需要大量专门针对国有企业行为具有约束力的规制性框架。

WTO规则对成员国政府施加了一些对私有企业没有约束的条款。尽管如此，WTO规则总体上来看是所有制中性的，对于政府规则和行为的约束并没有区分货物或者服务供应商是公共还是私人实体。比如，当国有企业接受政府补贴会受到WTO补贴纪律的约束，但是补贴纪律并没有专门针对国有企业，补贴纪律对所有的企业都适用。同样，在服务业部门存在大量的国有企业，但这些企业总体上并不受到WTO补贴条款的约束。

关贸总协定（GATT）第XVII章节中关于国有外贸企业（STE）

及其具体的谅解中,只是对被当作工具的影响国际贸易的企业(其中是一些国有企业)进行限制。然而,对于什么是国有外贸企业以及国有外贸都没有给出清晰明确的定义,因此这一条款往往很难适用于解决问题。WTO协定中的服务贸易总协定(GATS)中一些条款同样用来规制国有企业。比如GATS第Ⅷ章节的目的也在于规制国有或者私营企业的垄断行为。不仅如此,其他服务贸易总协定纪律条款,比如国民待遇义务或者市场准入义务,禁止在某些情况下给予包括国有企业在内的一些国内企业特殊待遇。尽管如此,即使在GATS框架下对国有企业的规制也只适用于签署了相关承诺条款的成员方。中国加入WTO的协定中具有专门的条款用来针对处理国有的跨境反竞争行为,然而对于这些条款是否有效地阻止了中国国有企业的贸易扭曲政策和抵消了国有企业的优势存在较大的争议。在俄罗斯最近加入WTO的协定中同样包括了大量有关国有企业纪律的条款,但是加入的承诺并不涵盖银行部门。

现有的许多优惠贸易协定包括了针对国有企业的特别条款,试图来弥补现有多边贸易体制针对国有企业纪律存在的一些欠缺。比如,一些协定中明确规定相关的条款适用于国有企业,澄清了在WTO框架下一些模糊不确定的、有争议性的表述,或者包括了针对服务和竞争政策的其他额外条款。大多数双边投资协定即使没有专门明确针对国有企业,也包含了一般的非歧视条款来促进竞争中性的实现。除此之外,大多数的双边投资协定专门提及了国有和非国有投资者之间的关系,并且许多章节说明了存在大量国有企业对直接竞争可能造成影响。尽管如此,即使在大多数高级的双边投资协定中,对于国有企业的定义以及透明性的要求或者仲裁程序都可能存在不明确的纪律条款。

## 二 国有企业的国际化效应

国有所有制具有不同形式，既可以根据正常公司法按照不同的出资比例形成国有股权，也可以通过立法形式设立国有法人企业，明确具体目标和组织形式。不同国家对国有企业存在多种定义，因此对于国有企业中是否存在政府控制以及跨国比较变得尤为复杂。不仅如此，培育一个竞争性的市场根本目的不是降低国有所有权比重，而是消除由于政府给予企业的特殊利益，导致国有或者私营企业存在反市场竞争行为。并不是只有国有企业可能会受到政府的特殊优待或者照顾，完全的私营企业同样可能从政府享受到特有权利从而在国内或者国际市场竞争中占据优势，同时政府对国有企业的特殊要求也相当于对企业增加了一种税收，更容易导致企业脱离商业化的运作。我们可以用图2.1来说明国有企业和政府偏好企业的区别。

在案例2.1中，没有国有企业受到政府偏好，受到政府偏好的企业没有国有企业；在案例2.2中，大多数国有企业是受到政府偏好的，政府偏好的大多数企业也是国有企业。很难获取政府对哪些企业存在具体偏好的信息，以及政府到底给予了偏好企业什么样的补贴和豁免。所以，一般来说，国有所有权总体上可以代表政府对企业的偏好程度，并且由于政府既是国有企业的管理者又是国有企业的所有者，因此政府在规制国有企业的时候不可避免地存在利益冲突，大多数国家在制定竞争中性规制框架时需要对国有企业和政府的行为同时进行强有力约束。

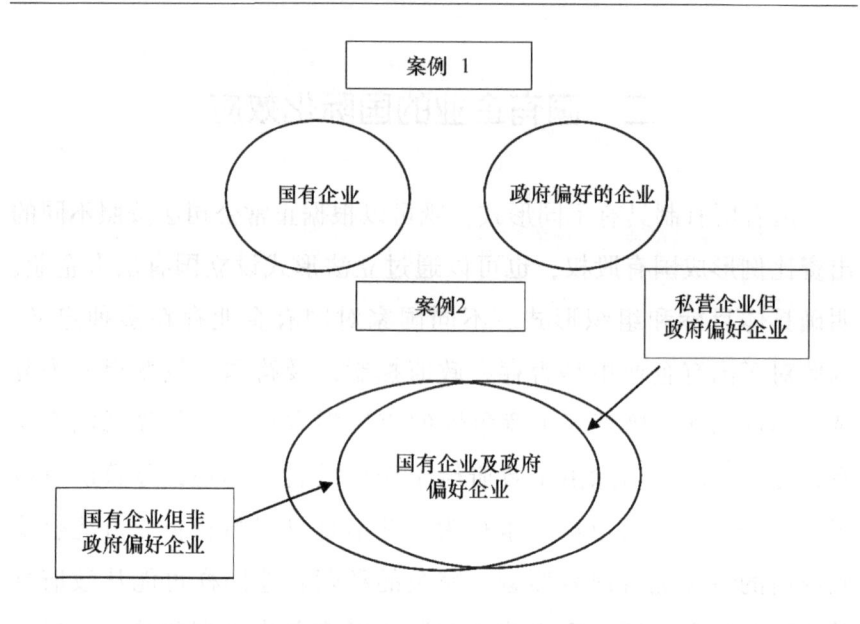

图 2.1 国有企业与政府偏好企业的差别

**（一）从国有经济角度看，支持和限制国有所有权的主要原因**

无论从 OECD 国家还是发展中国家来看都存在很多设立国有企业的理由，比如在公共产品部门、自然垄断行业设立国有企业可能带来更多的正向外溢效应等，在这种情况下国有企业被认为有助于纠正市场失灵，特别是对于发展中国家，没有强有力的规制性框架，很难把国有企业的一些公共产品提供的功能转移到私营企业，另一种支持国有所有权的理由认为，国有企业相对于私营企业能够为政府带来更为稳定的收入。同时也有人认为由政府经营的国有企业效率并不一定比私营企业低，国有企业只是政府用来推行其产业政策的一种手段。

许多国家保留国有企业是因为一些行业垄断是被认可或者自然的。事实上，在一些自然垄断行业国有企业可能确实比私营企业更加有效率。比如，在一些存在显著规模经济的行业，只有被一家企业垄断的情况下才能达到其实现最优效率的规模。这些自然垄断行业主要包括在内部锁定供应链的网络经济行业,比如电力和天然气供应、铁路等。这些行业如果被私营企业来垄断经营就会导致定价过高,无法满足社会最优水平,如果政府采取措施来规制这些私营企业的垄断经营行为也会很难实现并且付出高额的成本,因此这种情况下采用国有企业比采用无法规制的私营企业来经营更容易达到社会最优水平。

国有企业同样可能更合适提供一些公共产品或者更有价值的产品。公共产品的主要特点存在正向外部性,消费和支付分开,不具有专有排他属性。在这种情况下,标准的经济学假设如果由私人企业提供公共物品,就只能达到次优水平,因此在这种情况下政府就会优先选择国有企业提供公共产品。

国有企业有时候也被用来专门扶持某一种重要产业的发展,而这种产业的发展通过私营企业来发展在经济上和可行性方面都不如国有企业。幼稚产业理论主要强调了国家在扶持产品发展中的重要作用,强调当一个具有显著外部性的新生产业,很难以市场价格调整的方式对其定价,或者当信息严重不对称,资本和保险市场不完备的情况下,私人投资者根本不愿意投资进入,但是这些产业对其他行业的发展可能会产生非常重要的潜在外溢效应,国家就应该介入进行投资。事实上,很多发达国家成功的私营企业把他们的成功很大程度上归功于最初的国家介入投资。因此持这种观点的人认为,国有企业对经济发展具有重要作用,在不同的经济发展阶段,国有企业的比重应该做出相应的调整。尤其是在发展中国家,知识产权保护较弱,私营企业不愿意进行研发投入的情况下,或者投入的收益无法得到有效保护的情况下,国有性质的研究机构进行投资可能对经济长远发展带来很大的利益。

从经济效率来讲，用传统的企业绩效指标来衡量国有企业的效率可能并不支持国有企业的设立，对于国有企业是否能够作为一种有效的手段来克服和纠正市场失灵一直存在疑问。同时，在很多竞争性行业当中，虽然私营企业的经营绩效会明显高于国有企业，但是在这些行业中仍存在大量国有企业，这些都对政府政策构成了挑战，究竟在什么时候该出台专门针对国有企业的政策。

传统的观点认为，从经营绩效来看相对于私营企业国有企业更没有效率，主要由国有所有权、管制特征或者商业环境因素所导致。国有所有权本身会造成管理效率和经营绩效低下。国有企业的目标通常是模糊的，随着政府政策和管理层的变化而变化，并且在很多情况下存在预算软约束问题，经常会获得政府直接或者间接的补贴支持，经营的目标经常是政治驱动，这就会显著地降低国有企业提高经营绩效的动力和积极性。不仅如此，国有企业经常会雇用过多的劳动力，履行缓解就业压力的职能。除此之外，私营企业的股东会将监管和履行有效管理的成本内部化，这将促使私营企业不断提高管理的绩效水平，而国有企业的监管则主要是通过官僚体系来完成，效率难以提升。当越来越多的国有企业集中到某一个部门，最终会导致更低的效率和更差的经营业绩，这将给整个经济带来巨大的成本。举一个比较明显的例子，当银行部门主要由国有企业组成的情况下，会造成资本配置和管理效率低下，这就会导致私营企业获取资金的难度提高，进一步提高企业进入成本和损害企业家精神。

### (二) 对于国有企业跨境并购活动的主要关切

在过去很长一段时间，国有企业经营活动主要局限在本国境内，不参与国际竞争。但是近年来，国有企业参与国际市场竞争的经营活动变得越来越频繁，许多国家私营企业都发现他们不仅在国内市场，而且也在国际市场要面对来自国有企业的竞争。国有企业同时在国内和国际市场参与竞争可以体现为多种形式，包括国有企业直接参与进出口贸易的竞争，国有企业在国外市场与私营企业竞争，私营企业在本国与来自国外的国有企业竞争，私营和国有企业在第三国市场开展贸易和投资竞争。因此，针对国内的国有企业政策可能会产生重要的跨境效应，对于国有企业的相关政策需要在全球高度统一的市场和生产网络条件下综合考虑，同时也需要考虑到不同国家司法和法律框架是否具有重叠性。

贸易和投资开放能够给企业和一国的经济带来重要的经济利益，通过对外开放，一国可以获取更先进的技术和廉价的生产要素，实现更为专业化有效率的生产，促进市场竞争提升生产率水平。这种潜在的经济利益同样对于国有企业的发展也具有非常重要的意义，这也可能是近年来国有企业在国际市场出现显著扩张的一个重要原因。然而，由于政府扭曲的贸易政策（包括通过国有企业来推行的扭曲贸易政策）在封闭经济情况下造成的经济损失可能要远小于在开放经济情况下造成的经济损失。原因在于进入国际市场的参与竞争的企业普遍具有更高的生产率和技术水平，由于国有企业相关的扭曲在国际竞争性市场上带来的福利成本损失可能比在封闭经济情况下更大。除此之外，这种福利损失的成本不仅仅来源于东道国的国有企业，同样也来源于各自贸易伙伴的国有企业，这也同时构成了各国参与协调国际合作的激励。

**案例 2.1：从异质性企业贸易理论来看国有企业的跨境活动情况**

以 Melitz（2003）为代表的异质性企业贸易理论集中探讨了不同生产率企业之间的互相变动情况，分析了国内和跨境企业参与全球贸易和投资活动对于其生产率和规模的可能影响作用。同时也关注了政策如何影响企业生产率的分布状况。一个最为关键性的结论是，当一国融入国际市场的情况下，企业之间的市场份额和利润会重新配置，那些具有更高效率或者利润的企业都会转向出口市场，而生产率较低的企业只能停留在国内市场或者退出市场。对于 Melitz 的分析框架，后来的研究进行了多方面的扩展用来分析国有企业的国际化效应，比如 Helpman、Melitz 和 Yeaple（2004）研究发现，生产率最高的企业倾向于在国外设立子公司进行贸易和投资活动，生产率较高的企业倾向于选择出口参与国际市场竞争，而生产率最低的企业通常只停留在国内市场经营。Busto（2011）的研究又表明低生产率的企业通常只会采用低技术产品来服务国内市场，而中等生产率的企业同样会采用低技术产品来服务国内市场，只有那些愿意投资更多高技术，生产率最高的企业才会选择出口。

近年来，随着国有企业跨境活动的提升，相关的经验分析也从一定程度上验证了上述假说。Mirodot 和 Ragoussis（2011）采用三个 OECD 国家的数据（法国、英国、希腊）检验了国有企业所有权与出口之间的关系，发现相对于私有企业，国有企业普遍具有更低的出口倾向和出口密集度。而 Commander 和 Svejnar（2011）的研究同样考察了所有权、出口与企业绩效的关系，发现外资企业加入私营企业会显著地提高企业的绩效，主要是通过提高企业的生产率、优化企业的规模、更有效地管理债务以及其他无形管理方法改进等。Mirodot 和 Ragoussis（2011）同样发现国有股权加入其他企业会降低企业的出口导向水平，这也表明在开放经济条件下，国有所有权的增加会带来更高的成本。

国有企业在国际市场的不断扩张主要有以下两方面的原因：一方面是政府政策或者企业自身内部的原因以及国有企业经营市场本身的动态变化；另一方面，从贸易角度来看，国有企业在国际市场上的扩张重要性不仅仅是对国有企业本身的影响，而且是对整个国际市场的竞争环境的影响。

一些国家可能利用国有企业作为实现战略、商业或者非商业目标的主要手段和工具，这就可能造成反竞争效应。

第一，政府作为国有企业的所有者可能会给予国有企业特殊的优势（或者补贴），这就会对其他外国企业产生不公平竞争。政府也可能利用国有企业来获取国外的专有知识和技术，然后在本国市场开始广泛地传播和应用，或者通过国有企业来控制其他国家的一些稀缺性资源。同样值得注意的是，由于政治方面的原因，国有企业也可能被禁止从事正常的商业化战略行动。

第二，当国有企业扩张到国际市场后，原本在国内市场环境下可以被限制或者不被认为是问题的问题，在国际市场环境下成为一种关切或者问题。从一国国内角度来看，政府给予国有企业的某些支持可能是有效且可行的解决方案，但是从其他国家商业伙伴的角度来看，可能会对其企业或者消费者造成负面影响。比如，从一国政治经济的角度来看给予某些有问题的国有企业一些资助是一种较为普遍的做法，但是从国际市场的角度来看，这样做会对其竞争对手产生不良的影响，没有合理性。

第三，对国有企业从事公共服务和义务给予补贴（比如对处于边远地区的国有企业提供邮政、通信、交通服务从商业角度并不可行）同样可能会造成管制约束力下降或者税收豁免，这也会造成扭曲，相当于政府给予了国有企业不断扩张的激励，这种扩张也会扩展到国际市场。国有企业的这种扩张可能与业务量存在密切关系，而不是单纯因为提供公共品服务所导致的。

第四，从国内静态角度来看，国有企业追求规模经济似乎是正当的。但是这种规模的扩张一旦跨越国境衍生到国际市场就不成立了。因为在国际市场规模的不断扩张势必会对其他竞争对手的市场份额造成挤压，容易引发很多市场竞争争端。

政府通过向国有企业提供一系列的优惠和特权可以实现上述的目标。但是无论国有企业存在的理由如何充分，政府通过给予国有企业的特殊照顾来创造优势，本身就会被国际市场其他竞争者当作不公平。政府在国内市场环境下为国有企业可能创造的优势包括：直接补贴，优惠金融以及政府担保，优惠管制待遇；反垄断以及破产豁免；可以导致反竞争或者排他性的价格战略；其他形式的掠夺式定价或者信息优势。

所有这些优势都会通过直接或者间接渠道对企业的固定和可变生产成本造成补贴效应。因此，一个国有企业通过这种优势必然会对国内和国际市场上的私营企业形成竞争优势。

正是基于上述背景，近年来随着国有企业在国际市场的不断扩张，有关国有企业的贸易争端的和紧张态势日趋激烈。比如，法国政府给予环境保护基金 15 亿美元的税收减免被认为是不合法的国家援助，围绕整个选择性的补贴，环境保护基金、欧盟委员会和欧洲法院之间存在巨大的争议。再如，WTO 的争端解决案例 DS379 裁定，认为中国的国有商业银行给予进入海外市场的国有企业低于市场利率的补贴是一种优惠金融安排。WTO 在该案例的争端解决中认为国有企业通过给其他企业提供低价的投入要素没有得到正常的回报，国有企业事实上是扮演了补贴实施的中介者或者传输者。

第五，WTO 有关给予国有企业一些特殊优势和权利的争端主要集中在有关国有贸易公司（STE）获得的特殊权利方面。这些本身受到 GATT 相关条款的约束。在有关韩国牛肉争端解决案例中（DS160 有关韩国采取措施影响新鲜、冷藏以及冷冻牛肉进口的争端），一家国有进口垄断贸易公司的活动和管理被认为违反了 WTO 有关国有贸易公司的相关条款。在加拿大小麦委员会案例中（DS276 加拿大有关出口小麦措施和进口谷物给予优惠待遇的争端），美国申诉者认为加拿大小麦委员会主导的小麦出口措施与 WTO 国有贸易公司的相关规则不一致，但是 WTO 裁定加拿大小麦委员会的措施并没有违反相关的国有贸易公司条款。

正如前文所述，由政府给予国有企业或者通过国有企业给予私营企业的特殊优惠和权利有时会被认为违反国内和国际规则，这也表明政府通过国有企业来实现其战略目的行动在国际市场上可能被竞争对手认为是在采取反竞争的措施。另外，在 WTO 框架下针对国有企业的申诉经常无效，现有的法律框架并不能很好地处理和应对国有企业跨境交易活动带来的潜在影响。

## 三　国有企业在全球经济的重要性

从 20 世纪 80 年代到 90 年代，尽管一些国家对国有企业进行了大规模的私有化活动，但是在很多国家国有企业无论在国内市场还是全球市场都仍然扮演着重要的角色。不仅如此，在过去几十年国有企业在很多情况下呈现逐步扩张的趋势，在一些部门国有产权呈现上升的态势，尤其是在新兴市场国家。这种国有产权的扩张主要来自 2008 年国际金融危机期间政府的强力干预，国有企业在国内市场和国际市场的重要性凸显。

目前 OECD 国家的国有企业部门规模显著低于新兴市场经济国家。但是在部分行业，OECD 部分国家的国有企业仍然占有重要的地位，主要是集中在一些网络经济行业（比如能源、电信以及交通）以及银行部门。大多数 OECD 国家的国有企业都是按照普通的公司法来运作的，都需要遵循通常的公司运作要求。在部分 OECD 国家国有企业需要接受比私营企业更为严格的财务信息披露以及透明度要求。适用于私营企业的会计和审计标准同样也适用于国有企业，国有企业可能还需要承担来自国家审计部门额外的要求和控制。

尽管历经多次私有化和改革历程，国有企业仍然在新兴经济体中广泛存在。特别是很多新兴经济体的政府直接采用政府所有的企业来推行政策目标。虽然这些经济体中国有企业的经济运作是可行的，但是将公司治理标准完全推行到这些国有企业仍然存在明显的滞后，特别是在国有企业界定以及法人状态交织不清楚的情况下，问题变得尤为复杂。

### （一）国有企业在世界最大的 2000 家企业中的基本情况

由于各国对国有企业的定义存在较大争议，对国有企业的跨国比较是一件较为困难的事情，同时各国对企业的所有权信息披露较少，尤其对国有企业的信息披露尤为谨慎。为了对比全球国有企业的基本状况，这里全面引用了 OECD（2013）相关的报告来说明国有企业在全球贸易和投资中所扮演的角色，该报告采用福布斯 2000 年公布的全球最大的 2000 家公司作为研究对象，大约有 1500 家属于 OECD 国家，这些公司 2010—2011 年的销售产值大概占全球 GDP 的 51%。同时利用 Orbis 数据库,对全球最大的 2000 家公司进行了所有权信息、财务信息的补充。国有企业被界定为如果一个公司的股权超过 50.01% 被一个国家、一个政府或者一个公共机构持有,这个企业就被认为是国有企业或者公有企业。

基于上述标准和数据匹配,研究发现 2010 年全球最大的 2000 家公司中,有 204 家企业属于国有企业。这些国有企业来自 37 个不同国家,其中来自中国的最多,有 70 家国有企业,其次是印度,共有 30 家国有企业,俄罗斯和阿联酋各有 9 家,马来西亚共有 8 家。这些国有企业分散在 35 个行业,每一个行业至少都有一家国有企业,应当强调的是上述的国有企业只包括公开的国有企业,并没有包括不公开的国有企业(比如那些在邮政部门、公共事业部门未上市的法人代表企业,以及一些地方性的国有企业),这些全球最大的国有企业同时也是在全球贸易和投资领域最为活跃的国有企业,这些国有企业 2010 年年销售额高达 3.6 万亿美元,大约占全球 2000 家最大公司销售收入的 10%,超过英国、法国或者德国 2010 年国民收入。国有企业的销售额占全球 GDP 的 6%。国有企业市值大约相当于全球上市公司市值的 11%。

在分析的样本中,OECD 国家中共有 18 个国家拥有至少一家国有企业,国有企业的数量占 OECD 国家企业数量的 3%。尽管在大多数 OECD 国家国有企业的规模并不大,但也存在一些特例。从国有企业的资产规模来看,爱尔兰、英国和美国国有企业的注册资产相对于国民总收入较高,但这主要是由于小部分金融部门的大金融企业造成的,这与 2008 年国际金融危机期间大量的金融机构被政府接管有关系,只是一种暂时现象。然而,在其他 OECD 国家中,国有企业的相对规模也较大,韩国国有企业的资产规模相当于其国民总收入的 48%,并且分布在许多行业部门。在挪威,石油和电信部门的国有企业销售额、资产规模以及市值大约占其国民收入的1/4。波兰的国有企业销售额、资产规模以及市值占国民收入的比重都超过了10%。

在金砖国家中，国有企业的重要性尤为突出。全球2000家最大的公司中，大约有260家来自中国、俄罗斯、印度、印度尼西亚和南非，其中中国和印度占了绝大多数。其中有123家公司属于国有企业，大约占47%。其中中国有70家国有企业，印度有30家国有企业。这些国有企业市值占这些国家国民收入的比重约为32%。不仅如此，除了南非，国有企业控制了金砖国家较大比重的资产，其中中国的国有企业资产相当于国民收入的比重高达145%，全球最高。

### （二）国有企业在不同国家的表现特征

同样利用上述的数据我们可以分析国有企业份额在不同国家的特征差异。为了便于比较，从Forbes 2000数据库中的38个国家中选取了每个国家最大的10家企业，这38个国家至少都有10家企业入选全球最大的2000家企业，包括23个OECD国家，全部金砖国家以及其他9个国家，分别计算了每个国家最大的10家企业中，国有企业在销售额、资产以及市场价值占全部10家最大企业的加权平均比重，这里我们把这个指标定义为国家所有权份额（CSS）。

在38个国家中，有21个国家的CSS指标大于0，其中CSS指标最高的10个国家依次为：中国（CSS95.9）、阿联酋（CSS88.4）、俄罗斯（CSS81.1）、印度尼西亚（CSS69.2）、马来西亚（CSS68）、沙特阿拉伯（CSS66.8）、印度（CSS58.9）、巴西（CSS49.9）、挪威（CSS47.7）以及泰国（CSS37.5）。在金砖国家中，南非的国有企业CSS指标最低，仅为2.8。OECD国家中CSS指标大于0的国家包括挪威（CSS47.7）、法国（CSS16.7）、爱尔兰（CSS15.9）、希腊（CSS15.2）、芬兰（CSS13.1），韩国（CSS9.7）、比利时（CSS8.1）、瑞典（CSS8）、奥地利（CSS7）以及土耳其（CSS2.8）。

### （三）国有企业份额与主要经济特征之间的关系

一个国家国有企业的份额可能与一国的历史、经济社会发展水平、政治制度、宏观经济状况、经济结构特征、比较优势、资源禀赋以及与国际贸易和投资市场的一体化程度存在密切关系。同时，一国的国有所有权随着这些特征的差异也呈现出不同的分布特征。比如，从贸易角度来看，一个国家拥有较高的国有企业比重对于该国能否在国际市场发挥作用具有重要影响。要明确二者之间的因果关系较为复杂，但是我们可以关注一下国有企业比重与其他经济指标之间的相关性。

通过相关的统计指标分析，我们发现具有较高国有企业份额的国家主要是集中在人均GDP低于样本中间值，但经济增长率高于样本中间值的国家，表明国有经济的发展本身与一国的经济发展阶段存在密切关系。具有较高CSS指标的国家FDI流入占GDP的比重指标并不一定高，但是进口产品和服务占GDP的比重都低于样本中间值。说明国有企业比重的高低与贸易自由化程度存在较为密切的关系。统计指标显示，在国有企业比重较高的国家普遍存在较高的关税水平以及加入国际服务贸易总协定（GATS）过程中较低的承诺。在国有企业比重较低的国家具有更高的贸易开放度，这也意味着会有更强的规制性条款约束，这将会有效地降低贸易壁垒和非贸易壁垒，促使政府不断提升能力将更多的公共事务转交给私营部门进行运营。

总体来看，贸易壁垒和国有所有权之间的关系提示我们：通过推动贸易自由化进程将会对福利提升产生显著的促进作用，尤其是对处于同样经济发展水平但是具有较低国有企业比重的国家，贸易自由化带来的福利效应可能会更高。事实上，已有的理论研究和政策模拟都显示，具有显著国有企业比重的经济体，通过贸易开放可以有效地提升效率和福利水平。

一般认为，国有企业主要集中在自然资源开采及能源生产部门，与获取垄断租金和规模经济之间存在关系。这些部门也被称为战略性部门，这也是国有企业比重较高的原因。事实上，在福布斯列表中全球最大的25家国有企业中有12家国有企业属于资源和能源开采的相关行业。相关的指标分析同样显示，较低的能源进口与较高的能源产出和净出口行业中国有企业的比重相对都较高，表明在大型能源生产商以及能源出口部门国有企业的比重较高。尽管这种联系可能存在反向因果的可能性，但是国有所有权的比重与一国经济结构、比较优势以及与贸易伙伴的贸易模式存在高度相关性是一个不争的事实。

### （四）国有企业在不同行业的分布特征

国有企业不仅在国家之间存在巨大差异，在行业部门之间同样存在巨大差异。为了反映国有企业在不同行业的分布特征差异，我们同样采用上述的办法计算了行业的CSS指标。首先，基于Orbis数据库可以获取福布斯企业列表中每个企业的主要经济活动，从而可以将每个企业按照经济活动归入某个行业；其次，那些少于10个企业的行业被排除，共保留了41个行业部门，分别计算了不同行业国有企业销售、资产以及市值加权平均的份额。

按照行业计算的CSS指标分为三类，首先我们采用福布斯企业的全部样本计算了相关指标，然后又将计算指标分为三类，分别是来自 OECD、金砖国家以及其他国家的 CSS 指标。当所有国家样本都考虑的情况下，在 41 个部门中只有 11 个国有企业的比重为 0。全部行业国有企业的加权指标平均份额为 10.7%。意味着部门中每 10 个企业中就有 1 家国有企业。从更为粗略的行业分类来看，国有企业比重最高的行业是自然资源开采及建筑类相关行业。国有企业份额最高的行业依次为：矿产开采服务业（CSS 42.7），土木工程（CSS 40.8），陆上及管道运输（CSS 40.3），煤炭及石墨开采（CSS 35.1），原油及天然气开采（CSS 34.1）。

在 OECD 国家中，国有企业在行业中所占比重总体上很小。在 41 个行业中只有 11 个行业存在国有企业，平均比重只有 1.8%。当前在 OECD 国家中，国有企业比重最高的行业主要集中在水电气供应（18.3%），其次分别为烟草制造（15%）、仓储（11.7%）、汽车制造（6.7%），以及金融媒介（6.7%）。

在金砖国家中，41 个行业中共有 25 个行业国有企业比重大于 0。显示这些国家的国有企业比重更高。同样在金砖国家中，不同部门之间国有企业的比重与 OECD 国家也存在巨大的差异性。金砖国家的国有企业主要集中在自然资源开采和制造业部门。总体上国有企业集中的部门包括矿产开采支持服务、土木工程、陆地及管道运输以及煤炭和石墨开采，主要体现在金砖国家，在中国尤为明显。除此之外，金砖国家国有企业在销售额、资产价值以及市场资本化方面较为突出的行业还包括原油及天然气开采（26.5%）、压延金属（12.9%）、金融媒介（12.4%）、通信（10.3%）。在一些重工业和电子行业，国有企业同样具有较高的比重，包括基础金属制造（9.1%）、电子设备（8.3%）、机械设备（7.7%）。在航空运输行业，金砖国家国有企业也占有较大比重（7.3%）。

## 四 国有企业的国际化活动

自20世纪80年代以来,经济发展最为显著的一个特征就是全球生产链一体化以及跨国公司的快速扩张。目前OECD每增加1美元增加值就有28美分来自出口,而在20世纪80年代前后只有19美分。这意味着各国的经济活动变得越来越国际化了。跨国公司一般是指同时在至少两个国家从事经营和管理活动的企业,数量从1980年到2004年增加了400%。到2010年,跨国公司创造的增加值达到16万亿美元,跨国公司的海外分公司增加值占到了全球GDP的10%左右,并且出口占全世界的1/3。

随着经济全球化的快速发展,国有企业也逐步从传统的政府主导垄断并且主要在国内市场运营的企业,转向瞄准国际市场进行投资,在国际市场不断扩张的国有控股公司。在一些非OECD国家不仅拥有全世界最大的国有企业,并且推动这些国有企业向国际市场扩展是一个明确的政策目标。

### (一) 国有企业的普遍性及跨国交易

同样利用福布斯2000家最大的企业统计数据,可以分析评估38个国家(包括OECD国家和非OECD国家)在41个行业部门的国际化活动状况。数据分析表明,样本中国有企业的总销售额大约等于全球出口货物和服务总额的19%,样本中90%的国家至少有一家国外分公司,表明跨国经济活动在国有企业中占有重要的地位。如果这些国有企业受到了政府特殊的优惠和支持,国有企业的跨国经济活动同样可能对全球市场竞争的公平性造成扭曲效应。

事实上，一些国有企业比重最高的国家是世界上最为重要的贸易国家，显然中国在这方面尤其具有代表性。在2010年，中国已经是世界上最大的货物出口国，占全球货物出口的10%以上，中国同样是全球国有经济比重最高的国家。这也是为什么在谈及国有企业的跨国经营活动时，经常要提到中国。国有经济比重较高的其他经济体在世界贸易中的比重远远低于中国相应的贸易比重，因此国有企业在国际贸易中的作用呈现出很大的异质性。除了中国，其他国有经济比重最高的几个国家（阿联酋、俄罗斯、印度尼西亚、马来西亚、沙特阿拉伯、印度和巴西）对外贸易同样占到了全球贸易的10.4%。因此，世界上国有企业比重最高的8个国家占全球贸易的比重超过了20%。在OECD国家中，法国具有相对较高的国有企业比重并且也具有较高的全球贸易市场份额。

值得指出的是，竞争中性规则和公司治理标准在非OECD国家中（具有较高的国有企业比重）相对于OECD国家严重弱化。除此之外，一些非OECD国家明确将国有企业的国际化作为一种政策目标加以推行，这就造成国有企业对市场经济的扭曲效应扩展到国际市场的潜在可能性。当然，国有企业比重较高的国家占据全球贸易比重也较高并不一定能够说明国有所有权就会带来严重的跨境交易问题。比如，如果这些国家的国有企业主要集中在非贸易品部门，这就不会对国际市场的交易产生实质性的影响。事实上，有很多部门的国有企业确实集中在非贸易品部门，同样也有大量的国有企业在贸易品部门十分活跃。这就凸显了这些重要的非OECD国家在其国有企业部门从事跨境活动产生的问题。一些制造业部门存在一定程度的国有企业比重，但这些部门的销售又占据了国际贸易相当大的份额，比如，在汽车制造、拖车和半拖车制造国有企业的平均比重超过20%，贸易额占该行业全球贸易的比重接近12%。在其他重要的制造业部门国有企业比重最高的国家也主要出现在金砖国家，压延金属制造、基础金属制造，机械设备制造、电子设备制造及其他运输设备制造的国有企业比重均超过7%，而这些部门国际贸易占全球国际贸易的比重超过60%。

一些部门虽然贸易量较小，但国有企业的比重却很高，比如前面提到的采矿支持与服务、煤炭与石墨开采，以及原油和天然气开采、水电热力供应，国有企业的平均比重分别高达42%、35%、34%以及27%。但是这些行业所有的贸易额占全球货物贸易额比重仅为7.5%，值得注意的是，国有企业在这些行业比重较高几乎全部是由于金砖国家在这些行业具有较高的国有企业比重。

同样，国有企业在一些服务行业的比重十分凸显，比如土木工程（41%）、陆上和管道运输（40%）、电信行业（20%）、金融服务（20%）、仓储业（17%）、建筑及其相关活动、技术测试和分析（14%）、航空运输（13%）。金砖国家的国有企业在这些行业比重较高。在电力、水、燃气供应、电信和仓储业，OECD国家的国有企业比重总体上也较高。尽管跨境服务贸易规模只相当于货物贸易规模的一小部分，一些国有企业比重较高的服务行业同样在国际服务贸易中占有重要份额。比如，土木工程与建筑、技术分析与测试两个行业都被归入国际收支平衡表中的其他商业服务中，该部门占全球服务贸易比重的21%。而陆上和管道交通，以及航空交通又占了全球20%的服务贸易额。金融服务占了全球服务贸易总额的7%。

总体来看，与货物贸易类似，国有企业占比较高的服务行业事实上也是在密集交易的行业。这也意味着国有企业在这些服务行业的运营如果受到了政府特殊的优惠和待遇，同样会对国际市场的交易行为造成扭曲效应。尤其在服务行业，金砖国家的公司治理以及竞争中性政策通常很难推行，并且还在积极追求在国际市场的扩张，这也进一步加剧了国有企业在服务贸易跨境交易活动中国有和私营企业能否处于公平竞争的担忧。

### （二）国有企业国外子公司的活动情况

前面分析了国有企业对一国参与国际贸易的重要性，这里分析国有企业在海外市场的存在情况。国有企业在海外市场的活跃度如何，在多大程度上在海外设立了子公司？国有企业在海外和国内所有权的比较有何不同？国有企业的海外子公司与私营企业有何不同？为了回答这些问题，我们这里同时采用了福布斯统计的世界最大企业和 Orbis 数据库，该数据库提供了国有和非国有企业在国内和国外的子公司情况。

将全球最大企业的子公司信息补充进来以后，整个企业的样本量达到了 332000 家，其中来自 OECD 国家的国有和非国有企业及其子公司的样本达到 305000 家，而来自金砖国家和其他经济体的子公司分别为 12000 家和 15000 家。样本中大约 35% 的子公司（大约为 119000 家）在美国拥有一家母公司，表明美国企业在全球最大公司中具有突出地位以及跨国公司与全球经济的紧密联系。

福布斯 2000 家最大企业的中间值计算表明，母公司拥有 751 家国内或者国外子公司。大约 55% 的子公司（超过 181000 家）在母公司所在市场之外开展运营。同样，美国公司的国际化程度最高，大约有 46500 家外国子公司。总体来看，来自 OECD 国家的企业拥有最多的海外子公司，大约 90% 的子公司在 OECD 国家拥有母公司。只有 2% 左右的子公司，大约 3000 家，在金砖国家拥有母公司，另外 10000 家子公司在其他经济体拥有母公司。

样本统计分析表明，大约只有3000家外国子公司（大约占全部样本的2%）的母公司是国有企业。显著低于国有企业在全球最大的2000家企业中的比重，总体上表明私营企业相对于国有企业的运营更加国际化。

## 五 应对国有企业跨境活动的主要措施

正如前面提到的一样，国有企业可能得到包括许多不同形式的潜在优势，并且不同政策框架给出了一系列能够实现公平竞争环境的选项。这一部分主要总结用来解决国有和私营企业在国际市场公平竞争的规制性框架。这主要包括：OECD关于国有企业公司治理的指导准则、国家竞争中性框架、国家竞争法、WTO协定、优惠贸易安排协定、双边投资协定。

这些规制性的框架有些是主要针对规制国内市场竞争角度提出的，比如OECD的指导原则、竞争中性框架，以及各国的国内竞争法；或者制定这些规制性框架的时候，国有企业的运营主要集中在国内市场（比如WTO协定），因此这些条款只是提供了有关国有企业部分的规制性条款。一些优惠贸易安排和双边投资协定包含了更为先进的规制国有企业条款，但是这种协定只存在于少数国家之间。不同规制框架在有关国有企业条款的强制执行力方面也存在巨大差异。比如，OECD国家的指导原则或者竞争中性框架采取的是自愿选择执行方式，而WTO、优惠贸易安排以及双边投资协定中有关国有企业条款的规制具有法律约束力，同时还提供了争端解决机制。

### （一）竞争法

一国的反垄断法原则上可以被政府、企业竞争者以及消费者当作对抗国有企业滥用垄断市场地位（包括掠夺性定价、并购中存在的反竞争行为）的主要手段。但是，利用竞争法来规制国有企业的反竞争行为存在一些问题，原因在于反垄断法或者竞争法的核心是用来防止垄断企业或者卡特尔形式的企业阻碍市场竞争，因此通常将企业利润最大化作为市场竞争的基准。如果应用竞争法通常会导致国有企业免于被规制或者处罚。那么这种判断标准通常与国有企业的阻碍竞争方式没什么关系（比如政府给予国有企业的补贴或者预算软约束问题），计算国有企业成本标准也较为困难，因为国有企业经常从事一些非经济目标活动，特别是国有企业的治理结构通常缺乏透明性。

从根本上来看，在国有企业没有被豁免的情况下，反垄断法确实可以在一定程度上消除国有企业的反竞争效应。在OECD国家中竞争法的执行除了极少数的例外，总体上保持了所有权中性的特征，大多数OECD国家并没有将国有企业或者公共部门企业排除出竞争法的约束范围。尤其对于国有企业，一般公司法都会对其进行严格的规制和约束。OECD国家在规制和约束国有企业方面具有良好的实践，但是非OECD国家中国有企业的比重较高，对于国有企业的规制和约束经常存在豁免的情况。

### （二）OECD关于国有企业公司治理的指导原则

OECD关于国有企业公司治理的指导原则，通过制定标准、提供实践范例、指导公司治理的执行，帮助政府提高国有企业治理水平的第一个国际化范本。指导原则建议基于商业基础为国有企业和私营企业创造一个公平竞争的市场环境，并且列出和详细论述了一系列不同领域的具体指导原则。但是践行OECD的国有企业指导原则是一个较为漫长的过程，需要厘清国有企业激励扭曲的管理结构，以及明确国有企业治理在融资、信息披露以及成本确定等方面存在的问题面临的一系列挑战。

### （三）其他用于培育和促进竞争中性的国内政策

除了改革国有企业的公司治理结构，一些OECD国家以及欧盟已经制定了多种规制框架用来识别和消除国有企业的竞争优势，主要针对国有企业的税收优势、融资优势以及规制的质量提升方面。澳大利亚和欧盟的竞争中性规制框架最为先进，其根本目的是阻止澳大利亚和欧盟的国有企业对本国和外国的企业形成不正当竞争。尽管如此，澳大利亚和欧盟的竞争中性关于国有企业公司治理要求坚持的是单边原则，只是用来约束本国或者本区域内的国有企业，对于其他国家和地区国有企业进入澳大利亚和欧盟并没有强制约束。不仅如此，事实上并不清楚，澳大利亚和欧盟的竞争中性规制框架能否在其他国家作为一种有效的规制工具，或者能否被用于解决其他国家的国有企业进入外国市场时遇到的问题。

### （四）WTO纪律约束

关贸总协定和世界贸易组织（GATT/WTO）的协议文本中并没有专门针对"国有企业"的陈述，但是有些协议文本中提及了相关的概念，比如国有贸易企业（STE）、公共垄断以及公共实体等。这些概念在一定程度上与国有企业的概念具有重合性。因此，一些WTO的条款可能适用于国有企业。WTO在规制国有企业的反竞争行为方面可以分为五种情况。

第一，WTO的规则在原则上都是所有权中性的，因此对于政府采取的扭曲贸易政策措施的规制同样也适用于国有企业。比如，国民待遇和最惠国待遇要求 WTO 的成员方对待进口产品与国内产品以及从第三方进口同样产品不能采取歧视性政策,无论出口商是私营企业、国有企业还是政府。反倾销条款授权一个进口成员国对倾销产品施加进口关税,无论倾销的进口产品来自私营还是国有企业。同样,WTO 规制的补贴条款也是所有权中性的,并不区分补贴是给予国有还是私营企业。

第二,一些 WTO 条款允许成员国豁免某些 WTO 的纪律约束。比如,成员国可以认定对服务贸易总协定(GATS)的承诺只适用于私营企业,这就排除了外国的国有企业进入或者享受国民待遇的可能性。

第三,WTO 一些专门的条款明确对国有贸易公司提出了纪律约束。国有贸易公司有些是国有企业,但并不一定完全是国有,这些公司有可能被政府作为工具推行贸易政策,影响国际贸易。这种情况同样适用于 WTO 农业协定下面的国有贸易企业。WTO 的原则要求一国政府不能隐藏在国有贸易企业背后来避免承担 WTO 的责任。尽管如此,无论是对国有贸易企业还是国有贸易都没有给出一个明确的定义,这种模糊性导致这些条款很难被真正应用。类似的,在反补贴和反竞争协定中对补贴的约束条款包括来自政府或者公共实体机构的补贴,而公共实体有可能是国有企业。因此,当国有企业被当作补贴提供工具时,比如通过国有企业给其他企业提供廉价投入品,这种情况就会变得很复杂。WTO 协定中同样包括了进口垄断商、公共垄断机构或者公共实体施加产品关税时的特别条款。

第四,有些一般性的规则专门针对政府部门。尽管如此,在某些情况下,国有企业的行为可以被认为是政府行为,受到和政府部门同样的纪律约束。这里国有所有权不是决定因素,如果可以被认为是国有的影响力在发挥作用，就可以被认定为是政府行为。

第五，中国和俄罗斯加入WTO的协议包含了一些特定的条款，这些条款专门针对国有所有权。重要的是，加入这些协议是整个WTO协定的不可或缺的一部分。尽管如此，仍然有很多人质疑这些特定的条款是不是真的能够有效阻止中国的国有企业的优势以及造成的贸易扭曲效应。

总体来看，上述WTO的约束条款从不同方面对国有企业和私营企业的国际竞争进行了规制。至于这些条款的完整性以及未来可能的扩展性还需要进一步研究。

## （五）在优惠贸易安排（PTA）以及双边投资协定（BIT）中有关国有企业的条款

在一些优惠贸易安排协定中会包括专门针对国有企业的条款和相关的规制，这些规制专门定义了哪些条款适用于国有企业和私营企业，或者明确规定了哪些情况可以将国有企业或者国有垄断作为例外。从规制国有企业的不良效应来看，这些条款很难说是对现有WTO条款的一种改进，但是许多条款的目的主要是对WTO条款的扩展，要求国有企业和国有垄断企业不能对参与PTA成员方的企业采取歧视性政策。

一些PTA协定包括了争端解决机制作为仲裁战略的一种替代性选择。尽管一些PTA协定包括了投资条款，但是对双边投资问题的规制主要是通过双边投资协定（BIT）来解决。在许多情况下，双边投资协定中会明确提出国有部门大量存在可能会对竞争产生的问题，比如美国模式的BIT协定中就明确写道，"协定旨在强化针对国有企业的优惠待遇约束，包括由于本土创新政策导致的扭曲"。

尽管如此，在高级模式的 BIT 协定中，一些人同样认为有关国有企业的条款不能够有效地保护投资者，原因在于对于国有企业界定、透明度以及仲裁程序缺乏充足说明。

### （六）国家投资政策

OECD 针对国有企业跨境投资的审核工作由 OECD 投资和竞争委员会来负责，专门处理国外政府控制的投资项目。投资委员会工作目标是确保 OECD 国家对外国政府控制的投资项目开放市场，只要这些国际投资遵循了国际投资法律原则，推动 OECD 国家对外国投资实现自由化，实行非歧视待遇。

### （七）政府采购条例

国家以及国际层面的政府采购管理条例规定了政府以及国有企业购买产品和服务应该遵循的事项，包括进口产品和服务。政府采购条例可以看作是实现国有和私营企业公平竞争的重要手段。在多边政府采购协议、区域贸易自由协定、双边贸易协定、国有公共采购政策中均有政府公共采购的条款（GPA）。

# 第三章 国有企业竞争规则的起源：澳大利亚

## 一 澳大利亚竞争原则的改革

澳大利亚是竞争中性规则的最先提出者，并且基于竞争中性规则进行了多方面改革措施。本章主要给出澳大利亚联邦制政府结构的一些基本信息，这有助于理解澳大利亚为什么要推进竞争中性改革。从历史回顾的角度来看竞争中性问题的提出以及改革过程。

### （一）澳大利亚的政府结构

1901年澳大利亚成为一个联邦国家。当时共有6个自治的单独政府（昆士兰、新南威尔士、维多利亚、塔斯马尼亚、南澳和西澳）以及一个共同体政府。按照澳大利亚宪法，联邦政府的权力来自其他各独立州政府一些特别权力的转让。州政府仍然保留了很多权力。一个中立的领域被划归为联邦政府的首都（澳大利亚首都领地，ACT）。经过一系列的变更，北方领土最后也成为澳大利亚联邦政府的一部分。

澳大利亚联邦政府对于竞争中性改革具有深远意义。特别是每一个州都基于自己的情况开展竞争中性改革，各州之间又签订了总体竞争中性改革协定。

### （二）澳大利亚竞争政策的改革

目前澳大利亚竞争法的结构首先是基于 1974 年的贸易实践法案发展而来的。需要注意的是：贸易实践法案在 2011 年已经被修改成《2010 年竞争与消费法案》。尽管如此，人们认识到更加广泛的竞争政策改革十分必要，原因在于：①增加各州之间经济活动。②允许更有效率的企业替代无效率的企业，最终增加消费者福利。③经济中存在显著的无效率会严重阻碍生产率增长。④公共事业部门的所有权性质主要是国有企业。

推动竞争中性改革一个特别重要的驱动力并非引入竞争本身，或者为了满足更理想化的目标。目的主要是创造一种环境，商业和非商业的功能能够被清晰地识别出来，这本身会增加市场竞争水平（尤其是在那些公共部门占主导地位的领域），从而会激励企业降低价格，为消费者提供更多选择。在这种环境下，国有企业将会被激励去改善效率、提升绩效、优化资源配置，最终推动澳大利亚经济扩张，创造更多就业机会。

澳大利亚领导人对竞争政策的改革重点强调以下两个方面，即：①"走向更紧密的伙伴关系"，需要更大合作来推动微观经济改革。②"建立一个有竞争力的澳大利亚"，竞争法（与贸易实践法案的范围不一致）应当加以扩展以推动垄断行业的竞争。

遵循着这些政策，澳大利亚的各州同意考虑采用一个更加广泛、全国一致的政策框架，即国家竞争政策（NCP）。1992 年 10 月 4 日一个独立的国家竞争政策咨询委员会成立，用来调查哪些领域没有被贸易实践法案所包括。该委员会提出的报告（《希尔默报告》，Hilmer Review）在 1993 年 8 月 25 日被下发。

《希尔默报告》被澳大利亚政府作为澄清 20 世纪 90 年代早期不同产业中存在的各种阻碍竞争因素的工具。《希尔默报告》中六个最优先领域之一便是要引入竞争中性来消除公共企业在与私人企业竞争过程中享有的优势，强调应当采取政策来建立公平竞争的市场环境，促使国有企业和私营企业处于平等的竞争地位。其他五个优先需要明确的领域包括：①企业的反竞争行为；②对于竞争的管制约束；③限制竞争的公共垄断市场结构；④对于垄断基础设施使用的限制；⑤垄断价格。这里我们主要关注竞争中性方面的问题。

《希尔默报告》的核心主题是通过基于市场化机制来实现优先政策，而不是采用管制的措施。尽管如此，在实际中需要通过立法来推进改革，特别是在竞争中性领域，以实现公平竞争的目的。

### （三）国家竞争政策与生产率委员会

#### 1. 国家竞争政策

第一阶段，每个州政府会考虑竞争中性改革对国有企业带来的影响。主要考虑的相关因素包括：①竞争中性改革对国有企业利益相关人收入的最终影响。②私有化是否是一个有效的过程，包括平衡私有化带来的损失与竞争中性带来的长期收益。③把国有企业暴露在竞争环境中可能对交叉补贴带来的影响。④建立财务和报告能够准确反映商品和服务价格的内部成本。

尽管存在上述问题，关于国家竞争政策的司法协议在 1995 年 4 月 11 日最终通过澳大利亚政府理事会达成了。在 1995—2005 年期间相关的国家竞争政策改革主要包括：①竞争原则协议；②行动核心协议；③履行国家竞争政策和相关改革的协议。

联邦共同体，州政府通过贸易实践法案建立了一个独立的专家咨询委员会——国家竞争委员会（NCC）。国家竞争委员会的职能非常广泛，但是其主要目的有两个。第一个是该机构应该为发展和详细阐述竞争中性原则提供独立的专家意见（包括提供给联邦共同体部长）。第二个是该机构应该协助政府执行、阐述并且提炼竞争中性原则，并且负责监管在1995—2005年的竞争中性改革。目前该机构的功能包括为第三方机构获取垄断基础设施提供服务。

从现实来看，国家竞争中性政策由每一个州及地区政府采取行动解决竞争中性问题（尤其是产品和服务的商业提供方面），换取共同体政府的财政激励，即由共同体政府给予州和地方政府的"竞争支付"。支付主要包括两重含义：①允许分享效率提升带来经济增长的收益，以及任何联邦共同体税收增加带来的收益。②激励州及地方政府在规定的时间内推行期望的改革。

这些支付与各州及地方政府能够达到竞争中性改革的时间限制存在密切关系。到2005年，每年给予各州及地方政府的竞争性支付大约为8亿美元。国家竞争政策同样包括了一些在电力、燃气、水及道路交通产业的特别改革措施，由于这些部门过去主要是由公共垄断性企业经营，对于这些部门的改革被看作是增加澳大利亚经济绩效的必要性措施。

2. 生产率委员会

1998年，共同体政府合并了三个机构，即产业委员会、经济计划咨询委员会，以及产业经济局，成立了一个新的实体，即生产率委员会。生产率委员会主要用来对共同体政府面对的一系列问题进行独立的研究和咨询。生产率委员会涉及竞争中性的功能主要包括：

（1）接收和调查针对共同体国有企业商业活动中有关违反竞争中性的申诉。这方面的功能主要分配给澳大利亚竞争中性投诉办公室（AGCNCO），其属于生产率委员会内部一个自治的机构。

（2）向相关的部长报告建议产业和生产率问题（包括竞争中性投诉以及竞争中性执行）。

（3）对产业、发展与生产率，包括竞争中性问题开展研究。

除此之外，生产率委员会还被允许采用灵活和非正式的机制从事其他功能，这允许它能够更有效且不使用特别法治化的手段快速获取信息。重要的是，生产率委员会是独立于共同体政府，旨在寻求增进整个社区利益的机构。

**（四）竞争中性政策改革的推进**

2005年，生产率委员会全面评估了澳大利亚国家竞争政策推行的结果，发现国家竞争政策的推行为澳大利亚社区带来了广泛利益。生产率委员会认为：国家竞争政策是国家经济改革中一项高度创新的活动，有几个关键因素促进了这项改革的成功：①不同层级的政府都充分意识到了改革的必要性；②对于优先改革的领域和问题具有广泛的共识；③采取了严格的框架和充分的信息来指导改革；④采取了一些高度有效的程序和制度来推行改革。

研究的结果表明：经济绩效的提升主要来自微观经济领域的改革，比如竞争中性政策，这些政策重新激活了实体经济的活力。尽管如此，生产率委员会发现在竞争中性的改革方面仍然存在改进的空间，改革应该继续推进。基于这种判断，澳大利亚政府委员会决心实施一项扩展性的竞争中性改革，即国家改革议程。

国家改革议程的设计不仅包括持续推进的竞争中性改革，还包括管制改革以及与人力资本相关的改革领域，包括健康、教育、培训以及工作激励等。其中竞争中性改革的措施可以经过修改来应用于其他方面的改革。竞争中性改革同样包括了能源、交通、基础设施、城市规划和气候变化领域。

由于在1995—2005年期间竞争中性改革成功，有关竞争中性问题的争论在2005年之后已经停止。国家改革议程确实接受了生产率委员会的建议，继续推进竞争中性改革，相关竞争原则的协议继续被使用，并且在竞争和基础管制协定下得到了进一步加强。

## 二 澳大利亚竞争政策的结构与目标

这部分主要明确竞争中性的主要含义，并且说明竞争中性改革的主要措施。特别是解释了相关竞争中性改革是如何结构化的，以及竞争中性聚焦于解决哪些竞争扭曲问题。

### （一）竞争中性概念及其相关改革的意图

1. 竞争中性的概念

提出竞争中性概念的原因在于：确保公共企业和私营企业在向市场提供商品和服务的过程中，能够受到同样的外部市场环境约束，因为这符合公共利益。

尽管不同实体企业之间存在天然差异（包括私营企业之间），但是政府拥有所有权导致国有企业相对于私营企业会面临完全不同的外部条件（包括管制、金融以及信息披露）。导致这些企业实体在市场上互相竞争的时候不可避免会产生市场扭曲效应。一般来讲，国有企业相对于私营企业具有一系列的竞争优势（同样也存在竞争劣势），这就会被认为对私营企业存在不公平竞争。

竞争中性改革目的就是改变相关的外部环境，以及相关实体利益方的相互关系，从而使每一个企业实体都能够在相同的环境下运作，具有相同的责任和目标。这就要求企业定价基于市场竞争原则，降低无效性，从而允许市场的交易主体按照竞争性市场原则运作，目的是创造更多的经济利益和就业机会。

2. 建立竞争中性的指导原则

《希尔默报告》提出了一系列准则，目的在于指导相关的发展政策来推动产业的竞争中性实现。避免在产业部门中引入妨碍企业运作的障碍。这些准则主要包括：

（1）政府的商业活动不能凭借其所有权享受比其他性质的商业活动具有净竞争优势。

（2）政府的商业活动与其他企业在市场竞争的时候应该采取有效的措施抵消其由于所有权导致的净竞争优势。除非特别例外情况，这些优势都应该在竞争引入一年以内加以消除，实现中性化。(如果政府企业直接提供公共服务，要确保政府的企业是按照公司化方式运作的。如果政府的企业只给其他政府实体提供服务，也应当采用公司化方式运作。)

（3）政府的企业不应该与其他企业在非传统市场竞争的时候，由于没有采取措施抵消所有制带来的净竞争优势而存在。在下述情况下不允许有转换期：在政府的企业直接提供公共服务的情况下，政府企业应当按照公司化方式运作；在政府企业只给其他政府实体提供服务情况下，也应当采用公司化方式运作。

竞争原则协议进一步阐明了竞争中性目标是：消除由于公共所有权在从事重大商业活动中造成的资源配置扭曲。政府企业不应该享有公共部门所有权带来的净竞争优势。这些原则只适用于公共所有实体的商业活动，对于公共实体的非商业、非营利活动并不受约束。

3. 竞争中性扭曲——优势和非优势

与国有企业相关扭曲效应包括一系列人为造成的优势，这些优势被私营企业认为是不公平竞争，这些优势包括：①国有企业被豁免现有竞争规则的约束。②国有企业被豁免缴纳各种税收和费用的义务，或者接受税收减免的收益。这通常来自特别的立法授权，或者在一般的税收立法中给予豁免。③由于国有所有权的存在，对于国有企业和私营企业适用不同的管制规则，主要包括：贸易实践法案、城市规划和环境规制、不同的许可和报告要求。

相对于私营企业，国有企业能够以显著低的成本获取借贷，主要包括：①国有企业能够得到政府的特别担保，得到政府财政支持，降低风险（降低国有企业支付的成本）。②认为国有企业能够从隐性的政府担保中获益，同样能够降低资金借贷方认为的风险。③国有企业能够从财政预算中借钱。④无须像私营企业那样实现正常商业回报率。⑤免于信息披露的优势。⑥免于破产的优势。⑦通过国有企业垄断获取的租金和收益可以在与私营企业竞争的时候采取交叉补贴战略。⑧保险人给予国有企业更低的保险费用，因为保险人同样认为国有企业风险低。

同时，国有部门同样存在一系列的劣势，主要包括：①对于国有企业运营市场的限制，以及对其经营多元化领域的限制。②为员工和政府雇员提供超额年金的义务，以及执行产业政策的义务。③为社区提供服务的义务（以低于市场价格水平提供服务）。④需要报告并遵守对管理自由的限制。⑤按照财政预算方向执行开支的义务。⑥对于从其他服务提供者进行融资或者投资的权利限制。⑦由于公共所有性质带来的更高的透明性和财务要求。⑧要求更多报告和信息披露带来的成本增加。

4. 竞争中性改革的范围

竞争中性改革的目的是明确完全由于政府所有权存在而导致的扭曲效应。这意味着竞争中性改革的目的并不是以下内容：①把所有企业放在同等的基础上。(不同企业拥有不同的规模、专业、效率、管理能力或者其他优势)。②要求对国有企业的资产进行出售或者私有化所有国有企业,降低公共部门。③要求政府开放提供产品和服务的内部市场促进竞争,并且将这种产品和服务提供外包。④从商业活动中取消社区服务,或者重新将社会项目提供纳入市场机制。⑤国有企业不能凭借其自身的优势在市场竞争中取得成功。⑥采取宽松的改革措施,比如放松金融管制或者相关产业的改革。

相反,竞争中性改革的目的在于建立一套公平市场环境,政府能够基于市场机制来提供服务,而并不需要改变企业的本质属性。

### (二) 国家竞争政策下的竞争中性企业

1. 州及地方政府的任务

竞争原则协议中有关州及地方政府的竞争中性主要内容包括:①州及地方政府自己来决定他们推行竞争中性的原则和程序,要求发表有关竞争中性的政策文本。②如果推行竞争中性收益超过成本,州及地方政府必须对国有企业重大商业活动采取公司化模式改革。确保国有企业接受正常的税收和管制约束,要求国有企业支付债务担保,抵消政府担保的竞争优势。③如果推行竞争中性的收益超过成本,参与方需要理解将国有企业重大商业活动作为改革目标的措施,确保商品和服务的价格能充分反映成本。④各州及地方政府要求发表有关竞争中性的政策文件,之后需要发布竞争中性原则推行的年度报告。除此之外,州及地方政府还需要推动竞争中性改革措施尽快落实。

2. 对于州及地方政府的竞争支付

各州及地方政府的执行协议中包括了共同体政府鼓励州及地方

政府去执行竞争中性改革。共同体政府会对各州及地方政府推动竞争中性改革在三方面给予竞争支付奖励。共同体政府给予各州及地方政府推动竞争中性改革的财政资助取决于各州及地方政府履行国家竞争政策和推动相关改革的满意度。执行协议中满意度主要包括如下因素：①州及地方政府在实施竞争中性协议付出的努力以及距离最终实施竞争中性改革最后期限的情况。②执行，持续观察澳大利亚政府理事会（CoAG）有关电力安排的协议，包括建立全国性的电力竞争市场。③执行，并且持续观察澳大利亚政府理事会有关天然气框架的协议。④监管道路交通改革。⑤执行供水产业的改革框架。

对于没有能够遵循上述条款的情况可以给予明确罚款，包括永久性降低竞争支付的奖励；暂时停止竞争支付奖励。在2003—2004年期间，大约有24%的竞争支付的奖励被撤回，主要是由于各级政府没有能够完全执行1995—2005年期间立法修正。撤回促进了改革重新提速，撤回支付在2004年评估之后又重新被发放。

### （三）竞争中性改革的目标

1. 竞争中性改革聚焦"重大商业活动"

竞争中性改革的核心目标是由公共部门执行的重大商业活动，无论这种商业活动是由政府机构，还是其他公共机构执行。关于重大商业活动的特点在政策文本中做了明确的说明。特别是昆士兰文本，包括了结构图来说明一个商业活动是否属于重大商业活动（参见本章的附录部分）。

特别需要注意的是，竞争中性改革主要适用于特定的商业活动，而与实体的专有法律特征、资产所有权安排或者实体的重要性无关。需要强制进行竞争中性改革的商业活动只针对那些在政府控制范围内的商业活动。

2. 商业活动的定义

本质上来讲，一项商业活动主要包括以下因素：①商业性。可以从对最终用户的商品或者服务交易收费来证明（无论最终用户是私人还是公共体）。②非管制以及非政策特征。具有一个竞争者，或者潜在竞争者。③具有商业结构。具有某种程度的管理生产或者供给商品和服务。

这些概念排除了非营利、非商业活动，比如：①直接预算资助的政府项目；②商品和服务在组织内部使用；③主要功能是从事社会政策的组织（比如，教育、公共研究以及应急服务），这些组织不从事与私营企业竞争的活动。需要注意的是，这里所指的非营利性不是指商业活动不营利，而是指商业活动禁止营利。

3. 商业活动中的"重大"定义

重大是指商业组织按照一定的商业模式，从事较大规模的运营活动，比如：①在一个市场销售产品和服务来赚取商业回报，并且有独立的法人机构组织。②股权有限制的贸易公司（在竞争性市场上开展商业活动）。③指定的商业实体，商业实体的职能是交易产品和服务获取竞争回报。④潜在的商业活动，每年商业收入超过1000万美元。

一些情况下，限制竞争中性改革适用于大型商业活动的原因在于：由于推进这些改革会导致成本显著上升，无论在启动初期还是在持续管理方面都会导致成本支出，需要确保对重大商业活动竞争中性改革引起的成本不会超过收益。

4. 对于特别重大商业活动的识别

政策文件明确了识别重大商业活动应当以一事一议的方式进

行。政策文本包括了政府组织活动被认为是重大商业活动的列表。这些组织通常是公共金融企业或者贸易企业，包括提供如下的服务：①为国防部门提供设备、餐饮等其他服务。②科技研究组织和实验室服务。③航空服务和机场。④铁路服务和铁路。⑤邮政、通信、电视和出版服务。⑥车队服务。⑦港口。⑧能源与供水服务。⑨林业服务。⑩金融服务。⑪大学教学与咨询服务。⑫彩票。⑬保险，比如房屋借贷保险和私人健康保险。⑭销售组织（比如协调小麦或者羊毛的销售）。⑮安全服务。

### （四）识别市场扭曲及评估国有企业改革的效果

1. 识别竞争扭曲的机制

一旦一个国有企业被识别为从事重大商业活动，下一步就是识别与国有企业相关的竞争扭曲效应。理想的状况下，可以通过对比国有企业与私营企业竞争者的差异来评估扭曲效应。实际操作中由于存在一系列困难会导致这种评估方法很难被适用。主要原因在于，私营实体部门详细的成本信息通常不可获取，并且这种数据一般都经过汇总后的数据，导致这些数据不可靠，无法用来识别企业的详细成本。在政策文本中认识到这种方法不能普遍被实施，因此采用如下方法：①竞争中性改革的成功与否应该依赖于竞争机制来评判，而不是通过对比名义上的财务数据。②任何导致国有企业的竞争劣势需要国有企业自己识别，并且由相关的政府部门给予特别的考虑。

2. 评估改革的效果

一旦国有企业在与私营企业竞争的时候，竞争优势和劣势被识别了，那么下一步就是评估改革带来的收益能否超过改革引发的成本。这些成本不仅局限于执行改革的成本，同样包括其他一些成本，主要体现为：①对于资助管理以及商业活动灵活性产生的成本。②商业活动的员工成本。③对于市场带来的成本。④特定商业活动的财务成本（包括利润、投资回报、税收、收入成本）。⑤对于相关政府的财政预算成本。⑥对于消费者的成本（包括产品和服务的范围、质量、价格）。⑦对于社会福利和公平的成本。⑧对于环境、自然资源以及地区发展的可持续管理成本。

  作为成本收益分析的一部分，同样有必要考虑是否有理由让国有企业保持现有的竞争优势——公共利益测试。尽管公共利益部分没有被明确界定，竞争原则指出了任何利益评估都应该考虑如下因素：①与生态可持续发展的政府立法和政策。②社会福利与公平性考虑。③与职业健康和安全相关的政府立法和政策。④经济及地区发展，包括就业和投资增长。⑤总体消费者的利益或者一部分消费者的利益。⑥澳大利亚商业的竞争力。⑦资源的配置效率。评估竞争中性改革的效果，需要综合考虑经济和非经济因素，目的是确保所有的相关因素能够被考虑。

## 三　推行竞争中性改革

### （一）推行竞争中性改革的实践

  在竞争中性改革过程中存在一系列市场扭曲需要优先改革。在这些市场扭曲中，最重要的包括：透明度与财务责任，税收中性，债务中性，商业回报率中性，以及管制中性。纠正这些扭曲效应的行动事项可以分为：①要求从事重大商业活动的国有企业推进改革，通常包括推动商业化运作和公司化。②评估国有企业以及其他商业活动的进展，并且决定是否推进改革，执行竞争中性投诉机制。

### (二) 消除关键市场扭曲的方法

1. 透明性与会计准则

澳大利亚竞争中性改革的一个关键点是要求国有企业推行和私营企业同样的透明性和财务准则。要达到期望的透明性和财务准则需要采取如下政策：①在一个清晰的文件中明确国有企业目标以及需要承担的主要活动。②建立具有商业核心的董事会。③引入绩效标准以及短期和中期的绩效目标（包括财务和非财务方面的绩效），通常这些包括在公司相关文本中。④常态化的监管企业的绩效（包括由财政部监管的财务绩效）。⑤设定正确的财务要求（比如资产负债率水平）。

2. 税收中性

一个税收中性的环境可以通过下述方式实现：①税收中性可以通过一个成本有效和行政简单的方式实现——消除企业组织的税收豁免，要求企业能够负担共同体及州和地方政府的税收，包括收入税、印花税、土地税、销售税收。②如果上述的税收不能实现，保留税收豁免并且建立税收平等机制。

3. 债务中性

国有企业相对于私营企业能够以更低的利率获取融资，必须对获取更低融资成本的国有企业征收一定费用，使国有企业和私营企业能够以相同的成本获取融资。具体来说，这需要通过修改相关的法律来实现，包括：①对相关的国有企业采取借贷税收或者保证金的方式。需要考虑相关国有企业从政府资助的机构中获取资金的成本收益。②要求相关的国有企业从财政预算中的借贷，支付不存在政府优势情况下的市场利率。征收的费用需要支付给官方的公共账户，进入州及地方政府的中央银行账户。

4. 回报率中性

回报率中性可以要求相关的国有企业遵循：①提供商品和服务赚取正常的商业回报率（回报收益能够足以覆盖成本，要求实现长期的商业可持续性）。②按照行业的平均商业回报率支付相关的红利给政府预算。

对于经理人的指导准则提供了十分详细的说明来确定适当的回报率，比如：①资本的加权平均成本；②当资本加权成本计算不可行时，用更广泛的估计方法替代；③对资产适用统一的回报率；④当商业属于服务业的时候，要求具有最低资产和利润边际。

5. 管制中性

公共与私营部门的管制歧视首先需要识别管制歧视适用的区域，然后再修改相关的管制条例来消除歧视。这不仅包括将相关的管制条例同时适用于公共企业和私营企业，同样需要消除专门针对公共企业制定的立法措施。执行对于竞争中性申诉的恰当回应。

## （三）推行竞争中性改革的具体机制

1. 总体概况

推行改革通常需要修改商业结构来适应商业实体（把一个政府的商业实体转变为一个公司的商业实体）。这个过程通常是指公司化。这些结构和机制改变包括：①能够充分反映成本的定价。②商业化改革。包括澄清国有企业目标；让国有企业自主管理；执行业绩目标和监督；提供有效的奖励和制裁措施。③结构化的公司改革（包括对国有企业的法律结构改变）。④尽可能地扩展私有化。

需要重点注意的是，结构性的公司化本身并不足以实现竞争中性改革目标。除了上述之外，投诉机制同样是竞争中性改革的有机组成部分。

## 2. 全面反映成本的定价及回报率

竞争中性改革最初阶段就是推行反映成本的定价，即建立一套系统体系，能够确保国有企业中长期提供产品和服务获取的收益能够真实代表其支出，并且抵消了任何的竞争优势。这种体系包括：①能够充分反映国有企业在提供产品和服务商业活动中的成本。②包括与商业回报率一致的边际利润。

这包括建立相关财务和管理系统能够正确地估计每个企业的运行成本，并且将其分摊到相应的特定产品和服务提供过程中。除此之外，商业的和非商业的相互作用应该被澄清以确保成本能够恰当地分摊以及收入能够恰当地与之匹配。方法包括：①能够充分分摊成本的方法：能够充分反映单独商业活动的成本，并且按比例计算与其他商业活动共同支付的成本。②可避免成本方法：只聚焦于那些可以避免的成本，这些成本与一些非商业活动相关。③当国有企业具有垄断权利，采用一种价格监管机制。确保国有企业无法使用垄断特征来获取超额边际利润。

可以评估国有企业整体财务业绩，而不是仅仅评估价格。采用这种方法是因为私营实体有时也会把价格降低到成本之下维持一段时间。

## 3. 其他商业化改革

其他相关改革包括：①去除管制或者去除国有企业的非商业功能，确保国有企业建立清晰的目标（包括防火墙机制）。②区分竞争性和垄断功能（比如，区分垄断电力网络供应服务与竞争性零售和发电服务）。③非商业功能被保留情况下，划分商业和非商业活动的财务和融资。④独立审慎的监管。⑤与任何公共责任相关的透明性。⑥执行国有企业合约的情况下，产品和服务提供由竞争中性原则加以约束。

### 4. 结构性的公司化

结构性公司化是一种有用的结构来促使国有企业能够恰当地为其业绩负责。包括建立董事会，建立业绩要求。一些决策的做出并非遵循结构性的公司化。这种决策一般是基于：①结构性公司化在某个时间点并不认为是合适的方法；②相关的产品或者服务在政府内部提供，或者相关的产品和服务被专门用来满足某种政策目标和应对市场缺陷；③商业实体太小，公司化的成本要高于期望的收益。

### 5. 私有化

尽管私有化并不一定是重要的竞争性改革，但是在有些情况下，为了寻求提高业绩会导致国有企业去投资化，将国有企业转变为私营企业。这就完全消除了竞争中性问题，但必须权衡公共企业提供服务的损失与竞争效率之间的关系。

## 四 竞争中性投诉机制

有关澳大利亚竞争中性的结构，主要包括管制机构以及申诉办公室的权利和职能。说明竞争中性申诉情况，有助于我们理解竞争中性要求和实践应用。

### （一）背景

在竞争中性改革的高峰时期在 1995—2005 年，其他实体机构的参与对于推进竞争中性的改革是必要的。主要包括国家竞争委员会（NCC），主要作为监管机构。此外，还有由一些州及地方政府专门设立的机构来处理有关竞争中性的申诉。

虽然竞争中性改革的框架已经完成（比如，改变管制和税收体制），但竞争中性的焦点在于保持竞争中性的市场，这主要在共同体以及不同州和地方政府建立一系列的竞争中性申诉办公室。当国有企业没有遵循竞争中性原则的情况下可以向这些办公室投诉。

**（二）竞争中性的申诉程序的结构**

对于竞争中性投诉办公室的运作和执行方式总体上是一致的，采用规范化的方式来投诉。对于申诉人或者潜在的申诉人，第一阶段是直接联系特定的国有企业解决问题。如果这种联络方式并不成功，那么投诉人就可以通过相关的竞争中性申诉办公室来解决问题。

对于投诉人的身份在不同的司法体系下存在一定程度的差异。共同体政府的投诉办公室允许任何实体（包括个人、私营企业以及其他利益方）进行投诉（尽管生产率委员会1998年的法案允许澳大利亚政府竞争中性投诉办公室拒绝无重大利益相关者进行投诉），而各州及地方政府的投诉办公室一般要求投诉实体是一个竞争者，该竞争者直接被违反竞争中性的原则所伤害（是相关市场的一个参与者或者潜在参与者）。澳大利亚首都地区采取了一些稍微不同的方法，允许任何人进行投诉，只要投诉人能够支付调查的成本。然后投诉办公室会采用结构化的程序来进行调查，主要包括：①澄清投诉的本质以及说明对竞争中性规则的哪一项产生了扭曲效应。②确保投诉办公室具有正当的渠道去解决投诉（尤其是投诉是一个与政府有关的国有企业），并且投诉是一个重大的不可小视的问题，不是无关紧要的或者无理取闹的事情。与竞争中性有关的问题。不属于竞争中性问题，但该问题当前正在被政府评估。

确认国有企业从事了重大的商业活动，商业活动的含义可以总结如下：①对产品和服务的使用者收取费用。②在市场环境中存在一个事实或者潜在的竞争者。③经理人具有生产和提供产品服务，以及制定价格方面一定程度的独立性。④确认投诉与公共所有权导致的竞争优势存在相关性，而不是由于其他因素导致的竞争优势，具体来说主要包括：由于国有企业导致竞争中性原则的失败。国有企业错误地使用竞争中性规则。相关的政府活动并没有进行竞争中性改革。系统地分析是否存在违反竞争中性任何的内容（以及推行竞争中性的收益是否超过了相关的成本）。

一般来说，竞争中性投诉办公室会采取灵活性的措施来调查和获取相关的信息，比如，通过公众听证会收集数据以及保持协商等措施。

### （三）共同体投诉办公室（AGCNCO）

生产率委员会负责接受和调查与共同体政府相关业务活动的竞争中性执行情况。具体的执行由澳大利亚政府竞争中性投诉办公室（AGCNCO）来负责。AGCNCO 除了调查投诉之外，也给国有企业提供建议来推动国有企业进行竞争中性改革。生产率委员会包括一个主席以及 4—11 个委员。这些委员都由州长任命。在这些委员当中，至少要有一个委员在澳大利亚的产业中具有深厚的技能和工作经验。至少有一个人具有处理经济调整带来的社会福利效应的广泛技能和丰富工作经验。

共同体政府部长同样可以任命生产率委员会中的副委员。主席主要负责管理生产率委员会的事务以及召集会议，能够合格且称职地给予生产率委员会咨询。AGCNCO 有以下权力：①接受并调查来自共同体政府国有企业从事重大商业活动的投诉。②有权要求提出竞争中性投诉人提供这种信息。③报告调查结果给共同体政府的财政部。④对于未来的行动做出合适的建议。⑤报告投诉的数量以及处理结果。⑥发布相关的指导原则帮助国有企业采用竞争中性原则,比如回报率问题、成本分摊以及定价问题。

尽管AGCNCO采用程序化的方法来处理上述问题,但是在实际处理工作中,AGCNCO仍然会给予国有企业一定的灵活性,因为导致国有企业没有按照竞争中性原则行动的原因可能不是由于国有企业本身的问题,而是由于国有企业无法控制的外部因素。生产率委员会本质上是一个咨询实体,共同体政府来决定是否执行相关的政策建议。

**(四) 州及地方政府投诉办公室**

1. 昆士兰

在昆士兰有两个相关机构,包括:昆士兰竞争局,主要接收和调查与州及地方政府国有企业商业活动的投诉。从竞争中性的角度处理2年以上有关州及地方政府商业活动的投诉。昆士兰财政部,主要接受超出昆士兰竞争局司法管辖范围之外的竞争中性投诉。

2. 新南威尔士

在新南威尔士,州合同控制委员会(SCCB)调查与国有企业交易投标相关的竞争中性问题。独立定价以及管制局(IPART)调查所有的竞争中性申诉。SCCB/IPART调查并且通知投诉人、国有企业、国有企业负责人以及财政部相关的调查结果。

3. 澳大利亚首都地区

由于澳大利亚首都地区政府规模较小,首都地区将所有的竞争中性原则应用在国有企业，不设任何门槛。首都地区的竞争管制者是独立竞争及管制委员会（ICRC），负责调查并且报告任何人投诉的竞争中性问题（如果投诉人愿意支付调查成本）。当一个正式的调查被执行完成的时候，ICRC 会发布相关的结果并且会给政府提出建议来解决相关的问题。

4. 维多利亚

在维多利亚竞争和效率委员会（VCEC）下属的竞争中性实体是投诉办公室，负责向相关的国有企业管理秘书处报告，调查国有企业是否遵循了竞争中性政策。竞争中性实体在三个月之内跟踪相关国有企业并且完成调查。

5. 塔斯马尼亚

调查程序包括与相关的国有企业进行初步的协商签订合同。如果投诉人不满意相关结果，可以向塔斯马尼亚经济管制办公室（OTTER）投诉，然后 OTTER 向投诉人、国有企业、财政部以及相关方面报告情况。

6. 南澳大利亚（南澳）

在南澳，竞争中性投诉秘书处设在总理和内阁部门之内，接受有关国有企业的投诉并给出初步调查和解决方案。如果这个问题没有得到解决，那么秘书处就会把争端提交到竞争委员会来处理调查。

(7) 西澳大利亚（西澳）

在西澳，对于国有企业投诉如果没有通过联络的方式解决，就会直接转给财政部下属的竞争中性投诉秘书处。该机构负责筛选并调查有重大影响的投诉。然后竞争中性投诉秘书处向内阁提交评估委员会报告。如果发现竞争中性原则被违反，评估委员会决定采取什么措施来处理。

8. 北方领土

在北方领域，财政部负责接受和处理竞争中性的投诉问题。

### (五) 澳大利亚竞争与消费者委员会

澳大利亚竞争和消费委员（ACCC）是为了处理消费和竞争方面事务建立的一个公司。包括一个主席，以及由总督任命的成员，并且具有广泛的责任来确保个人和公司遵守共同体法律。

正如单个州及地方政府负责执行竞争中性改革，ACCC与竞争中性相关的事务主要在于：向共同体政府和国家竞争委员会报告不符合竞争中性改革的事项。

### (六) 有关竞争中性投诉的内容

1. 回报率中性

在一些情形下，国有企业提供产品和服务中收取的费用并不能覆盖成本。这就要求竞争中性投诉办公室来评估：国有企业对于消费者收取的费用是否覆盖了生产这些商品和服务中的成本。竞争中性投诉办公室允许交易人降低生产成本，只要总体收入超过了总体成本就可以，并且收入水平与市场回报率具有一致性。

在计算相关成本时，澳大利亚政府竞争中性投诉办公室已经表明：当国有企业采购用于公共目的设备或者设施，将这些设备用于商业目的，计算就应当包括将这些设备和设施应用于公共目的产生的成本，即可避免成本。相关案例包括：

(1) 国家铁路公司案例。澳大利亚竞争中性投诉办公室调查发现国家铁路公司并没有达到正常的回报率，但是没有追究国家铁路公司的责任。原因在于：国家铁路公司延迟了国有企业的竞争中性改革。

（2）ARRB 交通研究有限公司的案例。澳大利亚竞争中性投诉办公室（AGCNCO）免除了该国有企业以低于成本的价格提供产品和服务的责任，AGCNCO 允许这种明显的违反行为存在的理由是因为没有发现 ARRB 存在交叉补贴行为。

2. 税收中性

当国有企业被免除了各种税收，AGCNCO 必须采取行动调查国有企业的财务来确认这种税收是否适用，或者是否应该选择一个适当的税收体制。

3. 管制中性

相关的案例包括投诉国有企业在法律框架下是否被给予了特别的照顾。第一个提交给 AGCNCO 的案例是有关反恐服务的事项。相关的管制要求提供这种服务应当拥有逮捕权利，因为这能够有效地限制联邦和州政府警察提供该服务。AGCNCO 认为这是一种合理的要求，不同的警察力量之间存在竞争。

相对而言，澳大利亚邮政公司与私营包裹公司在海关程序上仍然存在差异。一个私营包裹公司相对于澳大利亚邮政公司的包裹会接受澳大利亚海关更为正式严格的检查。这被认为是不公平并且需要修正。法律很快进行了修改，消除了这种扭曲。

4. 竞争

其中的一个案例是申诉人提交了认为国有企业不应该与私营企业开展竞争性的商务活动的投诉。但是 AGCNCO 并不认同这种观点，国家竞争中性政策目的是允许竞争，而不是消除来自国有企业的竞争。

## （七）竞争中性的申诉案例

1. 州立弗洛拉案例——评估一项活动是否是重大商业活动

该投诉来自澳大利亚南部，主要针对由澳大利亚工业与资源部企业开展的苗圃商业活动。这一案例主要解决州立企业是否从事的是重大商业活动。简单来说，州立企业经营着两个苗圃企业，一个同时服务于批发和零售，另一个纯经营零售，纯零售的企业位于 Belair 国家公园内。第一个问题是，州立企业是否在从事一项商业活动。

竞争委员会注意到：州立企业可能会被看作从事一项商业活动，因为生产产品和服务在市场上销售，通过扩展种植业务，同时也在出售相关苗圃设备。对于用户收取服务费用，目的在于回收大部分运营成本。像一个商人一样经营。

州立企业在提供可比较的产品方面与私营企业存在竞争。这一点从投诉人提供的证据可以证明，表明该企业是一个商业的养殖及种子公司，和私营部门的养殖经营者在同一个市场经营。

因此，竞争委员会认为州立企业正在从事一项商业活动。第二个问题是，州立企业是不是从事一项重大的商业活动。为了考察州立企业是否正在从事一项重大商业活动，竞争委员会援引并且同意国家竞争委员会的建议，即直接采用企业规模或者销售收入来决定一个企业是否从事重大商业活动是危险的，但是对于一个特定的市场来看，上述方面确实是重要的。竞争中性委员会强调了第一阶段是确定相关的市场来评估，必须参考市场中的各种特征，即：①产品——现有和潜在的商业活动提供了什么商品和服务？②功能——商业运作处于供应链的哪个阶段？③地理——竞争性商业运作的领域是哪些？④时间——未来市场变化是否会限制市场势力？

在这种情况下，竞争中性委员会注意到州立企业在下述两个市场中经营：①推销并且销售高产量的蔬菜和农作物种子，同时该市场也是被投诉经营的市场。②在国家公园的零售苗圃商业活动，投诉人并没有在此公园经营。

竞争委员会评估了此市场并且给出结论认为：州立企业在第一个市场的主导特征同样也适用于投诉人。竞争委员会认为州立企业大量的批发和交易活动，并且在特定市场上存在的有限消费者，意味着州立企业在市场中具有显著的市场势力。竞争委员会同时认为州立企业将其产品和服务的价格定位于高端，并且这种定价行为对于潜在竞争者具有显著的影响。同时，公园内的零售苗圃并不是一个重要的商业活动，因为州立企业在该市场并没有显著的市场势力。

竞争委员会认为，州立企业在蔬菜和农产品种子市场从事重大商业活动，并且对私营竞争者构成了显著竞争。

竞争委员会对于州立企业在该市场的活动做了如下结论：尽管州立企业很接近于能够覆盖其成本，但资本成本以及间接成本并没有给予完全覆盖。许多工业与资源部门官员以及其他人员更偏向于州立企业而不是私营企业部门。竞争委员会认为州立企业的营销活动应该被确定为重大商业活动并且采取竞争中性原则（全成本的分摊定价）。

2. 国家铁路有限公司——没有满足竞争中性原则应该承担的责任

国家铁路公司建立于1991年，并且隶属于共同体政府、新南威尔士和维多利亚政府，并且都承诺将他们各自的铁路货运业务转移到国家铁路公司。国家铁路公司在1996年被共同体、新南威尔士、维多利亚政府均看作是一个重要的国有企业。

投诉人是与国家铁路公司竞争的私营铁路货运公司，投诉人向澳大利亚竞争中性申诉办公室投诉认为，国家铁路公司没有赚取一个正常的资产回报率。这个案子的关键在于：不符合竞争中性的行为是否与该企业是国有企业之间存在关系。当国家铁路公司成立的时候，股东协议认为国家铁路公司应该以盈利的方式运营。尽管如此，国家铁路公司转向盈利方式的运营被严重滞后了，原因在于：政府做出了一系列政策改变。国家铁路公司是一个垂直兼并实体的最初方案并没有实现。国家铁路公司获取铁路进行运输业务之前，需要第三方进入的商业化协议并没有达成。

澳大利亚竞争中性投诉办公室调查了国家铁路公司的财务账户并且确认，从2000年1月，国家铁路公司就没有达到一个正常的商业回报率。尽管如此，基于如下考虑，澳大利亚竞争中性投诉办公室认为，国家铁路公司并没有违反商业回报率的指导原则：由于上述外部因素造成的影响。国家铁路公司承诺在接下来的两年时间获取利润。商业回报率的概念必须包括一个合理的评估时间段。

这是一个相当宽容的方案，并且认为企业只有因为是国有企业的原因违反竞争中性原则才应该负责，而不应该为其他外部原因导致违反竞争中性原则负责。这一决定也可能受到了国家铁路公司股东积极建议私有化国家铁路公司的信息所影响（两年后国家铁路公司完成了私有化）。

3. 澳大利亚游泳运动机构——分摊资产、成本、税收以及管制分类

向竞争中性投诉办公室的早期投诉包括了针对澳大利亚游泳运动机构（AISSS）活动的投诉，以及针对澳大利亚运动分支机构（AIS）的投诉。AIS的组建是为了培养精英运动员并提供相关的基础设施。AISSS使用AIS游泳设施多余的能力为公众提供商业游泳服

务。这一案例包括了一系列竞争中性原则问题。并且可以作为一个途径让澳大利亚竞争中性申诉办公室来明确应用这些原则的方式。特别是这个案例澄清了投诉办公室会如何来分配资产成本，成本由公共及商业活动共同承担。

澳大利亚竞争中性投诉办公室同意澳大利亚游泳运动机构执行一项商务活动，并且竞争中性应该适用于其商业活动（因为该活动占据了重要的市场份额）。核心的主张包括：相关的收费没有能够覆盖提供服务的成本；AISSS不需要必须赚取商业回报率；AISSS应该使用商业化模式来提供竞争性服务；AISSS被免除相关的税收；管制中性并不存在；AISSS不应该提供已经被私营部门提供的服务。

（1）成本、回报率及公司化。

核心主张包括商业游泳服务的收费没有反映提供服务的成本。重要的是，澳大利亚竞争中性投诉办公室认为，最初建设这些游泳设施主要是用于培养精英运动员，因此提供商业游泳服务产生的相关成本仅仅是额外的成本，即那些本来可以通过不提供商业游泳服务避免的成本。这些成本被称作可避免的成本。

澳大利亚竞争中性办公室基于使用时间的计算方法，可避免成本占总成本的方法会产生不稳定的结果。在这种情况下，澳大利亚竞争中性办公室认为服务的价格应该超过可避免成本。

在评估商业回报率过程中，澳大利亚竞争中性投诉办公室强调了AIS的商业准则，提供任何不能获取边际利润的商业活动或者从事交叉补贴行为都是被禁止的。按照财务评估报告，澳大利亚竞争中性投诉办公室认为AISSS已经覆盖了所有的相关成本，并且以超过竞争中性要求的最低利润以上从事经营活动。基于此，澳大利亚竞争中性投诉办公室认为要求 AISSS 进行公司化改革是没有必要和理由的，其定价已经充分反映了成本。

（2）税收。

澳大利亚竞争中性投诉办公室评估了 AISSS 的财务报告。澳大利亚竞争中性投诉办公室只是发现了一些微小的设备购买被免除了销售税，并且确认在税收方面公有和私有方面没有差异。竞争中性投诉办公室使用上述的可避免成本原则来计算出政府税率和需要缴纳的税收（这些属于公共项目的税收必须予以缴纳，由于没有可避免的成本）。基于此认为，AISSS 在税收方面并没有得到显著的竞争优势。需要引起注意的是：在采取一个完全覆盖成本定价的建议下，这种方法会确保未来没有税收相关的竞争优势可以获得。

（3）管制要求。

尽管澳大利亚竞争中性投诉办公室发现 AIS 并没有受到某一项水质管制的约束。事实上，AIS 确实对水质有管制，并且有强烈的激励性去遵守相关的标准，也确实带来了相应的成本。澳大利亚竞争中性投诉办公室认为：作为一个调查方的责任并不是决定那些规则该适用还是不适用，而是去确认是否存在无理由引起的竞争优势。

（4）不公平。

澳大利亚竞争中性投诉办公室没有认可投诉人的意见认为公共企业不应该在提供服务方面与私营企业竞争，而是提醒注意，在游泳设施没有被全部利用的情况下，把多余的设施拿出来使用是一种有效利用公共资源的方式。

4. 昆士兰铁路——要求"回收成本"

该案由一家公共汽车公司发起投诉，主要关注昆士兰铁路引入一项铁路客运服务，但是这项服务的收费没有能够反运营成本或者对资本提供某种回报率（由于昆士兰的铁路运营成本受到昆士兰政府的补贴），以及由昆士兰铁路公司具有的程序性和管制性优势。昆士兰竞争委员会认为昆士兰铁路从事的是一项重大商业活动，并且该项投诉是正当的。

昆士兰铁路公司认为他们没有违反竞争中性原则，因为他们主要通过服务定价和CSO结合的方式来回收成本，而CSO与政府所有权之间没有关系。尽管如此，昆士兰竞争委员会认为：从昆士兰政府得到的补贴能够使昆士兰铁路公司将价格定在运营成本之下。昆士兰铁路能够得到补贴是因为该公司是由昆士兰政府所拥有。这种补贴本来应该在1993年公司法案下重新协商和正式化。该法案对于透明性和财务要求施加了更强的约束。这种收费可能并没有按照公司法案要求进行操作。

基于上述理由，昆士兰竞争委员会认为，这种安排并没有推动公共交通部门的竞争，没有相关的政策或者其他原因能够让昆士兰铁路公司免除竞争中性的要求。昆士兰竞争委员会向总理内阁建议：①应当推行一个CSO框架来反映公共汽车及其铁路服务成本的有效价格，并且提供竞争；②通过某一个渠道，做进一步的研究来评估公共交通的情况；③一个临时性的安排应该予以执行以确保竞争性的公共汽车服务。但是，总理内阁拒绝了昆士兰竞争委员会的判断，理由是昆士兰竞争委员会没有足够的信息来做出这种判断。

5. 巴拉兰特孩童照顾——基于公共利益运作的测试

这个案例主要关注巴拉兰特市政府通过两家孩童服务中心提供孩童照顾服务。这个案例之所以有趣是因为国有企业被委任从事这一重大商业活动并且违反了竞争中性原则，但是采用公共利益测试就意味着竞争中性原则不适用。竞争中性管理机构认为这些活动是重大商业活动，占据了13%的相关市场。投诉人认为孩童护理中心是在亏损运营，被委员会给予补贴，并且委员会给予员工的工资高于联邦资助的水平。

与上述相关的第一点，委员会认为：委员会从事的是一项公共利益测试服务，目的是评估社会对于委员会提供这种服务的资助水平，并且平衡公共利益与国家竞争政策的义务，特别是在相关地区被认为缺乏儿童护养服务的背景下。对于服务提供施加全成本定价方案将会对社区获取服务的能力产生负面影响。持续提供服务来满足社区需求，需要委员会来补贴其服务，因为没有一种商业回报方式可以实现这一需求。

竞争中性管理机构认为，委员会没有违反竞争中性要求，主要基于下述考虑：竞争中性改革执行的唯一必要性在于确保公共利益。委员会公共利益测试是完全彻底的。如果采用全成本定价方法，提供服务来满足社区需求会受到损害（尤其是委员会已经通过实验发现，当价格提升的情况下，对于这项服务的使用会出现快速的下降，下降幅度达到48%—85%）。

## 五　对澳大利亚方案的思考以及适用性

### （一）国家竞争政策的评估

2005年的生产率委员会评估了一般性竞争中性改革状况。认为竞争中性改革除了西澳地区，在每一个司法区的每一个阶段都得到了推行（在2005年年底，西澳同样也完成了相关的竞争中性改革）。具体来说，生产率委员会发现：所有的司法管辖区域都发布了竞争中性政策指导。所有的司法管辖区域都建立了投诉处理办公室。在竞争中性体制下的一般原则仍然适用,并且没有被要求进行重大修改。尽管一定程度的微调是适当的。竞争中性体制被扩张到了国家竞争政策管辖领域之外。一个独立的国家报告被用来规范全国的货物运输,来规划需要做哪些工作确保在所有的交通模式下实现竞争中性,确保最有效的交通模式被采用(这符合公共利益)。竞争中性改革应该被扩展到其他关键部门,尤其是健康服务及大学教育。

### (二) 澳大利亚方案的核心部分

#### 1. 识别扭曲效应是否存在

第一阶段包括识别市场中是否存在竞争扭曲效应。这意味着竞争中性扭曲正在限制市场的发展,导致缺乏一个竞争中性的市场环境。以澳大利亚的案例来看,这些特定部门首先被识别为政府重大的商业活动,包括电力、供气、供水以及交通产业。最新趋势是竞争中性改革瞄准的目标不仅包括交通部门的持续改革,也包括在健康养老领域的改革,这些在最初的改革中并未凸显。显然,认识到问题的存在对于解决问题是必要的。

#### 2. 识别扭曲效应的细节

一旦各种目标在一个广泛的层面被认可,具体的评估程序就会被用来识别在相关的市场上是否有特定的扭曲效应存在,比如管制扭曲、税收豁免、降低债务成本以及缺乏动力去实现正常的资产回报率。

这种特定的报告同时提出了一个政策问题,就是国有企业是否应该继续在与私营企业竞争的领域从事经营活动。可以将该部分的内容与上面的部分相结合,采用一个调查程序首先来识别是否存在扭曲,然后来识别特定的扭曲效应以及它们的运作方式。

### 3. 行动承诺

一旦扭曲被识别，澳大利亚政府相关机构就会基于特定的调查来评估政策问题，并且承诺来解决竞争中性的扭曲效应。这种承诺被分割为以下两部分。

（1）进入特定的协议。在此协议下，澳大利亚政府致力于消除特定种类的商业活动导致的竞争扭曲（无论在哪个特定行业以及经营什么商业活动）。尽管竞争中性改革的议程取决于每一个地方政府，但是仍然存在一个广泛的义务去进行公司化改革以及实现竞争中性目标（包括税收中性、债务中性以及管制中性）。这部分包括建立法律评估项目，一个核心就是公共利益测试，这能够让政府来评估推动竞争中性的成本。同时对于那些逃避中性改革的实体施加负担。

（2）澳大利亚的大多数政府承诺对电力、燃气及供水以及交通产业分别进行改革。这些改革都是竞争中性改革的核心，主要是由国家竞争政策改革来推进的，由澳大利亚竞争委员会或者类似的多边政府机构推动，并且将这些改革的项目纳入了竞争中性的改革驱动力中。由于特定的产业特征，每一个州及政府执行这些改革的程度存在差异。比如，国家电力市场起始于1998年，开始只有5个州加入，即使到现在，南澳和北方领域仍然没有进行这方面的改革，主要是由于距离遥远限制了这些地方的电网加入国家电网。西澳已经推行了基于市场化的改革方案，而北方领域仍然在考虑何时推行相关的改革。

从理念上来看，将一般性改革与特定产业的改革进行区分推动是合适的。尽管如此，哪些产业应该被区别对待仍然需要仔细考虑。同时也需要确保特定产业的改革能够和一般性改革达到相同的目标。

### 4. 行动方案

各级澳大利亚政府执行一般性的竞争中性改革总体结构上大体一致。主要包括识别重大商业活动以及识别之前存在的扭曲效应。然后采取一种机制系统性地评估重大商业活动的成本和收益来消除扭曲效应。一旦消除扭曲被认为是符合公共利益的，一项系统性的措施就会被执行，将国有企业的重大商业活动放在和私营企业同等的位置。在很多情况下，包括在政府层面建立一套机制，比如税收平等机制、附加债务成本以及立法修改（比如通过立法评估项目）。

不仅如此，申诉机制应该被执行，并且这些申诉办公室通常会提供一般性的报告，这些报告能够促使相关的人员更加清晰地理解竞争中性改革的直接责任。澳大利亚作为一个联邦制国家，有一系列职能都通过宪法专门交给了共同政府来执行，但是其他的一些职能则保留在州政府。这种安排要求处理好政府的灵活性，来确保不同级别的政府之间能够协调一致来实现目标，尽量避免各级之间对同一个问题，在不同的情况下，在不同州之间采取不同的方法。《希尔默报告》的评估中也提到：希尔默的提议代表了一种重大的挑战，这种挑战就是如何有效地执行联邦主义的合作以及确保各州在经济和社会事务方面的相对独立性。

显然，这种提议执行得如何很大程度上依赖国家是遵循一种独立模式还是联邦制度模式。除了一般性的改革之外，也需要建立一种结构在特定的产业部门推行独特的改革，这也代表政府同意采取特殊的政策方案，以及各级政府之间达成了协调一致的方案。在电力行业，采取的是国家电力立法形式的改革，每一个参与州都按照自己的法律加以推行。按照宪法要求，电力部门的改革是留给每个州的权利之一，共同体政府没有权利来超越每个州的法律。

生产率委员会注意到在电力和天然气行业，改革承诺都特别具体，而在供水和道路交通方面的改革更具有一般性。这就造成后边的这些行业改革相对于前边的改革较为滞后。从这一特征就可以发现，如果改革的目标越具体明确，那么改革就越容易快速地推进。

对于那些具有严格垂直一体化的产业部门，采用电力部门的改革方案值得考虑。第一阶段的改革是将不同的商业部门区分，首先是在国有企业内部的业务区分，其次是对每一个商业实体进行公司化改革。比如，在昆士兰电力公司首先将业务拆分为发电、电力传输、电力分配以及零售功能，后来在每一个业务部门内部又进行细分（比如，原来的昆士兰发电委员会现在包括三个发电业务部门，每一个都是公司实体）。每个州完成这个过程需要两到三年时间，并且需要在改革的早期阶段明确许多竞争中性问题。

5. 保持改革的势头

澳大利亚竞争中性改革的另一个重要方面是进行常规的评估，包括州政府的年度评估报告，以及共同体政府部门，比如国家竞争委员会和生产率委员会的长期评估报告。这些报告连同竞争支付结构发挥了以下的作用：①帮助每一个政府将竞争中性改革提到了前沿位置；②通过发布竞争中性改革成果来持续不断地提升竞争中性改革的力度；③量化竞争中性改革的收益。在国家竞争委员会提交给生产率的报告中，国家竞争委员会发现竞争性支付对于促进竞争中性的改革产生了实质性的贡献。

### (三) 澳大利亚竞争中性改革中有关竞争优势的确定

澳大利亚在竞争中性改革方面特别聚焦于以下的行动来强调国有企业存在的竞争优势。

(1) 透明性及财务责任。通过对国有企业施加适当的透明和财务责任要求，使国有企业和私营企业对于股东负有同样的责任。

(2) 税收中性。促使国有企业和私营企业接受同样的税收安排，或者享受能够得到同样净效应的税收平等机制。

(3) 债务中性。对国有企业施加额外的费用来抵消国有企业债务融资成本的不平衡性，确保国有企业和私营企业都能够享受可比较的融资成本。

(4) 回报率中性。执行成本核算程序确保国有企业通过提供商品和服务获取的收入能够覆盖国有企业的成本支出，确保私营企业不受国有企业的影响而不断降低价格。

(5) 管制中性。修改管制体制，确保国有企业和私营企业的运营能够互相竞争，并且受到同样的管制要求约束。

### (四) 将澳大利亚的方案应用到其他国家的适用性

一般来看，如果不对一些国家竞争中性失灵的原因进行系统分析，直接把澳大利亚竞争中性改革政策应用到其他国家显然是不合适的。不仅如此，随着竞争中性改革在澳大利亚的推行，澳大利亚政府逐渐熟悉了相关的程序，并且根据其经验对竞争中性政策做了多次改变。那些希望开展竞争中性改革的企业，应当避免机械地套用竞争中性的原则和概念，而是应该首先针对每个国家和相关产业的特定情况进行详细分析。

在国家竞争委员会提交给生产率委员会的评估报告中做了如下陈述：国家竞争政策协议的主要力量来自依赖改革的精神和政府赋予的灵活性，以及委员会评估的进步。相关协议不断进行扩展，确保具有足够的灵活性来处理不断变化的情况，并且不同方案保留了足够的清晰性来促进目标的评估。

委员会认为采用固定模式签订的僵化协议是一种很差的改革模式。尽管如此，澳大利亚竞争中性方案的系统性特征仍然很适合应用于很多方面的竞争中性改革，尤其是对于缺乏完成竞争中性框架能力的国家。生产率委员会同样注意到系统性的程序对于政府做出明确正确的决策至关重要。

**（五）从澳大利亚的经验中可以学习的东西**

澳大利亚值得被借鉴的经验主要包括以下方面。

1. 广泛、一体化的程序

澳大利亚改革方案不仅一般性地适用于国有企业，同样适用于特定产业，并且澳大利亚是全境而不是局限在某一个州推广竞争中性政策，确保了经济大部分都能够受到改革政策的约束。同时伴随着竞争支付激励的推行，意味着地方政府可以从竞争中性的改革中获取利益，最终带动澳大利亚经济竞争优势的成长。

2. 灵活性

澳大利亚政府体系的联邦制特征以及每个州、区域以及共同体政府具有不同的目标，表明一个包括明确目标而不是明确行动的灵活性方案在推进改革过程中至关重要。

3. 良好的程序

澳大利亚的竞争中性改革的系统性程序是高度有效的。

4. 具体的激励

共同体政府给予州及地方政府的竞争性激励是竞争中性改革的促进因素。改革推进缓慢给予惩罚是竞争性支付制度的关键要素。

5. 定期评估

要求单独的司法管辖区域报告改革进展，同时提供定期的独立评估对于改革滞后的区域能够尽快识别，在必要的情况下通过撤回竞争支付的方式施以惩罚。竞争中性改革措施并没有持续贯彻或者需要不断改进的还包括以下方面。

（1）清晰性。有一系列的改革措施并不像其他措施那样清晰，需要在采取行动之前花费更多的时间来明确改革的目标。除此之外，一些概念的模糊性也是经常遇到的问题。能够清晰明确理解改革的目标和机制对于实现目标非常必要。

（2）优先性。在有些情况下，优先区分相关的管制是适当的，首先从相对较小的投入中能够获取显著利益的领域出发，在核心领域处理完之后，考虑较为次要的管制措施。这会引起单个的司法管辖区域倾向于先解决较为容易的领域改革，而后解决核心领域的改革，因此国家竞争委员会必须明确10个优先改革的领域——这一措施直到2001年才开始执行。

（3）清晰的公共利益测试。对于公共利益测试中关于公共利益的概念和范围对于许多产业的从业者来说并不清楚。特别是如果没有清晰地界定公共利益就会在执行竞争中性过程产生一系列问题，导致政府倾向于用有形的和可以确定的东西来分析成本收益，而忽视无形的因素。即使公共利益的范围能够被准确理解，对于如何精确核算公共利益在任何的官方文件中也没有给出具体详细的说明。许多相关的指导原则以及文件对于政策目标具有详细的阐述指导，但是在20世纪90年代晚期或者21世纪前10年的中期才给出。如果能够更早地推出相关的详细说明文档，就会显著加速竞争中性的改革。

（4）透明性评估。竞争中性改革中一个被反复提及的共同主题是确保评估小组具有真正的独立性，评估的过程足够透明，并且包括足够的细节来确保公共利益最大化，尤其是在产业方面，需要能够充分了解这个过程。这需要通过不同公共教育项目和公共咨询程序来提升。

（5）激励的不平衡性。尽管竞争支付结构的存在经过了深思熟虑，但仍然存在一系列的批评，主要包括：地方政府难以获取这种支付。尽管对地方政府施加了同样的改革要求，但有些州愿意把一部分竞争支付与地方政府进行适当的分享。共同体政府如果没有遵守相关的目标和原则，不会受到任何形式的惩罚。在施加惩罚的时候缺乏透明性，没有适当考虑相关司法管辖区域的总体进步性。

澳大利亚竞争中性改革总体上是成功的，但某些领域仍然在改革过程中，改革的进步是一个持续性过程。从竞争中性重要性方面对竞争中性问题进行全面分析，以及分析相关市场扭曲特征，依据澳大利亚政府特定承诺，按照竞争原则来采取措施。从上述内容来看，大多数改革都在 5 年内得以执行。特别是在《希尔默报告》发布 15 年以后，澳大利亚的成功经验更加凸显，因此从澳大利亚的成功改革经验中可以获取更多借鉴。

## 附录 A　公共事业部门的改革

传统的观点认为公共事业部门的所有权最好由政府掌握，尤其是这些部门属于自然垄断行业。这种观点在 20 世纪 80 年代开始出现质疑，原因是公共事业部门的服务变得越来越贵，效率和绩效都变得更差了。《希尔默报告》认为在供电、供气、供水以及铁路公共服务方面存在 80 亿澳元（1993 年价格）的机会。《希尔默报告》同样认为在电力一个部门由于无效率导致的成本就高达 22 亿澳元（1991 年价格）。

传统的"公共事业部门应当是政府所有"的观点在《希尔默报告》中遭受了强烈的挑战，该报告认为法律赋予公共部门的垄断造

成了对竞争的严重限制。特别值得注意的是,《希尔默报告》认为:

许多公共事业部门传统上被认为是自然垄断行业,因此一个单独的生产商可以按照最低价格为整个市场提供服务,但是随着技术的变化和其他情况发展表明,真正的自然垄断行业是相对较小的并且是不断减少的。

不仅如此,自然垄断通常只考虑了法律垄断定义下的一小部分活动,《希尔默报告》做了如下明确区分。

——自然垄断,主要由电力网络传输部门构成。

——在发电领域,委员会不应该认为是真正的自然垄断行业。

重要的是,《希尔默报告》强调任何对竞争市场的保护结果都应该建立在清晰一致以及符合公共利益基础之上,并且接受定期的评估。

一旦一般性的竞争改革开始在全国范围内获取收益,不同部门都要出台具体的改革方案。尤其是在电力、供气、供水以及交通运输部门。对于这些改革方案均有了新的观点,认为大多数公共基础设施并不构成自然垄断,不应该与竞争隔离。

垄断基础设施,比如电力传输线路,受到一系列严格的管制要求,包括强制第三方进入以及管制性的定价。这主要用来将基础设施项目向私营企业开放,保证没有构成对竞争的阻碍。

1. 电力行业改革程序

(1) 1995年之前的电力行业。

澳大利亚的电力产业起源于小的公用事业,这些小的公用事业是由当地政府或者小的私营企业所拥有和经营。尽管如此,随着国家的持续电气化,这些小的企业都系统性地并入到国家和区域组织当中,大的国家组织从事的业务包括发电、电力传输、电力分配以及电力零售。

(2) 一般性竞争中性改革的触发。

从20世纪90年代起，这些公共事业的经营绩效被普遍认为不符合竞争的目标，并且认为电力的价格没有正确地反映这些公共事业的成本。不仅如此，电力行业的服务水平也低于平均水平。下述的描述可以反映这点：

直到90年代，所有的垂直一体化垄断的能源企业被许多人认为没有给消费者或者公民带来最大的利益，并且暴露了一系列弱点，比如糟糕的资本投资决策、资产的过度资本化、无效率的生产活动。

(3) 电力行业的竞争中性以及竞争性改革方案。

澳大利亚政府决定对电力行业进行多方面的竞争性改革，这种改革方案部分脱离了竞争中性的改革方法，采取了一种渐进式的改革方法（尽管仍然在竞争协议的约束下进行改革），改革方向主要由澳大利亚政府委员会确定，由澳大利亚能源部长理事会具体执行，能源部长理事会包括各级澳大利亚政府负责能源的部长。竞争中性相关改革主要包括：①拆分国有电力委员会的单个商业部门，包括垂直拆分（拆分发电、传输、分配以及零售业务）和水平拆分（将发电商业部门拆分成单独的几个部门独立运作）。大多数州都在1998年完成了拆分，除了西澳和北方领域之外。②对于大多数商业型部门进行结构化公司制改革。北方领域是唯一一个仍然包括了非公司化电力商业部门的司法管辖区域（尽管垂直一体化已经被分解为单独的商业部门），西澳也在2006年完成了结构化改革。③在零售领域引入全面的竞争。所有的电力消费者都可以选择零售商。这是一个阶段性分区域的改革，消费者如果陷入电力使用逐步下降的圈套，会被逐渐允许选择零售商，而不是要求消费者必须从现有的国有企业零售商购买电力。这个改革在上述的两项改革开始之后才开始，改革政策推行时间在各地区存在较大差异。比如，南澳、新南威尔士、维多利亚、首都地区在 2002—2003 年都达到了电力零售的充分竞争性（每个消费者都可以选择自己的零售商）。昆士兰在 2007 年才完成相应的改革。④增加政府直接提供社会服务的透明性。一般是采用相关的州法案来处理国有企业问题。⑤将垄断性基础设施（仍然大部分由国有企业持有）纳入适当的价格管制（要求资产回报率达到商业回报率水平）和进入管制（提供第三方可以进入基础设施的标准和条件）。

由于推行这些改革措施的时机存在较大的差异，这导致了每个州和区域存在不同的特征。一些州，比如维多利亚，采用私有化作为解决竞争中性问题的最优方法，并且处理了大量的电力资产（包括电力基础设施的垄断）。与之形成对比的是，西澳的电力网络和大多数的发电及其零售业务是由国有企业持有的，而这些国有企业已经进行了结构性的公司化改革。北方领域是唯一的一个没有进行结构化改革的司法管辖区域，尽管内部的商业拆分以及商业改革目标已经推出。这很大程度上是由于北方领域的独特性所导致，包括稀少的人口、分散的网络及发电设备等。剩下的州和地区都存在公共和私营共同经营的情况，但是在管制、税收、财务要求方面都具有一致性。

2. 供水产业的改革过程

（1）一般性竞争改革的触发。

供水产业的改革起始于 20 世纪 80 年代早期，主要改革的原因在于：过度用水（包括乡村和城市）；水坝的建设成本；日益增长的对供水管道、土地的污染及其他负面影响。需要转向一种可持续发展模式。澳大利亚政府委员会在 1994 年同意推出一揽子供水产业改革方案，包括对地表水和地下水进行改革，主要措施包括：

第一，对供水和污水处理的国有商业化企业进行公司化改制，要求在90年代晚期完成。包括拆分这些国有企业里的各种职能和角色（比如，水资源管理、标准制定、提供服务和规则）。第二，要求对新的供水基础设施运营进行成本收益分析。第三，建立一套独立于知识产权之外的公共评价系统，包括对环境的影响，以及一套供水交易机制。

（2）水产业竞争中性改革推进。

与电力产业一样，水产业包括一系列的复杂特征，改革主要是在竞争中性政策之外处理的，尽管这些改革核心部分仍然由澳大利亚政府委员会进行协调。直到2005年，每一个司法管辖区域改革都取得了重大进展。与竞争中性相关的有：制度化和行政化的改革部分或者全部被引入，包括拆分服务供应商，并且建立了商业运作的核心。城市供水方都引入了完全或者显著的成本收回机制，大多数的乡村供水方也开始努力实现这个目标。

更为复杂的领域（比如水权分配对环境的影响）并没有在相关的时间框架内得以解决。除此之外，建立水权交易市场还没有完成。这些市场的建立要求引入市场中性原则。这导致了2004年国家供水倡议的引入，该倡议最终被各级澳大利亚政府所采用。

对于水的存储和供应实现统一的定价政策，以帮助建立竞争中性。在澳大利亚全国推行一致的供水权利系统，来促进竞争中性的实现，确保与南部Murry-Darling盆地相关的供水权交易保持竞争中性。这些复杂领域要实现全成本覆盖定价，尤其在乡村地区要求价格不仅能反映国有企业的成本，而且也能反映自然资源的稀缺性和价值。由于政策文本没有详细给出关于反映外部性的价格在实际中该如何推行，导致这一领域的改革进程被严重滞后，政府也尝试量化这些特别复杂的领域的成本。

## 附录 B 竞争中性适用性判断的流程图

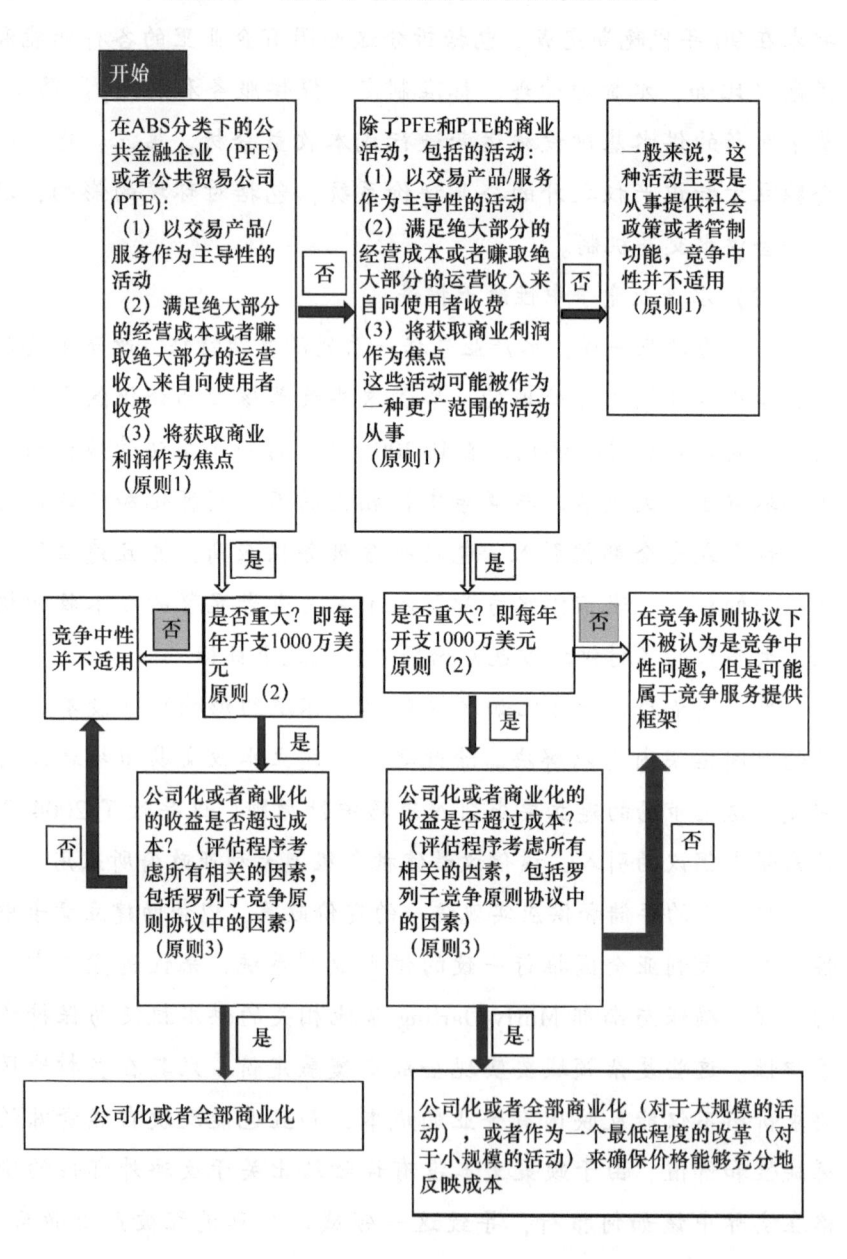

```
开始
  │
  ▼
┌─────────────────────┐         ┌─────────────────────┐         ┌─────────────────────┐
│ 在ABS分类下的公      │   否    │ 除了PFE和PTE的商业   │   否    │ 一般来说，这        │
│ 共金融企业(PFE)      │────────▶│ 活动，包括的活动：   │────────▶│ 种活动主要是        │
│ 或者公共贸易公司     │         │ (1) 以交易产品/服务  │         │ 从事提供社会        │
│ (PTE):               │         │ 作为主导性的活动     │         │ 政策或者管制        │
│ (1) 以交易产品/      │         │ (2) 满足绝大部分的   │         │ 功能，竞争中        │
│ 服务作为主导性的     │         │ 经营成本或者赚取绝   │         │ 性并不适用          │
│ 活动                 │         │ 大部分的运营收入来   │         │ (原则1)             │
│ (2) 满足绝大部分     │         │ 自向使用者收费       │         └─────────────────────┘
│ 的经营成本或者赚     │         │ (3) 将获取商业利润   │
│ 取绝大部分的运营     │         │ 作为焦点             │
│ 收入来自向使用者     │         │ 这些活动可能被作为   │
│ 收费                 │         │ 一种更广范围的活动   │
│ (3) 将获取商业       │         │ 从事                 │
│ 利润作为焦点         │         │ (原则1)              │
│ (原则1)              │         │                      │
└─────────────────────┘         └─────────────────────┘
           │是                              │是
           ▼                                ▼
┌──────────┐  否  ┌──────────────┐  ┌──────────────┐  否  ┌─────────────────────┐
│竞争中性  │◀─────│是否重大？即每│  │是否重大？即每│─────▶│在竞争原则协议下     │
│并不适用  │      │年开支1000万美│  │年开支1000万美│      │不被认为是竞争中     │
└──────────┘      │元            │  │元            │      │性问题，但是可能     │
     ▲            │原则(2)       │  │原则(2)       │      │属于竞争服务提供     │
     │            └──────────────┘  └──────────────┘      │框架                 │
     │                    │是                │是          └─────────────────────┘
     │                    ▼                  ▼                      ▲
     │            ┌──────────────┐  ┌──────────────┐                │
     │            │公司化或者商业│  │公司化或者商业│                │
     │            │化的收益是否超│  │化的收益是否超│                │
     │            │过成本？(评估 │  │过成本？(评估 │                │
     │  否        │程序考虑所有相│  │程序考虑所有相│       否       │
     └────────────│关的因素，包括│  │关的因素，包括│────────────────┘
                  │罗列子竞争原则│  │罗列子竞争原则│
                  │协议中的因素) │  │协议中的因素) │
                  │(原则3)       │  │(原则3)       │
                  └──────────────┘  └──────────────┘
                          │是                │是
                          ▼                  ▼
                  ┌──────────────┐  ┌────────────────────────┐
                  │公司化或者全部│  │公司化或者全部商业化(对 │
                  │商业化        │  │于大规模的活动)，或者作 │
                  └──────────────┘  │为一个最低程度的改革(对 │
                                    │于小规模的活动)来确保价 │
                                    │格能够充分地反映成本    │
                                    └────────────────────────┘
```

# 第四章 国有企业竞争规则的扩展：OECD 指导准则

本章研究目的是对现有的 OECD 工具、最佳实践和准则提供一个全面的描述，本章按照关于国有所有权和私有化实践工作组达成的八个优先领域进行陈述，分别是：政府企业的运作形式、成本识别、商业回报率、公共服务责任、税收中性、债务中性与直接补贴、管制中性、公共采购。

1. 政府企业的运作形式

竞争中性强调的一个重要方面是政府商业活动的公司化程度以及商业和非商业活动的隔离程度。隔离有助于商业活动能够在与市场一致的方向运作，但可能并不总是可行或者经济上是有效的，而一个企业往往会同时从事公共政策目标和传统的商业活动，这就会经常引起商业活动与市场原则是否一致的问题。OECD 的主要工具、指导原则和最佳实践主要来解决下述几方面问题。

（1）在管制部门创造公平竞争环境，OECD 建议采取结构化的措施，在保证收益超过成本的情况下，将商业和非商业活动分开。这些建议不仅适用于国有企业，同样也适用于其他具有市场势力的在位企业。

（2）国有企业指导准则建议公司化商业以及非商业部门，使其能够基于商业方式运作，并且在竞争性公开市场来运作，以实现最大透明化和财务责任。

2. 成本识别

对于任何功能的政府商业活动进行成本识别对于竞争中性政策的推行都十分必要。尽管如此，要实现上述目标依赖于企业的公司化水平。对于公司化的国有企业，主要的问题是考虑完成公共服务责任带来的成本核算。如果公共服务责任由公共部门进行补贴，成本识别应该以透明的方式进行，确保既没有过度补偿，也没有补偿不足。对于尚未公司化的一般政府性商业活动，其成本是在商业和非商业活动之间进行分担，主要问题在于这种成本的分摊通常是不可行的。现有OECD有关该问题的指导原则和建议主要包括以下方面。

（1）预算透明性，建议当非商业活动并没有单独进行的情况下，应当披露商业活动中应该负担的成本和资产比例。

（2）建议政府补贴支出应该透明化（国有企业指导准则、财务和透明性指导准则、政府服务收费指导准则）。前两项主要针对公司化的国有企业，而最后一项主要强调政府作为一个整体。

（3）其他指导准则推荐去除任何成本优势或者劣势。这些优势或者劣势的存在是由于公共所有权的原因（公共部门市场活动管制、政府服务外包指导准则），大多数同时适用于国有企业和一般性的政府。

3. 商业回报率

实现一个商业回报率是确保政府商业活动是在一个可比的商业环境正常运行的重要方面。如果政府的商业活动没有赚取一个正常的市场回报率，私营部门的竞争就会被侵犯，特别是国有企业在追求一种掠夺式定价的情况下。不仅如此,对于每一项单独的商业活动确定一个合适的回报率是确保国有企业不进行交叉补贴的一个重要因素。OECD 指导准则的内容主要体现在以下方面。

(1) 根据 OECD 指导准则,国有企业应该赚取的回报率和私营企业一致;并且绩效应该以同行业类似商业活动的绩效作为基准。这一指导准则适用于政府和公司化国有企业的商业活动。

(2) 国有企业和其他政府商业活动类型可能被要求追求利润最大化之外的目标。OECD 指导准则认为这种目标应该是透明的,并且不应该用来伤害其他实际或者潜在的竞争对手。

(3) 尽管 OECD 最佳实践承认基于竞争法的方案在解决反竞争实践中的作用,但是更推荐其他方法来解决国有企业没有实现利润最大化,以及赚取更低的回报率问题更为有效和充分。

4. 公共服务责任

当公共政策优先事项被施加在国有企业身上,并且该国有企业还在市场上运作,对于竞争中性质疑总是存在的。对于采用何种市场安排取决于国家的实际情况以及如何才能够真正代表公共利益。竞争中性要求准确地核定成本、定价以及对于部分以市场为基础的服务提供进行规范,这意味着要消除国有企业可能享受的特权以及对其他企业进行足够的补偿。与公共服务责任相关的 OECD 指导准则以及最佳实践的主要观点如下。

(1) OECD 指导准则建议一种充分的透明性和信息披露,主要围绕采用公共预算来补偿实现公共责任的活动。使用公共资源应该受到预算监管的约束。

(2) 平衡商业和非商业活动的优先性。OECD 指导准则推荐国有企业应该为执行公共政策的优先性得到足够的补偿。同时也建议这种补偿应该以独立账户核算。多数情况下这种建议应该应用到政府的公司化和非公司化部门中。

（3）OECD指导准则建议建立可靠的成本计算方法避免交叉补贴。在一个竞争中性情形下，这主要针对国有企业会同时从事商业活动和提供公共产品。

5. 税收中性

对公共企业和私营企业适用同样的税收待遇对于竞争中性很重要。政府从事商业活动按照国有企业的指导准则来看这本身并不是一个问题。尽管如此，为了确保政府没有提供任何激励来逃避税收，仍然需要谨慎考虑相关问题。比如，政府通常不应该为了避免税收偏好产品和服务的购买。OECD指导准则中有关税收中性的内容体现在以下方面：

（1）在跨境贸易中，在相似的环境中从事相似的交易，应该被征收同样水平的增值税。这是OECD很少的专门处理交易中性问题的指导准则之一。

（2）在跨境交易中对企业进行明确的管理是必要的。增值税的管理方式不应该与业务成本不匹配或者不恰当。

（3）在税收规则不能统一适用的情况下，OECD最佳实践推荐采取透明性原则来判断或者改正由于税收不一致造成的潜在优势。

4. 管制中性

管制中性不仅处理一般的商业环境问题（商业法律和管制），同样关注市场管制问题（特定部门）。对于一般商业环境问题，在大多数OECD经济体，公司化的国有企业和私营企业都面临同样的管制待遇。当国有企业是根据公司章程或者法人授权的方式建立，或者商业活动与政府的部门合为一体，某些管制豁免由法律授权可以与竞争中性原则不一致。OECD指导原则包括以下有关管制中性的问题。

（1）当管制豁免以合法的方式适用于国有企业情况下，OECD指导准则推荐按照公司法，公司化的国有企业应当和私营企业接受同样管制待遇。当这种情况不可能时，管制有效性应当扩展到国有企业，或者采取自愿为基础的方法。

（2）OECD指导准则推荐政府进入管制性的市场应该定期评估。这种建议适用于当国有企业在管制性市场上保持某种垄断权的情况。

（3）有关金融管制。OECD指导准则指出，管制应当是一致和中性的，不需要考虑所有权、制度、部门及市场的差异。管制应当平等地适用于政府和私人所有的金融机构。

（4）OECD指导准则推荐管制和非管制措施的结合，对于中性化任何企业的优势和劣势都是必要的。这种优势和劣势来自所有权的差异。竞争、交易以及投资机构在推行竞争中性过程中都应该发挥作用。

7. 债务中性与直接补贴

避免对国有企业给予优惠的融资已经被广泛地认可，大多数的政策制定者认为将国有企业纳入市场化的融资纪律进行规范具有重要意义。欧盟和其他许多司法管辖区域的竞争和管制机构都授权竞争法来限制对国有企业的直接补贴和国家援助，并且将国有企业的融资纳入市场化。尽管如此，债务中性仍然是建立公平竞争市场环境一个亟待解决的问题。许多政府企业仍然能够获得优惠的贷款，而这种优惠主要来自政府的支持。现有的OECD有关债务中性的指导准则和建议主要包括以下两项。

（1）OECD指导准则建议公共企业和私营企业按照同样条款获得贷款。这种指导原则一般适用于国有企业和国有银行，包括国有银行接收和发放贷款。

（2）OECD最佳实践将债务中性纳入机制调整中加以规范，吸取了很多成员的经验，比如澳大利亚和欧盟的经验。

8. 公共采购

为了支持竞争中性，采购政策和程序应当富有竞争性和非歧视性，并且保持高标准的透明度。尽管如此，仍然存在一些额外的问题。当长期存在国有企业或者内部供应者的时候，他们的在位优势可能会阻碍新企业进入市场。这种优势在某种程度上可以被认为是规模经济，在原则上并没有违反竞争中性。尽管如此，如果相关机构目的是要建立一个真正的竞争中性环境，那么这种问题无论如何都需要考虑。OECD指导准则中有关公共采购和竞争中性的内容主要包括以下几项。

（1）国有企业指导准则建议一般性的政府采购规则应该同样适用于国有以及其他性质的企业。

（2）一系列OECD指导准则推荐在采购政策及程序方面实行透明性。提前设定清晰的选择标准，确保公平公正地选择供应商。任何不公平的做法应当被去除，确保无歧视的选择程序。当歧视性偏好存在的时候，OECD建议这些偏好选择标准能够保持透明，并且与潜在的投标者提前分享。这些准则同时适用于国有企业和购买者。

（3）政府外包最佳实践准则建议内部投标者与外部投标者享受同等待遇。公共和私营企业之间的投标中性应当予以保护。

（4）OECD指导准则强调一体化和规范化为公共采购的必要因素。这一原则同样适用国有企业作为公共采购的交易者以及投标交易的组织者。对于卡特尔的建议同样适用于国有企业作为供给方的情形。

# 一　竞争中性与国有企业

## （一）相关现实背景

大多数政策制定者认同竞争中性是一个很好的想法，并且OECD各成员国政府都承诺要建立一个公平竞争的市场。这种承诺已经在部长级别的会议上出现过多次。2010年部长级别的公共治理委员会的公报中就承诺：依据过去的经验，OECD国家应该加强诚实性来保障公共利益，为私营部门建立公平竞争的市场环境提供指导。2011年在纪念OECD成立50周年的部长级会议上，OECD主席评论道："OECD致力于提升新兴经济体事业的同时，也必须继续自己的开创性工作，来开发多领域的指导准则，用来处理国有企业问题，无论这些企业是由股东还是国家所有，所有企业都应该遵循竞争中性一致的原则在公平市场环境运营。"

在国家层面，许多国家的政府已经决定将竞争中性原则纳入国家法律体系。在澳大利亚和欧盟一些国家这方面已经实现，并且成立了专门的管制机构来强制推行竞争中性原则的落实。国家层面的实践能够反映竞争中性原则的适用性，这种良好实践能够起到对竞争中性原则推动的作用，OECD秘书处发布的一系列报告都将此作为主题，特别是通过国有企业和私营企业实践工作组以及竞争委员会发布的报告。相关的报告包括了其他一些工具以及公共采购方面的主题，大多数都包括了与竞争中性可能相关的条款。这些都体现在很多研究机构中，这些知识或者属于OECD内部，或者以非正式的方式发布，囊括了一系列广泛的纪律条款，包括公共管理、税收、金融、贸易以及投资。本章主要内容来自这些报告中，反映了当前OECD关注竞争中性问题的共同立场。

本章结合了现有的OECD工具，良好实践以及与竞争中性相关的指导原则。按照工作组列出的竞争中性改革的八个优先领域进行阐述。本章中提到的问题同样适用于非公司化的公共商业、封闭的公共商务、国有企业、国家或者其他公共机构，以及在某些情况下刚刚进行完私有化并且具有在位优势的企业。一些重要问题同样可能是由于非营利部门的商业活动而引起的，但超出了本书涵盖内容。

本章的部分提出了以下内容：①对每一个优先领域及其与竞争中性的相关性进行简单的介绍。②对相关的主题从OECD的工具中进行节选并概括。③对相关的主题从最佳实践和指导中进行节选并概括。④判断未来发展的领域。由OECD理事会采用的工具可以作为约束性或者非约束性的承诺出现在国际公约，以及政策指导原则中。本章中OECD的工具在国家政策中占有重要地位，并且通常具有政策含义。其他良好的实践和指导原则通常是由单独的政策机构批准。

## （二）竞争中性及目标

在大多数OECD国家，许多公共部门都被允许在提供商品和服务方面与私营企业开展竞争，或者在私营部门具有潜在竞争的领域开展竞争。目前为止，在开放的市场上，公共企业和私营企业能够在公平的场所参与竞争，我们称之为竞争中性。尽管如此，OECD国家的经验表明，公共企业的商业活动由于所有权导致的竞争优势或者劣势仍然会造成市场竞争扭曲。政府可能会在国有和私营企业竞争中创造一种不公平的竞争环境，因为政府本身有直接或者间接的既得利益来确保国有企业获得成功。通常这种利益并不仅仅是由于商业考虑所驱动，同样可能是由于非商业因素的优先考虑，比如维持公共服务责任，通过产业政策提升国家竞争力，包括来自国有企业的财政收入，矫正市场失灵以及其他政治目的，比如保障政府部门的政治影响以及保护公共部门的就业岗位。

当市场经济中运营的实体没有不当的竞争优势和竞争劣势的时候，竞争中性就会出现。在当前的环境中，所有权问题仅仅局限于国家层面，并且适用于所有种类的政府实体，而这些实体事实上或者潜在地与任何市场的私营运营者存在竞争；也可能这些实体并不直接被政府所控制，但是这些实体可能从国家援助中获益，为提供一般公共服务而效力（比如，许可运营商、赠与权利或者刚刚私有化的公司）。

与本章最为相关的是 OECD 国有企业公司治理准则。国有企业准则的第一章直接就建议在国有企业和私营企业竞争方面创造一个公平的场所。也就是说，国有企业准则主要面向被中央政府拥有的公司化的国有企业并且很大程度上具有商业化导向，无论这些企业是否从事公共政策目标。国有企业准则没有给出在实践中怎样实现公平竞争环境的详细说明。当政府卷入商业活动并不是通过公司化的方式来实现，国有企业指导准则之外的建议就是必要的。更进一步，只要能够提供更详细的如何在实践中实现竞争中性的说明，任何指导原则都应当受到欢迎。

## 二 实现竞争中性：OECD 的建议与指导准则

### (一) 理顺政府商业活动的组织形式

几乎所有 OECD 国家改革趋势是理顺政府商业活动的组织形式，推动国有企业或者其他商业实体向更加全面的公司化方向发展。原先由政府部门或者法人单位运营的一系列商业活动已经越来越多地转向受到公司法约束，一些已经成为上市公司。这就很大程度上限制了这些企业从事反竞争实践以及非商业活动的范围。在一些司法管辖区域，将所有权与管制功能分离也带来了类似的收益。早期自我监管的垄断运营者（尤其是在网络行业）在许多情况下已经被公司所取代，而这些公司又受到独立部门以及竞争监管者的监督。

公司化意味着国有企业应该按照良好的公司治理实践来运营，比如按照国有企业指导原则建议以及公司治理原则的建议，这就意味着：①建立一个清晰的法律地位。尤其是按照通常公司法或者公司章程或者法人授权方式。②与政府及政府所有权之间的关系给予明确的识别。③充分认识到国有企业管理的责任，贯彻市场规则。

对国有企业进行渐进的公司化改革同样需要重新定义监管制度和监管功能，实践活动表明：①需要明确区分隔离国有所有制功能与其他影响市场条件的国有功能。②管制机构与所有权区分隔离，尤其是与市场管理职能区分隔离。③彻底摆脱对国有企业全天候管理，不要介入国有企业董事会的独立性。

尽管如此，遵循上述原则并没有导致关于竞争中性问题担忧的全面消减。当单个企业同时从事公共政策目标和更为传统的商业活动，那么商业活动的市场一致性问题就会出现。不仅如此，政府活动被认为具有商业性质的程度是重要的。由政府部门或者自治机构运营的商业实体可能是导致竞争非中性的源头，但是并不是所有的政府商业活动都适合公司化改革运作。

从竞争中性的观点来看，如果商业活动是由独立的实体来执行，并且运营中与政府保持距离，那么公平竞争就容易实现。一种教科书式的方案是对国有企业的商务和非商务活动进行结构化的隔离。尽管如此，由于对技术、设备、人力资本等的共同依赖，会造成这种隔离并不可行，并且有些时候尽管可行但在经济角度来看并不是有效的。

**(二) 理顺政府商业活动组织形式的方法和工具**

1. 国有企业指导准则

对政府的商业活动进行全面的公司化改革可以推行与国有企业指导准则（SOE Guidelines，OECD，2005）一致的方案。指导准则建议政府理顺国有企业的运营实践与法律组织形式。这对于竞争中性有特别的含义，因为如果竞争性活动是由一个独立的与政府保持距离的实体来执行，那么实现竞争中性就会容易得多。

OECD国有企业指导准则中有关的核心建议主要包括：①国有企业的法律组织形式应该尽可能基于公司法来制定；②避免为国有企业设立一个有区别的法律地位，除非为了实现国家目标的绝对必要性；③治理机构应该有指导公司运作的明确机构；④尊重透明性及信息披露义务。

如果国有企业的法律组织形式没法改变，OECD的指导准则会建议其他选项。比如运作实践应该规范化；国有企业应该受到和私营企业同样的管制约束，无论是采取自愿的形式还是改变管制规则将其有效性适用于国有企业。

一般来讲，透明性和信息披露对于让公众相信国有企业同样是按照市场规则来运营的关键因素。这包括披露公共服务要求，为了完成公共服务要求收到的补偿，以及补偿适当性；还包括披露任何税收差异、管制，以及债务责任。这同样意味着国有企业应该对其目标保持透明性，尤其是没有完全公司化的情况下，包括对于商业或者政治目标的透明性。如果国有企业的运营模式在执行相关的目标过程中导致其相对于私营部门产生了优势或者劣势，应当采取相关的补救措施。

2. OECD 理事会在管制行业进行结构化隔离的相关建议

2001 年 OECD 理事会采纳了理事会在管制行业进行结构化隔离的相关建议，建议成员国考虑采取在进行自由化进程的管制部门（特别是公共事业部门和网络行业）执行结构化措施。目的是为经历自由化进程的政策制定者提供一些启示，尤其是当一些在位企业控制了一个关键设施，同业还在竞争性产业与其他企业进行竞争，并且阻碍新企业进入的情况下。因为在位企业通常是国有企业或者之前是国有企业，这些企业同时在竞争和非竞争市场开展活动，这些企业可以通过控制潜在的竞争者进入非竞争领域从而能够让自己在竞争性领域获得优势。为了改变这种行为，就需要建立恰当的激励机制。OECD 对于究竟采用行为措施还是结构化隔离措施展开了讨论。一般来说，OECD 的建议更支持结构化的隔离，但是需要考虑采取这种措施的成本收益问题。尤其在一些规模经济行业，成本收益问题应该重点考虑，比如在一些具有自然垄断特征的行业，保持一体化会产生较大的利益，不仅如此，还需要考虑相关措施对消费者带来的总体后果。

**案例 4.1　OECD 理事会关于在管制行业进行结构化隔离的建议**

当一个受到管制的企业可能或者未来同时从事竞争性和非竞争性活动的情况下，成员国应当谨慎地平衡采取结构化隔离改革措施相对于行为化改革措施的成本收益问题。

OECD 的建议同样包括一份详细的报告，该报告主要考虑了采取结构化隔离政策带来的成本收益问题（OECD，2001），并且对公共事业部门进行评估。2001 年的报告描述了以下两种措施之间的区别，即主要强调对国有企业进行激励来限制竞争的措施（结构化），以及主要控制国有企业的能力来限制竞争的措施（行为化），并且强调了在行为化措施下，管制者必须与国有企业的拒绝、拖延或者限制进入的行为展开斗争。相对于国有企业，管制者通常没有信息优势，以及可以控制的工具。因此在国有企业没有积极性去限制竞争的情况下，行为化措施限制竞争的水平有限。某些工具比如财务分开、管理分开或者公司分开等本身并没有效果，但是可能对其他措施产生支持作用，如进入管制。

根据公共设施的评估报告，存在一系列的工具和政策方法能够用来进行结构化隔离，这主要包括：①对于一体化的企业进入非竞争性领域的管制。②非竞争性和竞争性部分所有权的隔离。③在竞争性领域由竞争性企业掌握的非竞争性领域所有权应当多元化。④将非竞争性部门隔离放在独立实体控制之下（运营隔离）。⑤限制一体化的制度在竞争性部门参与竞争的能力。

每一种方案都存在不同程度的优点和弱点，并且很大程度上依赖于行业特征。比如，在电力行业采取运营隔离的方案是最常见的，而在航空产业俱乐部所有权分离是最常见的方式（几家航空公司共同持有空港协调功能所有权）。垂直所有权隔离在电力和燃气部门的相对更为常见。进入管制在所有这些行业都存在，在电信和邮政部门尤其明显。将重合的部门进行区分隔离的做法虽然很少，但在铁路和电信领域仍然存在这种情况。

**案例 4.2　结构化隔离：部门的考虑**

按照在管制产业进行结构化隔离的理事会建议，OECD 完成了管制市场中特定部门一系列评估报告，这包括了对结构化隔离不同方面的讨论。这种工作的一些例子体现在以下几个方面：

（1）结构化隔离欧洲天然气行业；

（2）下一代网络行业进入与市场结构；

（3）铁路产业的结构化改革；

（4）供水部门的竞争与管制；

（5）结构化隔离成本收益的局部循环；

（6）公共事业重组参与竞争（OECD，2001）。

成员国关于结构化隔离的经验定期会更新。所有这些报告都认为结构化隔离是一种补救措施，这些报告包括：

（1）结构化隔离的最新经验：给理事会关于 2001 年管制行业中结构化隔离建议的执行情况报告。

（2）关于结构化隔离经验的报告。

管制改革及其建议报告由 1997 年被 OECD 签发。该报告建议政府出台一揽子计划按照"良好"管制的实践来推动管制改革项目。OECD 的建议提升了所有经济要素公平参与市场竞争，并且原则上适用于国有企业的活动。

OECD 的建议从整体上来说是与竞争中性原则一致的，因为这些建议包括：理顺商务活动的组织形式；结构化隔离；降低市场在位者的市场势力；确保所有的市场进入者透明公开，且非歧视。对所有权和市场管制来说，全面的行政化隔离是创建一个公平竞争市场的基本前提。这些建议尤其提到了公共网络行业，促进在垄断网络行业与竞争性活动在物理上或者财务会计方面的隔离来确保上下游企业能够非歧视地进入。这种隔离被国有企业的指导准则所支持。当隔离不可能时，应当对国有企业的商业和非商业目标进行定期的评估来决定是否需要持续的政府介入或者控制企业。

**案例4.3　1997年管制改革建议的节选**

建议5：对所有部门的经济管制情况进行改革来刺激竞争，消除这些不恰当的管制。除非有明确的证据表明相关的管制是保护公共利益最佳的方法：在提升效率转向有效竞争过程中对经济进行管制仍然是必要的，目的是防止企业滥用市场势力。尤其是：(1) 将潜在的竞争活动与管制性的公用网络事业进行隔离，否则就得进行重组来降低在位企业的市场势力。

### （三）其他良好的实践和相关指导

1.21世纪的私有化：OECD国家的最新经验

除了国有企业指导原则中提倡的详细的良好实践带来的收益，多数网络行业法律上兼并了原来政府部门运营的企业并将其透明化。这一点在公共事业部门尤其突出。正如1999年的报告中描述的一样，将私营部门的会计标准适用于国有企业，对于国有企业怎样配置资产就变得更为清晰了。这也同时让政府和公众对于发展公用事业的相关成本能有一个更好的了解。最后，隐藏的补贴和交叉补贴尤其值得关注，对于这种补贴应当重新评估并且以更加直接的方式来处理。公司化有助于公共利益得以透明化，能够更好地针对补贴采取措施调整政策。

尽管公司化也会带来一系列成本，包括管理复杂的重组活动，有些时候这些重组不得不面对来自公共就业和政治家方面的压力，但是透明化的收益通常会超过成本。

## 2. 关于理顺政府商务活动组织形式

推行竞争中性的一个重要方面就是将政府的商业活动进行不同层次的公司化运作，以及对商业和非商业活动进行不同程度的结构化隔离。隔离会导致商业化活动能够按照与市场一致的方向运作，但并不总是可行或者经济上有效。当单个企业同时从事公共政策目标和更传统的商业活动，那么关于这些商业活动是否与市场原则具有一致性就会被质疑。

OECD 的主要工具、指导原则和最佳实践主要来处理以下几方面问题：①在管制部门创造公平竞争的环境，OECD 建议进行结构化的改革措施，在考虑成本收益的基础上隔离商业和非商业活动。这些建议同样适用于国有企业以及其他具有市场势力的在位企业。②国有企业指导准则推荐商业化活动进行公司化运营，非商业化活动如果可行应当尽最大可能和限度来实现透明化和财务会计标准化。

开发合适的成本分摊机制对于机构能够履行竞争中性机制是必要的。公共事业单位的成本结构决定了它相对于私营部门可能存在优势或者劣势。比如公共部门的人员结构会造成其成本增加，而资本结构则可能会造成其成本下降。这种成本优势或者劣势应该能够被清晰地识别、量化和分摊。为了确保竞争中性，政府商业活动的成本结构应当考虑以下几点：①由于公共服务责任导致的附加成本。②来自金融、税收以及特定适用的管制因素带来的优势。③考虑了公共服务责任以及金融和管制的优势之后，对于实体投资补偿带来的收入估算。

当商业活动是由非公司化的公共实体来执行，带来的主要挑战是商业活动通常与政府部门部分分享资产。成本分享能够人为地降低商业活动的成本，提高公共实体相对竞争对手的定价能力。

当出现这种情况时,如果监管实体确实能够解决这种不平衡问题,识别成本分摊尤为重要。如果不能解决,把这种信息对外公开也特别重要,因为能够确保潜在的或者实际的竞争者拥有足够的信息来决定进入市场是否可行。

同时,高标准的财务会计以及透明性在公司化的国有企业必须被遵循。在所有这些事情中,确保公共责任(并且通常是相关的补贴)没有为交叉补贴竞争性活动提供渠道。当监管竞争中性被独立机构所认可,并且补偿是通过公共预算来实现,对于运营商成本结构的透明性要求就会进一步增强。

3. OECD 有关识别直接成本的工具

国有企业准则(OECD,2005)要求任何与完成特定责任相关的成本都应该按照市场原则计算和符合公共利益。成本识别可能要求披露从国家得到的金融援助。国有企业指导准则认为其他类型的利益,比如融资折扣、管制豁免等也需要透明化。挑战在于评估成本需要考虑国有企业面临的优势和劣势。有效地执行国有企业准则对于确保国有和私营企业的公平竞争环境十分必要。但是识别成本需要一个复杂的会计系统来评估有多大的成本份额用来支持非商业目标而不是商业的方面,尤其在成本是分摊的情况下。为了识别成本,国有企业的成本结构总体框架应该被描述清楚,为了完成相关的责任,成本支出应当被恰当地估算。充分覆盖国有企业特殊责任的成本应当避免,一方面国有企业相对于利润最大化的私营企业存在劣势;另一方面对国有企业的特殊责任给予过度补偿事实上是一种补贴。

**案例 4.4 国有企业指导准则**

I.C:任何以公共服务名义要求国有企业承担的义务和责任都

应该按照法律和管制进行约束，相关的成本支出都应该以透明的方式进行。

V.E.4 披露任何金融资助，包括从国家得到的担保。

4. 其他良好实践和相关的指导

预算透明的最佳实践由 OECD 高级预算办公室工作组在 2002 年签发，被设计用来增加政府预算透明度的一种参考指导。最佳实践定义政府与国民账户中定义的概念一致，包括了政府的非商业活动。国有企业的活动被故意排除出了相关的定义中。尽管如此，当非公司化的商业活动仍然是政府部门的一部分，最佳实践确实应当适用于政府活动。

应当将最佳实践预算的真实性、可控性以及可核算性放在重要位置。内部审计以及外部高级审计结构的作用应当重点强调。由公众即国会的审核被认为是完整报告的一部分。实践对于确保透明性以及披露非公司化政府商业活动的原则是一致的。

特别地，最佳实践的报告包括识别成本和资产的关键因素。尤其是在年中和年度报告中应该包括政府资产（金融和非金融资产）、债务、员工年金责任以及连带责任的全面核算。比如非金融资产包括产权和设备成本，员工年金责任包括对于收益和保险的缴纳；连带责任包括政府贷款担保和保险。对于同时从事商业和非商业活动的政府实体，并且没有分开会计账户的情况下，困难在于识别成本和资产是如何被分摊的，以及确定哪些属于商业性活动的信息应该披露。

### （四）关于政府服务收费的最佳实践指导准则

关于政府服务收费的最佳实践指导准则（OECD，1998）是由

OECD 公共管理委员会在 1997 年签发的。指导准则明确提出了政府服务对消费者收费的标准采用充分成本分摊的方法。按照最佳实践，所有的成本必须加以确定并且能够反映私营部门面对的成本；成本的充分披露同样能够将提供服务中接受补贴的程度透明化。指导准则明确谴责政府在商业活动和非商业服务提供中进行交叉补贴，尤其是在垄断行业提供的服务。指导准则进一步强调了成本计算应当把共同成本负担因素考虑进去。

指导准则并没有明确用来计算成本的特定方法，但确实注意到了计算方法是复杂的，并且应当根据服务的规模采用务实的方法计算。比如，计算小规模的服务采用合理的估算相对容易一些，但是对大规模的服务，全面的成本核算系统应该被认真考虑。

特别是价格是一个重要的因素，应当准确地反映在成本核算里。对于价格低于成本的关切，指导准则认定如果成本不能被收回，那么补贴的程度应当透明化。指导准则倾向于支持对使用者按照实际成本收取费用，同时确保资产收益通过其他渠道来实现，比如通过税收或者其他收益。

指导准则采取了一系列国家最佳实践，这些实践包含了对政府服务使用收费的不同方面。包括：限制哪些服务可以由政府组织提供，制定提供服务成本适用的特别条款（芬兰）；基于私营部门的最佳实践给出基准操作来增进服务（澳大利亚）；采用广泛的成本核算系统将成本分摊到特定的用户（美国）。

## 案例 4.5 政府公共服务对于用户收费的最佳实践准则节选

确定全部成本

（1）提供每一种收费服务的全部成本都需要确定。这些成本无论全部收回或者部分收回都应当确定。如果目的不是收回全部成本，那么这种信息应当以提供服务的补贴进行透明化。

（2）全部成本不仅包括提供服务的直接成本，同样包括其他活动分摊的成本以及非现金成本，比如折旧以及资本成本。

（3）确定全部成本是复杂的，尤其当共同的成本需要分摊的时候。在确定成本的时候需要根据提供服务的规模来完善。对于小规模的服务，对于共同的成本采用合理的估算可能是合适的，而不需要详细的成本核算系统。

（4）成本核算需要定期评估来确保其准确性。

合适的定价战略

（1）无论在哪里，定价应当基于竞争市场的价格水平。

（2）在一些情况下，定价应当以收回全部成本为原则，除非有明确的理由不需要收回全部成本。这是确保经济中提高资源配置效率的手段。

确保竞争中性

（1）如果一个组织在与私营部门竞争的情况下提供一种商业服务，而同时保留了提供其他服务的垄断权利，应当确保垄断性的服务收费没有用来补贴商业服务。

（2）当对服务进行定价的时候，应当采取措施确保他们的成本核算是准确的，并且包括了私营部门实体应当面临的所有成本。

有关资产收益的考虑

（1）当用户的收费没有充分地代表全部成本回收，对于补贴的程度应当透明，以便于监督。

（2）通过税收和收益系统采取的措施相对于降低收费可能是更为有效确保资产收益的手段。

1. 通过公共部门来管制市场活动

当公司化措施不可取或者存在一个封闭性的商务活动情况下，可以采用一套框架计算反映价格的成本。公共部门管制市场活动报告由 OECD 竞争委员会在 2004 年发布。这套方法包括计算每一种活动成本基准、竞争中性成本基准，以及竞争中性的市场价格。

### 案例 4.6　计算全部成本以及竞争中性调整因素

每一种活动的成本基准。包括所有的直接（劳动、资料、服务）、间接（HR 以及 IT 服务、管理、融资成本）以及折旧成本，并且要考虑提供服务所有使用的实际资源。为了估算这些成本，相关机构应当有足够的财务管理结构来允许成本，包括间接成本能够分摊到特定的服务活动中。

竞争中性的成本基准。包括基础成本加上由于政府所有权导致的优势或者劣势成本调整（私营部门回报率、税收、管制和法律框架调整等）。在许多情况下，更应该消除这种成本劣势而不是试图去调整价格。

竞争中性的市场价格。与成本计算不同的是，竞争中性的市场机构将市场能够承受的因素都考虑进去了（也可能随着时间发生变化的情况）；包括服务提供者之间的竞争水平，任何相对于其他货物或者服务提供者的技术优势，以及市场战略性价格行为，比如交叉补贴。定价需要在中长期覆盖基准成本。

根据良好实践，核算系统应当以一种相对直接的方式来分解直接成本。分摊间接成本较为复杂，但是指导原则认为，成本核算应当确保经济效率和公平性。一些发表的报告建议采用一些可能的方法来分摊成本，包括全面分配成本、边际成本、累进成本，以及可避免成本，并且提供了一些情况下的案例来说明哪些方法相对更合适。当公共部门面临可能的成本劣势，应该对这种成本是否由于外部因素施加以及成本是否超过了私营部门展开分析。一般来讲，良好实践更偏向于消除成本劣势而不是调整价格。如果价格不能与基准成本在中长期匹配，为了维持竞争中性，政府应该以非中性的价格中断服务或者必要的情况下可以考虑对其进行补贴（以透明和可核算的方法进行）。

2. 政府服务外包的最佳实践指导原则

政府外包最佳实践指导准则在1996年OECD年度高级别预算官员会议上被颁布，随后被OECD公共管理委员会批准，该准则提供了特定的指导并且识别了外包政府服务的最佳实践。特别是最佳实践触及了识别成本的问题，为识别成本差异建立了来自内部和外部供应商在评估中的有效比较。

一旦第三方希望与公共服务提供商展开竞争，竞争中性的争论就会再次出现。公共服务提供商可能并没有充分地反映其成本，这种服务提供商没有考虑相对于私营部门可能处于优势或者劣势的一系列因素。指导准则建议公共服务提供商应当考虑任何金融和非金融成本，成本同样包括员工的工资、收益、年金、其他责任等。公共机构内部供应商和私营投标商在处理成本方面可能存在巨大的差异。

**案例4.7 政府服务外包最佳实践指导原则——确保有效的对比**

（1）对于当前活动进行彻底的成本核算应当作为评估外包合同的基准方法。这包括识别与外包商业活动所有相关的成本。不仅包括活动的直接成本，而且包括同样应该共同分担的直接和间接成本。对于当前活动由于税收导致的待遇差异也应该考虑。

(2) 如果当前的活动能够被重组来增进绩效，那么类似的这种成本核算方式应该作为评估外包合作服务的参考。

**（五）财务核算与透明性：对于国有所有权的指导**

财务核算与透明：对于国有所有权的指导被引入专门用来处理公共服务责任的问题。该指导经过7个主要的步骤来决定如何确定公共服务的成本。

第一步，该指导建议"特殊责任"从一开始就应该定义清楚避免模糊性。特殊责任是指要求以一种可支付的或者低于有效成本的价格来提供产品或者服务，对于特定的群体给予特殊的优惠价格来实现再分配目的，或者使用特别的有约束或者有条件的投入，而这种特别的投入不适用于私营部门的企业。

第二步，该指导建议国有企业和所有权实体应该咨询利益相关者和其他相关的政府部门，将现有的特殊责任描述清楚。

第三步，所有权实体与国有企业应该评估特殊责任成本。这种计算应该考虑完成公务服务过程中的机会成本。指导准则提供了计算成本的不同方法，但是特别关注了"可避免成本"技术作为一个通常的方法。

第四步，由于复杂性以及成本分解的差异性，准则提倡采用行业对行业的方法（具体问题具体分析）来测度公共服务责任的成本。不仅如此，准则强调了国有企业的特殊责任不应该被看作是一种既成的事实。换句话说，国有企业的特殊责任可以通过采用更为有效的机制来提供，而且应该在政治领域进行探讨。

第五步，包括基于不同类型的市场安排资金选择。指导准则建议来自国家预算的直接资金最应当透明化，因为能够将成本明确化（成本支出可以接受公众的监督），并且避免市场扭曲（能够引入竞争将之前的非商业服务转变为商业服务)。

### 案例4.8 计算公共服务责任成本的方法

有四种主要方法来评估特殊责任成本。

(1) 边际成本:包括由于产量或者服务增加导致的成本。原则上应该采用短期的边际成本,因为确实反映了提供额外产品或者服务的实际机会成本。但是在实际应用中却存在估计边际成本的困难,比如如何处理共同成本问题,特别是当一个企业同时生产一系列产品或者服务,或者很难确定产出的边际单位。当考虑折旧问题时,区分短期边际成本和长期边际成本同样会变得很困难。不仅如此,边际成本可能会随着需求水平的变化而变化。这些困难会造成估计边际成本极为复杂且代价高昂。

(2) 全面分摊成本:这一想法是将平均可变成本加上一个加成率来覆盖固定成本。以一种现实的方法来实现上述目标,是将全部企业成本分摊到不同的产品和服务当中。而分摊又可以采取很多不同的方法。全面分摊成本被认为是一种公平的方法,但是容易高估成本。这种方法忽略了平均成本和边际成本在基础设施行业经常存在的差异性。当行业趋于规模报酬不变的情况下采用这种方法是合适的。

(3) 可避免成本:指额外一单位产出增加带来的全部成本,包括当额外增加产能带来的可变和资本成本。评估需要考虑产能利用,可避免成本是基于产能充分利用来计算的,包括由于特殊责任引发的额外生产或者服务引起的资本成本。可避免成本随着产出水平的增加而增加,因为更多的资本成本会被认为可避免。长期和短期的可避免成本必须被区分,长期可避免成本考虑了额外的资本成本。估算资本成本以及确定合适的回报率用来度量资本的机会成本本身也会出现问题。在一些情况下，也可能采用在可避免成本基础上加上一个加成率来反映对共同成本。

（4）单独成本：是指单独生产一单位产品的成本。这种方法不考虑规模经济和范围经济。这会导致对特殊责任实际成本的严重高估。

其他资金选择包括：接受更低的回报率，对用户征税，现金转移，票券系统等。但是指导准则认为与上述这些方式比，直接获取资金更为可取。指导准则同样提醒避免采用交叉补贴，因为这会降低透明性对竞争产生负面影响。

第六步，要求对特殊责任进行监管来说明国有企业正在履行其职责。监管可以通过所有制实体进行管理，并且应当以绩效为基础。

第七步，要求披露任何国家给予国有企业的其他资金资助（除了给予特殊责任的补偿之外）。国有企业指导准则中的有用行动程序，其适用性可能更符合明确公司化的国有企业，但并不适合非公司化的实体，商业化和非商业化活动的区别要求额外说明什么构成了商业化活动，以及是否在运营中能够隔离，或者对非商业化活动进行单独核算。

### (六) 预算透明最佳实践

预算透明最佳实践（OECD，2001）尽管不适合直接应用于国有企业，但是对于用来指导政府的商业性活动预算实践十分有用，而政府的商业性活动经常又跟非商业活动结合为一体。最佳实践建议政府应该提供年度报告，并且独立核算指定用途的收入和收费情况。报告应该以总额的形式呈现，指定用途的收入和用户收费应该清晰独立核算。

预算外开支是用来向公共企业转移特定用途税收来完成公共政策目标的一种机制。有人认为如果从政府的控制中获得一定的自主权，预算外收入可以按照更为商业化的形式运作，这本身是由于预算外开支和税收开支的最佳实践指导原则相一致，但是OECD的指导准则更进一步推荐使用一种更为谨慎的预算外机制，并且对于如何进行控制提出了更严格的条件。指导准则强调所有的常规和预算外开支和收入都应该一起并列报告。

预算专家认为OECD的指导准则只有在预算被有效控制的情况下才能成功。否则，政府倾向于在预算外操作来逃避预算控制。将公共政策目标的执行负担转向预算外账户，而不是把它呈现在公共账户中。考虑到政府运作受到特定的预算支出或者赤字的限制，这种行为是具有逻辑性的。在这种情况下，预算外支出或者借贷允许政府官员遵守预算限制并且保持公共企业正常的运转。

**案例4.9 预算外资金与税收开支最佳实践指导准则节选**

指导准则1：预算外资金应当被避免或者只有在严格的条件下才被允许：

①资金具有专项性或者大部分来自指定用途的税收。

②资金的开支即收入要求是常规的预算控制。

指导准则2：预算外资金所有的开支和收入都应该与预算文档结合提交给预算管理机构。常规支出和收入以及预算外支出和收入应该在文档中并列呈现。

在一个竞争中性背景下，这些建议都具有很强的相关性，主要有以下几个理由。第一，如果有效的预算控制缺乏，由预算外支出支持的公共企业可能缺少更有效运营企业的压力，尤其是从事公共服务的收入和开支来源较多,并且没有被有效核算的情况下。第二,地方政府会从中央政府收到数量可观的转移支付来从事公共服务(OECD 国家地方政府公共服务开支大约占全部公共服务开支的32%),但是证据显示,在一些情况下常规预算故意被规避来处理预算限制以及来抵消风险。宽松的预算操作,外加地方政府缺乏激励从事更有效部门管制,能够导致不公平的市场竞争环境。

### 案例4.10 预算外开支与国有金融机构

国有金融机构通常是预算外机构。尽管根据国有企业指导准则的建议确保国有企业的自主性是一个必要的因素,但是国有金融机构的预算外状态可能导致一些活动并非总是出于市场或者效率方面的考虑。比如以折扣利率进行借贷或者进行糟糕的投资决策。根据OECD早期的研究,这些金融机构的管理纪律通常较弱,国有金融机构管理能力较差。除了无纪律的行为,国有金融机构被用来作为规避常规预算程序的工具来扩张财政支出也会导致竞争中性问题。这种情况曾经出现在墨西哥和土耳其,尤其在墨西哥1994年的选举以及随后的金融危机中表现最明显。在日本,来自日本邮政的零售储蓄通过信托基金被输入给国有企业。尽管受到国会批准的限制,这种实践仍然被认为是不透明的。缺乏恰当的监管以及宽松的预算操作可能会使国有金融机构取得优势地位,并且进一步表明这些国有金融机构并没有受到和私营金融机构同样的纪律约束。

1. 统一服务责任的报告

OECD 竞争委员会(OECD,2010)发布了一系列有关统一服务责任的报告,这些都与竞争政策存在相关性。报告提供了由于公共服务责任导致的竞争问题的指导原则，以及在市场中怎样限制禁止性操作。根据相关的报告，非竞争性的实践在许多部门广泛存在，包括电信、能源和邮政服务及交通。由于在这些特别的部门存在统一和最小服务责任，在许多国家一项经常的实践是允许在位企业具有垄断权利来资助遭受损失的客户，而资助的资金来自对没有遭受损失的客户收取高于成本的价格，即隐性的交叉补贴，因此限制竞争通常会导致更高的成本。当存在评估清算的诉求时，收益和成本要同时考虑。给予企业垄断权利的收益包括考虑非营利的小客户变成了盈利的客户、品牌提升、公司声誉等可量化的东西。当这种类型的收益超过成本的时候，提供补偿的经济理由（无论以什么形式）就不再有效了。

简言之，对从事公共服务责任应当给予公共的补偿，并且措施的实施应当确保补偿并没有给公共部门企业或者在位者相对于私营部门的企业带来优势。

2. 公共服务提供的市场机制

OECD经济部门的工作论文《公共服务提供的市场机制》（OECD，2008），提供了一些指标来评价地方政府该如何利用市场机制提供公共服务。考虑到公共资金很大部分受到质疑，使用市场机制被认为是改善服务供应的一种手段。使用更多的市场机制来提供公共服务能够使地方级别的公共部门与私营部门展开市场竞争。该论文基于对许多OECD国家提供公共服务的评估，强调了使用市场机制的良好实践。

3. 提升绩效：用指标来提升次级中央开支的有效性

OECD关于不同层级政府财政关系网络的工作论文是《提升绩效，采用指标来提升次级中央支出的有效性》（OECD，2008），该论文提出了一套详细的指标评价体系，用来测度和监管地方政府的服务提供以及怎样使用指标。尤其是这些指标在监管服务供应方面很有用，当资源从中央转移到地方的一级的情况下同样可以用来进行预算分配。不仅如此，这些指标可以作为一种基准来衡量地方政府的绩效。

4. 关于公共服务责任核算的结论

当提供公共服务的优先性被施加在市场运营的国有企业身上，关于竞争中性的关切总会出现。在多大程度上采用市场安排取决于不同国家的情况，以及什么真正能够代表公众利益。竞争中性要求准确地核算成本、定价以及基于商业基础提供服务。这意味着需要消除国有企业或者在位企业的进入优势或者对其相关活动进行管制。OECD 有关公共服务责任的指导准则和最佳实践的主要观点为：

（1）OECD 指导准则建议围绕使用公共预算提供足够的透明度和信息披露。这些公共预算作为提供公共服务责任的一种补偿。使用公共资源应当接受预算监督和监管。

（2）平衡商业和非商业活动的优先性。OECD 指导准则建议国有企业应当为提供公共政策优先得到足够的补偿。并且进一步建议补偿应当采取拨付的形式，并且以独立的方式进行核算。这些建议能够适用于公司化，以及大多数情况下的非公司化的政府部门。

（3）OECD 指导准则建议采用可靠的成本计算方法并且尽可能避免交叉补贴操作。在竞争中性环境下，当国有企业或者在位企业在从事商业活动的同时提供必要的公共产品情况下都可以适用于上述指导原则。

**（七）税收中性**

1. 对税收中性的介绍

公共、私营以及第三方部门运营可能由于不同的所有权结构和法律组织形式会面临不同的税收待遇。这涉及一系列直接和间接税收制度，包括公司/收入税、增值税、产权税，以及登记注册税。不同的税收待遇会导致私营部门抱怨来自公共部门商务活动的不平等竞争，因为优惠税收待遇实际上等价于补贴。对某种税收的豁免要求可能会对定价产生影响，并且会影响政府的支出和投资决策。比如，在增值税方面，政府可能不愿外包或者纳入某种公共服务，这种服务必须缴纳税收，而通过内部提供这种服务则可以免除税收。

政府意识到要确保公平竞争环境，政府部门的商业活动需要面对和私营商业部门同样的价格信号。因此，对于大多数公司化的国有企业，无论是普通的上市公司还是法人公司通常都会面对和其他企业一样的直接和间接税收要求。相反，那些有政府经营的非公司化商业活动通常并不受到间接税收的影响。在一些情况下，由非营利实体提供的一般性政府活动也不受到公司税收的约束。在大多数国家，对于政府部门施加公司税收在法律上和实践中都是不可行的。

在竞争中性框架下，税收中性意味着政府的商业活动需要承受和私营部门竞争者同样的税收。考虑到间接的豁免，政府应当考虑采取一系列措施来处理税收问题，这主要包括：①对于公司化的商务活动应当坚定地执行非歧视原则。②对于非公司化的商务活动强制进行缴纳税收的义务。③对于政府的服务调整价格使其能够反映税收带来的成本。

在实践中，税收中性方案可能体现了上述一系列混合问题，并且是否可行要根据具体情况来判断。一种方案相对于另一种方案的收益取决于适用的成本、商业活动的规模以及核算和监督体系的复杂性。这些方案以及其他有关税收的问题主要在以下的 OECD

工具和良好实践中得以体现。

OECD竞争中性的国际指导准则（OECD，2010）在2011年被批准加入OECD国际增值税指导准则（OECD，2006）。这些指导主要用在跨境背景下，主要关注将消费税适用于国际贸易。增值税中性本身并不关注所有权以及国有和私营企业公平竞争问题，而是主要关注商务活动是否应该最终承担税收中性问题。增值税指导准则中的竞争中性原则定义如下：税收应当在不同的商业形式中寻求中性及平等。商业决定应当出于经济因素考虑而不是税收考虑。在同样的情况下从事同样商业活动应当缴纳的税收在同一水平。

增值税中性的另一层隐含概念与国有企业的跨境活动相关。有趣的是，在大多数国家，中性这一概念主要反映在税收方面。无论是国际还是国内适用的增值税，OECD的指导准则具有同样深刻的见解，比如"增值税应当按照中性的方式进行管理"，意味着在同样的商务活动中税收方面不能歧视，商业活动不应当承受不成比例的或者不恰当的协调成本，这本身会导致经济决策的扭曲。

2. 政府服务市场化——国有企业

OECD管制改革报告有关竞争的章节中，《政府服务市场化——国有企业》分析了旨在加强管制改革与国有企业的政策措施。这些包括芬兰（OECD，2002）和挪威（OECD，2003）的国家评估报告，其中特别提到了税收政策以及竞争中性。

### 案例4.11 国有企业的跨境交易问题

有关国有企业的跨境交易活动带来的市场公平竞争问题变得越来越受关切。这些问题虽然超出了本章的范围，但是确实值得一提。这个持续争论的话题涵盖了围绕国有企业活动一系列交错的，但是又有区别的问题。第一，来自一些国家的国有企业能够享受优惠的金融贷款，以及税收豁免等间接的补贴，能够允许这些国有企业不仅增强在国际市场的竞争力，同样能够在国外发起一系列的公司兼并活动。第二，政府有时候被指责在完成一些毫无根据的公共利益项目时放松对相关企业管制，目的是保护这些企业。第三，当几乎所有的OECD国家公共采购程序都面临严格的法律和管制情况下，国有企业的确主要集中在那些存在复杂合同以及多重招投标标准的行业中。政府被指责从这些复杂和灰色的领域中给予国家冠军企业以优惠待遇。

国有企业的跨境问题出现与一系列相关领域的竞争中性问题相关，包括贸易、税收及投资政策。

（1）投资工具的政治目标相对于商业目标，以及针对国有商业活动的豁免原则适用性。这已成为OECD对于主权财富基金以及东道国政策宣言的主题，并且达成了国际认可的圣地亚哥原则。

（2）将税收条约适用于国有企业及主权财富基金被认为是对OECD税收模式的修改。

（3）将竞争中性原则纳入国际贸易和国际投资条约中。

芬兰的国别报告讨论了收入税豁免会对竞争中性问题带来的影响。对市场造成扭曲程度取决于国有企业是否被给予了收入税收豁免，如果确实被给予了，那么国有企业回报率目标该如何识别。对国有企业给予税收豁免能够导致更低的市场价格，有效地降低市场竞争。当收入税收豁免存在时，实际差异可以在价格中得以体现，这主要依赖于国有企业的回报率目标体现为资产的完税回报率还是被设定为税前回报率。税前回报率不会对价格产生影响，回报率目标能够与私营部门的竞争者可比，但是税后的回报率可能是非中性的。芬兰的国别报告表明：最理性的做法应当是消除给予商业化经营国有企业的任何税收优惠，避免对市场竞争造成扭曲。

**案例4.12　税后和税前的回报率目标**

对收入税收部分免除会造成国有和私营企业之间潜在的非中性竞争，会对国有企业相对于私营企业的定价产生潜在的扭曲效应，而这种扭曲效应取决于回报率目标是如何设定的。

（1）如果国有企业面临要实现的目标回报率是税后资产回报率，那么国有企业就会获得显著的竞争优势。如果国有企业的业务主要是直接针对国有机构的销售（国家对国有机构的业务免税），假设国有企业的成本与私营企业是可比较的，国有企业就可以实行更低的价格，仍然能够实现税后的目标回报率，因为不需要缴税。因此，从计算目标回报率角度来看，税后回报率本质上是将税收看作从事业务的一种成本。

（2）相反，如果同样的国有企业需要设定和私营企业可比的税前目标回报率，那么税收减免就不会造成国有企业设定更低的价格。在这种情况下，从计算目标回报率来看，税收并不是做生意的一种成本，而仅仅是将部分回报率交给国家的一种机制。

在芬兰报告中有关特别税收方面的其他形式税收歧视也进行了讨论。评估报告的结论表明特别税收可以用来过度补偿在非营利行业提供公共服务导致的劣势，进一步强化国有企业的地位，通常会导致阻碍竞争。一系列其他选择以及更为中性化的选择在芬兰的邮政部门中得以体现，主要包括：①保持特别税收但是引入一种机制能够将税率和收入增加相联系，税收收入应当支付给在位的国有企业。②废除全部的特别税收。③废除特别税收但是将小额交易税适用于所有的运营商（包括国有企业在位者）；这可以用来支付国有企业提供一般性服务责任的净成本（这要求仔细地计算一般性服务责任的成本）。

在挪威的国家报告中讨论了增值税激励与外包服务，外包服务更可能来自增值税的豁免。在挪威（同时也适用于大多数国家的情况），存在对商品和服务缴纳增值税的义务。自己从事生产的业务如果主要用来内部使用，本身是无法征税的。由于被免收增值税的企业（比如公共部门的企业）无法抵扣进项的增值税收，因此进项增值税就成为一种成本，从而会限制企业从事外包服务。根据挪威的国家评估报告，公共部门的税收豁免导致一些地方的企业更倾向于通过内部来提供产品和服务来避免增加进项增值税带来的成本。即使通过外包可以产生更有效率的结果，但是由于增值税导致的成本差异促使私营部门的业务相对更缺乏竞争力。为了确保内部供应和外包供应的平等地位，可以采取的一项补救措施是通过对所有的政府性购买设立增值税补偿体系。

3. 税收中性的相关结论

对公共和私营商业活动采取同样的税收待遇对于竞争中性是重要的。当政府的商业活动被纳入国有企业的指导准则中，这通常不是一个问题。尽管如此，为了确保政府没有提供任何广泛的激励来避免税收，仍然需要对此进行谨慎的考虑。比如，政府一般来说不应当为了避免税收，倾向于从内部购买自己的产品和服务。OECD有关税收中性的指导准则主要包括：①在跨境贸易中，在相同情况下从事同样业务的商业活动应当缴纳同样水平的增值税（OECD国际增值税准则——竞争中性的国际准则）。这是OECD指导准则中专门用来处理跨境竞争中性问题很少的条款之一。②在跨境贸易中,当外国商务活动的特定行政要求被认为是必需的,增值税应当以不给商务活动造成不成比例或者不恰当的协调成本的方式进行管理。③当税收规则不能够平等地使用情况下,OECD指导准则建议围绕税收豁免的透明性原则,修正税收可能造成的竞争优势(政府服务的市场化)。

**(八) 管制中性**

1. 管制中性的介绍

管制质量对于提升公共部门效率,矫正市场失灵(特别是在进行私有化的部门或者逐步开放竞争的部门),为所有类型企业营造公平竞争环境(尤其是中小企业)都十分必要。这已经导致许多政府在不同级别的部门开展管制改革来消除过度的管制,简化要求,降低管制负担和协调成本。管制改革已经在许多国家降低了商务活动的成本,并且已经成为驱动市场改革和竞争、提升经济效率和消费者福利的主要驱动力。

当商务活动仍然掌握在国家手中的情况下,管制改革的目标同样要求政府的商务活动能够尽最大可能在同样管制环境下和私营企业以相同的方式运营。在竞争中性背景下,在一些领域这可能存在问题。比如政府控制的金融部门活动通常被认为要面临更宽松的管制方案。当非公司化的政府实体进入商务活动会进一步引起问题,因为这些实体通常会由于与行政权力的结合享受更多的管制和其他优势。这些优势可能同样适用于法人公司。从不同国家的情况来看,非竞争中性的领域包括:①对于遵守信息披露或者其他要求(比如,环境管制)的豁免。②对于禁止性商务活动法律的豁免。③对于主权免疫法律的豁免。④破产法律的豁免。

⑤建立许可管制或者区域管制的豁免。⑥优惠获取土地。⑦不平等的管制负担。

政府以无理由的公共利益目标为借口树立管制障碍来保护自己的企业（包括国家竞争冠军企业）。比如，在面临新的管制环境下，在位企业优势会通过游说政府来获取"老爷条款"，这会造成进入企业和在位企业显著的成本不对等，从而给竞争环境造成巨大伤害。

一般来讲，管制的目的是促进竞争，管制中性原则应当由政府来提供以达到一个非歧视以及透明的政策，尤其是商业的和非商业活动的优先性能够明确地被识别并且单独核算。尽管如此，当情况不是这样的时候，管制待遇的差异必须被明确化，特别是在那些自然垄断的行业。根据公司章程或者法人机构建立的国有企业法律地位应当清晰地说明国有企业与政府之间的关系，任何基于法律或者管制框架的豁免，以及任何特权都应当明确化，目的是确保其他经济活动者的利益能够得到保障。不仅如此，对于政府商业活动中由于具有优势获取的利益应当进行评估，根据评估的结果才能作为补偿支付。上述的观点已经反映在 OECD 的工具、建议以及良好实践报告当中，这些报告都强调了管制中性的某些方面。

2. OECD 工具中有关管制中性的工具

国有企业准则以多种方式强调了管制中性问题。首先，国有企业准则强调了隔离市场管制者与国有企业所有权功能的重要性。这一点与新实行自由化的产业尤其相关，比如当前的网络产业。这些建议要求全面落实责任隔离是创建国有企业和私营企业公平竞争环境的前提条件。

其次，要求取消对于在一般法律和管制规则中给予国有企业的豁免。相关的指导准则专门建议改变国有企业的法律形式。这些建议是与竞争中性的原则完全一致的,首先且最重要的是简化国有企业的运行形式,确保国有企业与政府之间的关系明确。尽管如此,相关准则考虑到在国有企业法律形式不能被改变的情况下给出了两种选择:①特别的管制应当将其有效性和范围扩展到国有企业;②国有企业应当自愿履行相关的管制,尤其是信息披露要求。第二个选项对于非公司化的政府商业活动尤其有用,因为其商业和非商业活动并不容易分开,因此在缺乏正式要求的情况下,政府商业活动自愿履行相关管制要求是实现国有与私营企业公平竞争的一种方法。

指导准则意味着为了避免市场扭曲,法律和管制豁免应当被避免。特别是对于竞争法的豁免应当被作为一个例子。事实上,使用竞争法会解决一系列非中性问题,但是局限在于他们不太被适用于规制那些非商业化操作的政府商务活动。指导准则也没有提供对于如何解决管制或者法律待遇差异方面的具体建议,但是强调了利益相关者以及市场竞争权利被违反时有权获得救助。

### 案例 4.13 国有企业相关的指导准则

指导准则 I.B. 政府应当精简国有企业的运营实践和法律组织形式。法律组织形式应当允许贷款方对国有企业追述其权利,以及启动清算破产程序。

注释:如果改革国有企业的法律组织形式太困难,其他的方法包括精简国有企业的运作实践,促使一些专门的管制条款更具有一般性,比如将其适用于国有企业的特殊法律形式,或者要求国有企业自愿完成相关的管制要求,特别是信息披露的要求。

指导准则 I.D. 国有企业不应当被豁免适用于一般性的法律和

规制，利益相关方，包括竞争者，当其利益被侵犯时都应该能够获取有效的补偿和平等对待。

注释：一些经验表明一些国家的国有企业可能被豁免受到一系列法律和管制的约束，包括对竞争法的豁免。国有企业通常并不受到破产法律约束并且贷款人有些时候无法强制要求国有企业执行合约以获得支付。这种从一般法律条文中得到的豁免应当尽最大的可能来避免，目的是避免市场扭曲并且强化管理的责任性。

3. 提升政府管制质量的 OECD 理事会的建议

1995 年提出的提升政府管制质量的 OECD 建议目的是通过高质量的建议来确保政策的有效性和经济效率。在该建议的基础上，随后在 1997 年和 2005 年又增加了另外两个工具来扩展其应用和涵盖范围。建议的主要目的是消除由于管制对竞争造成的障碍。尽管建议并不是专门用来解决国有企业或者政府的商业活动问题，但是确实涉及了相关领域的问题。建议可以看作是管制决策参考清单的一部分，这一清单强调了一系列与竞争中性有关的问题。

清单提出的第二个问题，分别是重新评估政府干预的需求以及建议政府对现有的管制建立系统和定期的评估程序。随着市场环境和条件的变化，竞争的存在以及潜在竞争者变化，而市场环境和条件在管制实行的时候已经发生了变化。政府干预的正当性也应该随着条件的变化而变化，并且进行定期的评估。

清单要求法律一致性以及与国际规则和条约具有一致性。OECD 建议对于管制的提议应当确保与法律规则协调一致，比如法律面前一切平等。法律面前平等的原则在竞争背景下可以解释为：对于所有的企业，无论其所有制还是国际差异，都应该受到同样的法律和管制规则约束。这一原则同时适用于在面对法律情况下的优势和劣势。不仅如此，这同样触及了跨境问题，比如，管制规则可能被认为存在歧视性或者对于国家冠军或者在位企业给予了优惠待遇。

### 案例4.14　来自OECD管制决策的问题

问题2：政府的行为是正当的吗？

当政府评估现有的管制规则时，对于政府介入的必要重新评估尤为重要，因为在管制被采用后条件可能已经发生了变化。为了弥补管制措施效果或者与当前需求不一致问题，政府应当系统和定期对现有的管制进行评估。

问题4：管制是否存在法律基础？

一个核心的问题是管制是否与现存的法律兼容，包括国际规则和条约。新的管制必须能够与现存的管制协调共存；管制机构应当检查其他管制措施是否应该被废除或者修改来确保法律一致性。

管理者同样需要检查管制条款与强制的法律原则是否兼容，比如法律面前的确定性、正当性以及平等性。

问题6：管制的收益是否能够覆盖成本？

如果管制能够带来更大收益就是正当的。这包括除了咨询之外更精确的成本收益分析或者各种类型的对于竞争效应的市场分析，以及对于国际竞争力，或者技术创新的分析。

与结构化隔离的建议一致，核对清单中的问题并对引入新的管制进行清晰的成本收益评估。并且明确建议对于那些能够产生较大影响的管制，成本收益分析应当同样包括竞争效应的市场分析。这一建议尤其适用于特别的部门管制条款，这些部门管制在已有管制基础上增加了管制的层级，这会进一步锁定在位企业的作用。

### 4. 管制改革的报告和建议

1997 年提出的管制改革报告和建议延续了 1995 年 OECD 理事会的建议。建议将好的管制建议定义为具有清晰目标的政策，这种政策能够加强透明性和非歧视性。建议 1、3、6 强调了避免市场扭曲的重要性，以及进一步建议管制改革应当与国内和国际的竞争、贸易和投资便利化措施协调一致。这进一步加强了维持市场公平环境以及在跨境背景下遵守国际投资规则，比如国民待遇以及非歧视原则。这些建议是拓宽市场进入渠道以及增加管制透明性的手段。

建议的第一条和第四条注释强调了竞争政策的应用以及竞争机构在管理竞争法豁免中的作用。特别是建议被赋予了与自我管制和自愿原则相关联的风险，比如由于私人利益、竞争障碍以及缺乏透明性和财务会计的不当影响。所有的这些风险都适用于竞争中性，因此一个重要可以被采用的建议是，采用自我管制和自愿的方案来确保规制中性与机制平衡来确保协调一致和有效执行。基于 OECD 成员国的经验，建议强调确保政策能够协调一致且执行有效的一种方法是把改革的责任放在部长级以及更高级别来负责，同时需要将改革的提议向公众和媒体开放，便于增加公众关注度。

建议进一步鼓励竞争机构来支持改革并且严格执法，特别存在比如卡特尔行为、滥用市场支配地位以及反竞争并购的发生的情况下。这些建议对于竞争中性给予了充分的支持，特别是在一些特殊的部门，比如能源、公共事业、交通以及通信领域，由于其自然垄断的属性以及对公共责任的特殊管制特征，导致竞争法对这些部门的有限使用非常普遍。

这些问题在建议 5 中被进一步详细阐述，要求改革或者消除阻碍竞争的管制措施。这些管制以不同的形式在不同层级的政府中存在，比如在特定部门中阻碍竞争的法律垄断，或者其他形式的限制，比如商业许可中的配额等会阻止新企业进入市场。

1997年的OECD管制建议是在1995年OECD管制建议中对于政府管制进行定期评估的一种回应。1997年进一步建议"管制的生命周期管理"，这种管制方式会促进对相关管制条款进行不间断的评估，主要通过自动评估机制，比如日落条款设定了特定管制例外的截止日期，这种特定管制例外可能会使国有企业或者在位企业享受利益。

最后，建议要求改革非管制性政策领域，这些政策可能会扭曲竞争，特别强调了非管制政策评估，包括补贴、税收、采购政策、贸易工具，以及其他支持性政策，并且对其造成的不必要的竞争扭曲进行改革。

5. OECD管制质量和绩效的指导准则

OECD管制质量和绩效的指导准则（OECD，2005）保留了1997年相关建议的7项原则，同时对于网络公共事业的市场开放和竞争政策给予了更大的关注。该报告由OECD理事会在2005年发布，并且被OECD公共治理，贸易和竞争委员会予以批准。

基于以上问题的详细分析，2005年的指导准则专门强调了竞争中性和国有企业问题，有五个指导准则建议定期评估国有所有权利益或者具有市场势力企业的财务利益，并且评估它们是否对竞争产生了不当的伤害，或者是否阻碍了竞争改革。

## 案例4.15　1997年管制改革政策建议/2005年管制质量和绩效指导准则相关条款和注释

1. 在政策层面采取广泛的措施来推进管制改革，建立清晰的目标和执行框架。

注释：良好的管制应当最小化成本和市场扭曲，并且尽可能与国内和国际的竞争、贸易以及投资原则相一致。

2. 系统的评估管制确保这些管制能够继续有效地满足期望的目标。

注释：政府应当推行生命周期化的管制管理概念，比如日落条款被一些国家用来确保能够开展定期的评估。

3. 确保管制和管制程序透明，非歧视以及有效地被应用。

注释：确保应用管制程序能够透明非歧视，以及包括一个申诉程序，并且不拖累商务决策。

4. 评估加强竞争政策范围、有效性以及执行力的必要性。

注释：消除竞争法律覆盖范围的部门差异，除非有证据表明公共利益不能够以更好的方式提供。在存在合谋行为、滥用支配地位或者反竞争兼并等现象的行业要求适用竞争法来规制。给竞争监管机构以权威和能力来推进改革。

5. 在所有的部门中改革管制措施来刺激竞争，消除竞争障碍，除非有明确的证据表明管制能够最大程度保障公共利益。

注释：对限制进入、退出、定价、产出、一般商业实践，以其他形式商业组织的经济管制进行优先评估。

当由于滥用市场地位导致的经济管制必需的情况下，提升效率以及转向有效竞争。特别是：①从管制的公共事业网络产业中分离潜在的竞争活动，否则需要对相关产业进行结构重组来降低在位企业的市场势力。②确保所有的市场进入者能够以透明和非歧视的方式进入必要的网络设施。（3）当在转向竞争的过程中需要控制价格的情况下，采用价格上限或者其他机制来鼓励效率提升。

6. 通过提升国际合约执行力度和强化国际准则来消除贸易和投资不必要的管制障碍。

### 6. OECD 理事会关于竞争评估的建议

2005 年的指导准则通过 OECD 理事会对竞争评估的建议得到了进一步的完善（OECD，2009）。建议提供了一种方法来识别和评估政策，这种政策可能会不恰当地限制竞争。这些建议由理事会在 2009 年发布，并且通过 OECD 竞争委员会的竞争评估工具箱得以补充完善。

尤其值得注意的是，OECD 的建议认为，限制市场竞争的公共政策应当以促进市场竞争的方式改革，这种改革同时也能实现公共政策目标。建议认可建立公平竞争的市场可以采取补救措施。在评估市场竞争中，建议强调政府应当评估那些能够限制市场参与者积极性的政策。建议将市场参与者定义为除了正常的企业之外，还包括从事产品和服务供应的企业。因此，这些建议同样支持政府企业在市场中以竞争中性的方式、以负责任的方式采取行动。

建议没有给出关于如何补救非竞争中性行为的建议，但建议竞争评估应当与竞争监管机构或者专家联合进行，并且评估应当与政策制定程序合为一体。

### 案例 4.16 竞争评估工具箱

OECD 竞争评估工具箱为政策制定者提供了一个分析框架，在这个框架中可以检验立法是否引起了竞争关切的问题。尽管多数的竞争管制从竞争条款来看并没有问题，而潜在的限制措施存在会限制供应商竞争，降低供应商竞争的积极性并且限制消费者的选择和信息可得性。竞争评估程序协助管制者和立法者来抵消或者避免竞争伤害，主要通过识别其他可能的方法来降低或者消除竞争问题，同时能够继续实现期望的政策目标。作为第一步，改革方法采用一套门槛问题，一个竞争清单，这个竞争清单说明什么时候法律或者规则可能会产生显著潜在的有害影响。比如，一项提议可能会限制供应商的数量或者范围，如果：

(1) 给予一个供应商提供产品或者服务的专营权利。

(2) 对于运营施加许可，允许，授权要求。

(3) 限制一些供应商的能力来提供产品或者服务。

(4) 显著提高供应商的进入或者退出成本。

(5) 制造地理障碍来限制公司提供产品、服务、劳动或者资本投资的能力。

大多数的提议在通过这些关于竞争关切的初步审查都没有什么问题。当一个潜在的限制被识别后，评估机制会采取更全面的检查。一套详细的竞争评估程序包括：(1) 清晰地识别政策目标；(2) 陈述其他能够达到政策目标的管制选择；(3) 评估每一种选择的竞争效应；(4) 比较不同选择的差异。

7. OECD 关于竞争政策、豁免或者管制部门的建议

OECD 关于竞争政策、豁免或者管制部门的建议（OECD, 1979）主要适用于那些全部或者部分被给予法律豁免的企业，豁免这些企业的主要目的是让这些企业完成商业和非商业目标。OECD 建议政府应当对管制体制和限制性商业实践法律豁免进行评估。当管制仍然被用来实现公共政策目标或者涉及国有企业时，基于竞争的方案被推荐用来降低负面影响，这些负面影响主要来自过度管制。对于国有企业从一些豁免中得到的利益应当特别考虑，这些豁免主要是因为国有企业从事了公共政策目标。建议认为管制不应该限制竞争。

对于 OECD 的建议，存在一系列部门特征的评估报告，这些

评估报告主要检查了豁免和管制部门的角色。这些评估报告涵盖电信（2002）、公共事业（2001）、铁路（1998）、垃圾管理（2000）以及邮政服务（1999）。评估突出强调了市场管制在降低进入壁垒以及培育竞争方面的重要性。对于市场管制有效性的一个重要方面是，管制是否促进了国有企业和私营企业在市场的公平竞争。

**案例4.17　OECD理事会关于宽带业务发展的建议**

OECD国家中几乎所有的宽带业务战略都认识到并且强调了竞争在宽带市场中的作用，这反映在2004年发布的OECD理事会关于宽带业务发展的建议（OECD，2004）当中。建议要求成员国来执行一系列政策扩展宽带市场、提升效率，以及促进创新，并且鼓励有效地利用宽带服务。这一建议与竞争中性相关主要是因为它建议通过透明的和非歧视的市场原则来实现有效竞争，并且明确地提升宽带业务的政策，这些政策能够平衡公共及私营部门的利益。

建议的相关节选如下：推动基础设施、网络服务及其应用的有效竞争和持续的自由化，在面对提供宽带服务的不同技术平台趋于一致情况下，保持市场政策透明和非歧视性。

认识到私营部门在宽带扩展和使用方面的主要作用，是对政府推动宽带业务的一种积极补充，并且能够矫正市场扭曲。

8. OECD金融管制的有效性政策框架

政府控制的金融部门活动通常被认为是属于国有企业并且受到更轻管制的典型领域。OECD金融管制的有效性政策框架（OECD，2009）在2009年被批准，旨在为金融部门建立良好的政策和管制提供政策指导。对于有关竞争中性方面的关切，这些建议认为金融管制应当与所有制、产品、制度、部门和市场特征无关，保持一致性。从国际市场的角度来看，金融管制应当去除各种障碍，在不同国家之间创造公平的竞争环境。

建议同样要求定期对金融管制进行评估来确保能够使其与金融体系的快速演进相一致，并且对政府干预的管制框架及行为进行评估。这些可以适用于政府控制的或者拥有的金融机构。其中对于政府金融管制框架，主要设定了政府继续持有或者拥有干预的条件，应当定期进行评估以确保公平竞争。

**案例 4.18　OECD 金融管制的原则Ⅲ.C 以及原则 V**

原则Ⅲ.C：政策工具——金融管制的原则

(E) 一致性和竞争中性

金融管制的应用应当以一种一致的、功能相当的方式被应用（即从产品、制度、部门以及市场角度具有中性，以便同样的风险能够通过管制被平等地对待）。随着金融集团的增长，金融部门及市场中一种更一致、协调以及结合形式的管制措施应当被采用，这种措施适用于：①产品、服务、部门、系统以及市场；②金融企业以及集团。

(J) 通过建立公平市场，消除国家之间不必要的重复、负担、冲突以及障碍来促进开放、竞争，以及安全的市场。

金融管制应当确保公平竞争的环境，并且不存在不同国家之间无效的重复、负担以及冲击和障碍，并由此促进开放、竞争以及安全的市场。

原则 V：评估

(1) 政府干预和管制的框架应当调整和修改来确保：①持续

的相关性以及国家政策目标的适用性；②确保政策工具以及系统的制度具有效率和有效性来实现相应的目标。

（2）政府干预和管制的框架应当接受定期全面的评估（比如每隔5—8年）。

其他良好实践和相关的指导原则如下。

9. APEC-OECD 关于管制改革的联合清单

APEC-OECD 关于管制改革的联合清单（APEC/OECD，2005）来自 APEC-OECD 关于管制改革的合作协议。该清单由 APEC 和 OECD 的执行机构在 2005 年签发。清单是一种自愿性工具，成员国经济体可以用来自我评估改革的努力。这份清单主要结合了 OECD 管制改革准则（1995 年、1997 年以及 2005 年）和 APEC 关于提升竞争以及管制改革的原则。

OECD 和 APEC 的准则对于管制改革给予了重要的关注来提升管制质量和竞争，避免无效的经济扭曲。它们同时分享一些核心价值，比如透明性、非歧视性以及可核算性。这两套准则相结合成为清单，互相支持，并且提出两个机构同时关注的核心问题。

清单明确引用了竞争中性概念，并且采用了本文中共同认可的定义。原则包括了更广泛的范围，其中竞争中性问题可以被纳入其中。建议超出了管制政策范围之外，因为清单认识到了多学科领域的方法用来解决竞争中性问题，特别是在管制机构行动范围有限情况下。同样，清单强调了竞争法律和政策作用。

**案例 4.19　APEC-OECD 关于管制改革的联合清单中有关竞争中性的重点内容**

*清单：在多大程度上采取措施来实现政府商业活动中由于公共*

所有权带来的优势进行抵消？注释：在竞争中性原则下，政府的商业活动相对于私营企业不应当有任何的优势或者劣势，而造成这种优势和劣势的原因仅仅是因为所有制的差异。采用竞争中性原则会降低资源配置扭曲，提升竞争程度，提升经济的效率。一个竞争中性政策推行包括一系列的措施，包括在债务融资消除公共企业的优势，组织反竞争行为的交叉补贴，管制和税收中性要求政府的商业活动要实现正常合理的商业回报率。竞争中性并不意味着政府的商业活动在与私营企业竞争时不能成功，也不意味着政府在实现公共服务需求或者其他特殊责任方面不发挥作用。政府的商业活动可能会获得成功是因为他们自己的内在力量，并不一定是由于所有权原因而导致的不公平优势。

10. OECD 关于管制政策和治理建议

OECD 关于管制政策和治理建议的草案（OECD，2012）包括了管制政策、管制和治理，以及一揽子政府工具，这些工具主要被部门的部长以及管制机构来使用。该建议被理事会于 2012 年 3 月在遵循咨询建议的基础上被批准。建议旨在扩展现有 OECD 关于管制改革工具以及 1995 年采用的管理措施（特别是 1995 年建议，1997 年报告和建议，2005 年指导准则，以及 2005 年 APEC-OECD 一体化清单）。建议明确提及了竞争中性，强调了管制改革的法律性和公平性，尤其是参考了独立管制机构的作用。建议适用于当管制功能和政府其他功能在国家和地区层面没有被明确与商业活动区分的情况下。管制功能的区分是隔离式公司化和商业化过程的关键组成部分，并且与国有企业的指导准则建议相一致。其他与竞争中性相关的参考也没有被明确列出，但是确实强调了使用成本收益分析来评估限制竞争的措施，特别是建议对于竞争不能以公共服务利益为理由进行限制。

11. 有关管制中性的结论

管制中性不仅仅处理一般性的商业环境问题（即商业法律和规则），同时也关注市场管制条款（即特定行业）。关于一般的商业环境，在多数的 OECD 经济体，公司化的国有企业会受到和私营企业同样的管制待遇。当国有企业是按照公司章程，法人授权建立，或者当商业活动属于政府部门的一个机构，有法律授予的某种管制豁免就可能与竞争中性原则不一样。OECD 指导原则关于管制中性包括以下一些问题：

（1）当管制豁免被采用是由于国有企业的法律组织形式，OECD 准则建议按照公司法对国有企业进行公司化改革，使其能够与私营企业接受同样的管制待遇。当不可行时，管制有效性可以被扩展到国有企业，或者可以基于自愿原则适用。

（2）OECD 指导准则建议政府进入管制市场应当被定期评估。这些建议尤其与国有企业拥有垄断权利的管制市场相关。

（3）关于金融管制，OECD 指导准则有关金融管制有效性和可行性建议管制应当具有一致性，在所有权、制度、部门、市场方面应当保持中性。这一原则应当平等适用于政府控制或者拥有的国有金融机构。

（4）OECD 指导准则建议同时将管制和非管制措施结合来抵消由于所有制因素导致的优势或者劣势是必要的。竞争、贸易以及投资机构都被认为在推行竞争中性方面发挥着作用。

## 案例 4.20  OECD 关于管制政策和治理建议的草案注释

关于管制机构组织化的建议 7.3

独立的管制机构应当考虑：政府和私人实体在同样的竞争中性

框架下进行管制是一种要求。

在注释中其他有关竞争中性的参考包括：

管制影响的分析（RIA）建议 4.6

事前的评估政策应当表明管制应当寻求提高，而不是阻碍竞争和消费者福利，并且在一定程度上，以公共利益收益为理由的管制可能会影响竞争程序，机构应当寻找方法去限制负面影响并且仔细地评估由于管制带来的利益大小。这包括寻找管制的目标能够通过其他更少的限制性措施达到。

在地区层面管制能力建议 11.8

通过清晰地区分地方政府作为服务供应者以及管制规则管理者的角色来避免相关的利益冲突。

### （九）债务中性与直接补贴

1. 对于债务中性的介绍

债务中性意味着国有企业以及其他政府商业活动应当对于债务责任在与私人企业同样情况下支付同样的利息。对于政府来说，最为直接的影响是他们控制的商业实体没有从补贴融资中获取收益，不仅仅是由于补贴通常由政府本身提供。对于无效率的企业给予国家补助和补贴会扭曲企业行为，因为它们相对于没有收到补贴的竞争对手会面临更"软"的预算约束。从完全的商业条款来看，政府以低于市场利率提供贷款或者提供担保是不可以接受的，这相当于给予企业直接赠与并且会具有同样的扭曲效果。

不仅如此，补贴和国家援助会导致其他广泛的结果。国家援助主要服务于提升企业的现金流，改善资产负债表，以一种允许企业提供额外融资的方式来增加资产。这同时也降低了企业的违约风险，从而导致对于从事同样商业活动的私营企业，能够以更低的成本融资。国有企业可能会获取更优惠的贷款利率或者享受政府提供的信贷担保,从而降低借贷成本,提供国有企业相对于私人竞争对手的竞争力。优惠获取贷款会导致私营部门借贷者被挤出市场。

即使在国有企业没有明确有关优惠信贷或者拥有政府担保的情况下,市场也通常会认为国有企业会受到政府隐性担保。如果存在政府对国有企业支持的历史事实更会强化这种认识。研究也表明与政治关联的企业更可能受益于政府的救济。在新兴市场,这种效应被进一步放大了。在一些国家,信贷会被国有银行扩展,进一步会加剧潜在的利益冲突。来自政治工具的支持并不总会导致有效率的结果,因为公共企业可能并没有感觉到市场纪律的约束,在一些情况下也不受到破产法律的约束。

无论是哪一种形式的金融支持,从获取更低成本的融资,到优惠信贷条件,直接的补贴或者明确/隐性的担保,国有企业都可能通过节省巨大的成本而获益,并且更容易将它们的业务相对于私营企业进行扩展。

2. OECD 有关债务中性的工具

(1) 国有企业指导准则。

国有企业指导准则 I.F 明确表明国有企业获取融资应当按照竞争条件并且依据完全商业化的理由进行。这些观点与竞争中性原则一致,这也意味着公共企业不应当给予优惠待遇。

为了避免与公平竞争市场的目标脱离,国有企业指导准则中有关的注释提出了一系列良好的实践措施来确保给予国有企业更加公平的待遇。总结起来,主要包括:①清晰地界定国有企业、国家与信贷三者之间的关系。②国家不应当自动给予国有企业债务担保。③有关信息披露以及国家担保应当遵循公平的实践准则。

④国有企业应当被鼓励去寻求其他渠道融资，比如股权融资的方式。⑤设定机制来避免国有企业与国有银行及金融机构之间的利益冲突。⑥给予私营部门同等条款的信贷。

（2）其他良好实践和相关指导原则。

有关竞争政策论文《规范公共部门的市场活动》（OECD，2004）提出了有关国有企业债务担保的道德风险问题。其中指出：基于墨西哥的经验，国有企业被政府支持的债务会造成其相对于私营部门更多的优势，因为国有企业会有更多钱来投资和管理其收入，但并不一定要保证企业有效运营。这也会造成国有企业谨慎地从事交叉补贴行为。如果没有机制来反映实际的借贷成本，国有企业相对于私营企业可能会面对更少的压力来抵消其合理回报的支出。

本书利用澳大利亚推行的良好实践来说明如何在债务中性方面为公共企业和私营企业之间创造公平竞争的环境。澳大利亚的模式依赖于债务评级机构对政府商业活动提供信贷评估，这种评估将私营所有权作为反事实假设。良好实践要求国有企业支付债务保证费用来抵消任何来自所有权的优势。当没有现存的担保时，缴纳中性费用也可以被考虑作为预设的政府债务担保。根据相关的报告，债务担保的规模应当随着债务市场的变化而变化。

基于商业规模和借贷种类，政府应当调整通过公共购买的债务成本来反映借贷的市场成本。这不会必然影响给予国有企业的优惠待遇（比如，如果一个私人借贷方因为所有权关系而宽容地对待一个国有企业），但是至少能够反映与私营部门实体同等的实际借贷成本。

根据报告中包含的国家经验，因为缺乏相关的专业知识，设计好的机制用来解决中性改革问题并不会很快速地推行，尤其是对小规模的国有企业或者政府部门，这些单位都没有专业的知识来推行这样的改革。

竞争、国家援助以及补贴的圆桌会议——欧盟反垄断以及国家援助纪律。从2010年关于竞争、国家援助以及补贴的圆桌会议议程提出了一系列针对竞争中性的解决方案。报告指出，根据欧洲委员会的经验，国家干预唯一可以接受的情况是矫正市场的失灵。即便是在国家干预的情况下，也应当按照市场原则要求以市场利率贷款，反对担保。不仅如此，只有对私营部门适用于同样的担保情况下，这种担保才是可以接受的。正如圆桌会议议程描述的一样，欧洲法律已经设计了一系列的检验（私营投资者、私营信贷者，以及私营商贩检验）来评估国有部门是否按照市场参与者的要求进行活动。尽管如此，一般认同的观点是，国有援助倾向于创造公平竞争的环境。

（3）竞争与金融市场。

2009年竞争与金融市场圆桌会议议程（OECD，2009）重新强调了上面章节有关直接和间接的政府担保存在的大多数问题，以及对于国有企业的优惠信贷条件。但是它更进一步讨论了国有银行的角色。

一方面，国有银行自身属于国有企业，同样受到了有利的待遇，相对于私营企业，它们能够更便宜地获取资本来降低违约风险。

另一方面，关于国有银行的角度是国有企业与政府的关系，为了遵循国有企业指导准则，国有银行可能在压力下根据政治优先考虑贷款给某些企业，而不是基于纯粹的商业标准。报告没有提供可以用来测量这种扭曲的工具。

(4) 私有化公共事业：OECD 的经验。

公司治理报告中关于私有化公共事业，OECD 的经验同样提出了阻碍私营部门市场进入的道德风险问题。如果市场参与者认为国有企业的债务是政府债务，并且有援助过国有企业的历史，这可能就足以阻止私营竞争进入市场。这一问题在某些部门被进一步加强，比如公共市场部门，其中建立公共事业基础设施是一个资本密集型行业，并且存在较高的市场进入障碍。与国有企业竞争者相比，如果只能够有限地获取资本就是市场进入的严重阻碍。

由于多数的政策制定者认识到让国有企业受到金融市场纪律约束的重要性，避免给予国有企业优惠的融资是一种共同被接受的方案。欧盟竞争以及其他管制机构，许多司法部门推行竞争法律来限制直接补贴、国家援助，让国有企业融资受到市场规则的约束。尽管有这些进步，债务中性仍然是建立公平市场竞争环境需要重点解决问题的领域。许多政府商业活动仍然能够在市场上由于的政府支持而获取优惠贷款。OECD 指导准则和建议主要考虑如下问题：①OECD 指导准则建议公共企业能够和私营部门以同样的条款获得信贷。这一指导原则通常适用于国有实体以及作为信贷接受者的国有银行，同样适用于作为信贷提供者的国有银行。②OECD 良好实践建议采用机制来推动债务中性改革，采用一些国家的经验，比如澳大利亚和欧盟。

### （十）政府采购/公共采购

1. 对公共采购的介绍

通过外包或者来自公共部门之外的其他形式服务越来越被用来提升效率。这包括保持一定距离的购买，私人进入原来被政府控制的领域，将最初的垄断者转让部分给私营供应者（比如，转让或者其他形式的PPP）。政府采购合同基于市场化机制分配的程度在不同国家之间存在差异。政府采购之所以受到关注，不仅仅是它会阻碍竞争中性并且引发服务供应的冲突，并且会导致很难在公共资金管理中实现资金的价值。

在国际层面大量的努力聚焦于促进竞争性投标以及提升政府合同供应商的筛选过程。当公共垄断变得越来越稀有，那么公共和私人代理的界限在很多经济体就会变得越来越模糊。因此，直接竞争或者私人和公共企业之间的竞争活动就会出现在一系列的新领域，有效地扩大商业争端的范围。

在几乎所有的OECD国家，公共采购的程序受到严格的法律和规章约束，国有企业仍然在那些具有复杂合同以及多重投标标准的领域经常出现。政府被指责通过这些复杂性和灰色领域给予他们的冠军企业优惠待遇而从中获益。尽管具有相对严格的公共采购规则，一些国有企业实际上持续从公共采购中获取利益。特别重要的是公共采购以及竞争中性仍然是内部采购的问题，即一个公共机构会从自己的组织机构中直接购买产品和服务。

除了竞争中性障碍之外，公共采购的实践也提出了一系列关切的问题：①在竞争管理过程中的标准、程序或者筛选程序缺乏透明性或者存在歧视性操作实践。②政府政策在采购方面的影响以及用来执行采购的程序能够对市场竞争产生影响。③现存企业的在位优势。其中竞争非中性最大程度来源于在位供应商享有的优势。④来自信息或者数据获取的信息不对称优势，这些数据和信息对于外部竞争者不可获取，或者只能部分获取。

任何这种障碍并不一定反映了政府的艰难实践，仅仅是一种累积的竞争或者信心优势，允许国有企业能够调整他们的供应更符合政府需求。同样存在着一些情形，政府可能会在与私营或者第三方部门竞争的情况下面临劣势。

一些OECD国家正在澄清政府在采购方面的政策，并且改变和推行采购政策能够在私营公共部门之间平等进行。这些良好实践的一部分反映在了OECD的工具、指导准则以及最佳实践当中，下面将对其进行详细讨论。也就是说，目前大多数OECD国家的政府主要聚焦于在政府采购过程中的腐败、投标操纵以及其他由卖方引起的不道德行为。而对于那些强调所有竞争优势和劣势的竞争实践和政策，以及怎样推行这些政策并没有给予足够的关注。这些政策的有效性依赖于这些政策是否涵盖了在竞争或者潜在竞争市场中提供商业服务的所有政府机构。

2. OECD有关政府采购的工具

（1）国有企业指导原则。

国有企业指导准则建议将一般的采购准则适用于国有企业正如将其适用于其他企业（指导准则1.A.），这会促进公平竞争环境的建立，因为采购条例可以广泛地应用于公共和私营企业。不仅如此，国有指导准则要求消除非法的正当采购（指导准则1.A.）。这种情况出现在公共采购或者投标过程中，当某些不公平或者歧视性的实践成为筛选标准。不公平的实践包括隐性或者显性的国家偏好，或者其他可能被用来进行歧视选择的偏好。

国有企业指导准则提倡开发一系列的道德准则来规范采购程序（指导准则IV.C），目的是防止非法或者不道德的行为。国有企业指导准则同样在采购领域设立专门的董事委员会，其中在这些领域存在潜在的利益冲突（指导准则VI.E）。将采购和投标的功能进行分割是不同的部门避免实体利益冲突的一种方法，因为这些实体可能存在内部的投标。尽管指导准则没有直接强调竞争中性，确保合理的行为以及控制利益冲突确实是保证不同供应者公平竞争的前提条件，无论所有权性质如何。

（2）OECD关于公共采购真实性的建议。

为了提升不同阶段政府采购环节的治理水平和真实性，出于合同管理以及支付的评估需要，OECD公共治理委员会提出了提高公共采购真实性的建议（OECD，2009），并且被OECD理事会在2008年10月予以颁布。相关的建议通过一系列准则和建议工具箱来帮助政策制定者推行相关的措施。

建议主要针对在国家层面的政府政策制定者，也提供对于地方政府和国有企业的一般指导原则。尽管国有企业指导原则主要关心国有企业作为公共购买者，但原则对于公共采购实践与公共服务和产品供应商具有同等的适用性。特别是建议强调了确保采购过程的透明性和真实性，并且提倡适用竞争性的交易，在潜在的供应商之间坚持公平和平等的待遇，目的是确保公平竞争的环境（原则1和原则2）。

原则将真实性定义为按照既定官方目的与公共利益一致的方向使用资金、资源、资产以及机构。违反真实性包括很多与竞争中性原则不一致的实践，即：①腐败包括贿赂、裙带主义、任人唯亲、庇护主义。②欺骗或者偷盗公共资源，比如用低质量的产品替代正常的产品。③在公共服务以及公共邮政就业的利益冲突。④合谋。⑤滥用及操纵信息。⑥公共采购过程中的歧视性待遇。⑦浪费及滥用组织资源。

对于原则1的注释进一步详细阐述了什么是公平竞争环境，暗示了在公共采购中可能引起的竞争中性问题。主要是指在国家偏好或者其他歧视性偏好存在的情况下，要求增加对现存偏好的透明性（比如，通过提前发布参加标准），目的是让潜在的外国供应商来决定他们是否有兴趣参加特定的政府采购项目。对于什么是国家偏好以及歧视性偏好并没有给出明确的澄清，以及在什么情况限制竞争是允许的，无论企业所有权或者国籍都没有给予澄清。关于竞争中性，这就留下了解释和模糊的空间，特别是在政府经常被指责给予国家冠军企业资助的情况下。

#### 案例4.21 国有企业指导原则的节选

指导原则 I.A 应当在国有所有权功能以及其他国家功能之间有清晰的区分，这些功能可能会影响国有企业存在的条件，特别是在市场管制方面。

注释：一般的政府采购规则应当同时适用于国有企业和其他企业，对于公平采购的合法和非法障碍都应该被去除。

指导原则 IV.C 国有企业董事会应当被要求开发，执行以及沟通内部道德准则的协调项目。道德准则应当基于国家规范，与国际承诺相一致并且适用于公司及其分支机构。

注释：道德准则应当包括对采购程序的指导，以及提出明确的机制来保护和鼓励利益相关者（尤其是雇员）报告公司官员的非法或者不道德行为。

指导原则 VI.E 当必要时，国有企业董事会应当建立专门的委员会来支持整个董事会来履行其职责，特别是有关审计、风险管理以及补偿问题等。

注释：建立专门的董事委员会可以用来加强国有企业董事会的能力。同样可能会改变董事会文化，强化其独立性以及合法性，特别是在存在潜在利益冲突的领域，比如与采购相关的方面。

**案例 4.23　提升公共采购真实性的原则**

原则 1：在整个的采购周期中提供足够的透明度，目的是给予潜在供应者公平和同等的待遇。

注释：政府应当为潜在的供应者和合同方提供清晰一致的信息，以便于公共采购程序能够良好地理解并且尽可能公平地适用。政府应当为潜在的供应商以及其他相关利益者，比如监管机构，提升透明度，不仅是有关于合同的签订，而且是在整个采购过程的透明度。特别是政府应当保护绝密的信息来确保为所有潜在的供应商提供一个公平竞争市场，避免合谋。他们应当确保公共采购规则要求一定程度的透明度，这会提升腐败控制，而不会造成官僚作风，从而确保系统的有效性。

原则 2：在竞争性投标中最大化透明度，并且采取预防性措施来提升真实性，特别是竞争性投标的例外情况。

注释：为了确保良好的竞争程序，政府应当提供清晰的规则，并且尽可能地提供对于采购方法选择的指导，以及对于竞争性投标例外的清晰说明。尽管采购方法可以根据有关采购的种类加以调整，政府在所有情况下都应该在竞争投标中最大化透明度。政府应当考虑通过提升透明度，指导以及管控的方法建立程序降低真实性风险，特别是对于竞争性投标的例外情况，比如存在极端紧急或者国家安全的情形。

（3）公共服务道德管理的准则。

在公共和私人角色日益互动的情境下，公共服务道德管理的准则（OECD，1998）与提升负责任的公共采购是一致的。因为二者都要求：①透明度以及披露授予公共机构资源和权利的信息；②给予公共和私营部门相互作用的清晰指导原则。他们同时也与国有企业指导准则的建议相吻合,来确保国有所有权能够以专业化和负责任的方式被执行,通过内部的道德准则使其管理和员工能够按照高标准的道德准则行事,并且对于采购程序具有明确的道德指导。

### 案例4.23 公共服务道德管理准则节选

原则6:决策过程应当透明并且公开接受审查

公众有权利指导公共机构怎么样行使权利和使用被委托的资源。公共审查应当通过透明和民主的程序行使,由立法机构进行监管并且公众能够获取公共信息。透明应当通过信息披露体制被进一步加强,并且认识到一个积极和独立媒体的作用。

原则7:对于公共和私营部门之间的互动应当有清晰的指导原则

用清晰的规则来定义道德标准,应当用来规范公共部门与私人部门之间的行为,比如有关公共采购,外包或者公共就业条件等。随着公共部门和私营部门的互动越来越多,要求将更多的关注点放在公共服务的价值以及要求外部伙伴来尊重同样的价值。

(4)反对硬核卡特尔有效行动的建议。

OECD有关反对硬核卡特尔有效行动的建议(OECD,1998)强调了反竞争行为,特别突出了采购应当作为一项有限执行的行动,即成员国政府应当采取措施反对硬核的卡特尔。建议将硬核卡特尔定义为:一种反竞争的协议,反竞争的协调一致措施,或者竞争者之间达成反竞争安排来固定价格,操纵投标(合谋投标),建立产出限制或者配额制,或者通过消费者、供应者、或者商业规则来划分市场。

这一建议的范围十分广泛，它涵盖了竞争者的行为，无论法人状态，或者私人还是公共所有权。因此能够适用于投标操纵的卡特尔，包括政府商业活动或者政府偏爱的商业活动，比如国家冠军企业。

3. 其他良好实践及其相关的指导准则

（1）对于外包政府服务的最佳实践指导准则。

外包政府服务的最佳实践指导准则（OECD，1997），并没有区分基于商业还是非商业基础来提供服务，但是更强调的是采用市场机制来提升服务质量，促进服务效率的提升。这会促进竞争并且认识到即使没有实际竞争存在，将服务外包的实践对于培育市场方面也发挥重要的作用。

指导准则的第一项主要是关于如何促进私人加入公共服务取得成功的建议。强调了顶层管理在外包决策方面的重要性，尤其是在组织中存在阻力的情况下。用美国印第安纳波利斯的例子对此进行说明，将其国际机场的运作成功外包主要取决于市长的高级别承诺，市长本身带头做出决策将竞争规则引入。尽管指导准则似乎鼓励政策制定者在开放市场引入竞争方面更积极一些，但是指导准则并没有强调政治压力的因素，政策制定者可能面临很多的压力，在面对利益集团或者一般公共利益的情况下，不得不保护国有企业的公共就业。比如，当公共就业问题出现的时候，国家不能够维持公务员工作的稳定就会造成政治家面临严重的公共压力。

指导准则第六项强调了内部投标的问题，主要直接解决在位企业优势以及非公司化的实体。准则认为内部投标应当与外部投标同等对待。应当特别关注确保私人部门合同商面临的所有成本在评估内部以及外部合同时都给予了充分的考虑。指导准则进一步认为成本核算应当由一个独立的机构来验证其准确性。

**案例 4.24　关于内部投标评估的指导准则**

（1）当员工从事一项与外部承包商投标的活动时，在这个商业活动可能存在外包的情况下，会出现内部投标。

（2）内部员工通常处于最优地位来识别工作程序改进的机会。

（3）内部投标应当在所有方面与外部投标同等对待。要确保投标成本的核算能够完整充分，即需要考虑私营部门承包商面对的所有成本支出。成本核算应当由一个独立的机构来评估验证其准确性。内部投标者应当达到和外部投标者同样的绩效和资质。

（4）一个成功的内部投标应当基于正式的文本强制员工遵守相关的投标事项。内部员工的绩效应当采用适用于外部承包商同样的程序和标准进行监督。

（5）用来决定是否采用内部投标的标准应当清晰且明确。

**案例 4.25　公共服务提供的市场机制：来自交通部门的案例**

大约一半的 OECD 国家要求次一级政府开放公共交通服务的竞争，通常以投标的形式。欧盟通过内部市场的项目来施加压力，但是部门特征的立法并没有通过。司法分割会阻碍满意结果的实现，在许多国家司法管辖区域太小，供给商无法实现足够的规模经济和专业化，以及变化的合同条款导致很难优化交叉的司法管辖服务。许多国家仍然在转型期间，其中一些司法管辖区域已经开放了市场，而另一些并没有开放或者只是部分网络开放了。不仅如此，次一级地区政府交通服务是在内部解决的，不允许参与投标，即通过一个政府机构而不是一个自主的企业来提供。投标规则通常也偏向公共提供者（比如，私营企业必须交税，而公共机构不需要）或者偏向交给当地的在位企业，并且只有一些国家要求在私营和公共提供者之间保持严格的政策中性。比如在意大利，当地和区域公交服务在低于最佳人口密度的水平下运转,大多数瑞士的公共服务,比如铁路是低于规模化的。协调化的投标规则有助于解决无效性问题,并且政府间的合作能够提升合约效率。

指导准则没有强调内部投标在竞争程序中可能存在的许多信息优势。一个竞争中性框架应当确保任何信息不对称都应该明确来确保投标过程具有公平竞争性。任何的不信任、不确定或者围绕竞争管理的误解,或者认为对私营部门的不公平待遇都可能成为私营部门参加投标的阻碍,甚至来自私营投标者的投诉。

(2)反对投标操纵的指导准则。

国内卡特尔的重要一部分是有关拍卖或者采购程序中存在的投标操纵问题。1998年的有关硬核卡特尔的建议中,竞争委员会提出了一个具体的方法来帮助政府反对投标操纵来促进政府采购。OECD有关在公共采购中反对投标操纵的指导准则(OECD,2009)协助采购官员降低投标操纵的风险,主要通过仔细地设计采购程序并且在采购过程中调查投标操纵的合谋(对于每一种情况,都给出了一个核查的清单)。指导准则的目的是帮助采购官员来识别以下内容:

(1)在投标操纵更可能出现的市场采取预警措施。

(2)最大化投标数量的方法。

(3)对于投标的说明、要求以及标准的最佳实践。

(4)限制投标者直接进行沟通的程序。

(5)可疑的定价模式、陈述、文本以及企业行为。

指导准则可以适用于竞争中性,正如任何有关公共采购的投标操纵实践都会对公平竞争环境造成影响。许多报告的投标操纵情况涉及的国有企业本身是投标的组织者,但并不是投标者。当一个投标者本身是一个国有企业,或者如果公共购买者会扭曲采购程序来支持在位国有企业,或者国家冠军企业,或者其他偏好的企业,不论哪一种方法,采购当局都有责任来停止反竞争实践,并且这种实践应当被包括在道德和行为准则当中,包括指导准则来确保公共采购程序的真实性(这同样反映在国有企业公司治理指导准则当中)。

**案例 4.26　来自垃圾回收中的案例**

在一个完善的市场中竞争性投标相对于内部投标会导致更低的成本,但是竞争性投标的有效性依赖于投标程序的竞争水平,以及投标者之间的竞争中性。在潜在投标者以及任何地方政府所有的投标者之间保持公平竞争性必须认真对待。不仅如此,有必要对合约条款和条件,以及服务供应者的选择过程保持清晰,并且对投标操纵给予积极的惩罚。同样必须明确承认的是,在地方官员之间同样存在腐败的风险,比如,垃圾回收案例中,投标由一个独立委员会进行公开推行来提高透明度,消除投标者和地方官员之间可能存在的合谋风险。

(3) 对于采用公私合作关系的教训与准则。

公私合作关系(PPP),正如其字面意思一样,是一种被政策制定者越来越多采用的采购形式来提供公共服务,包括基础设施以及更加复杂的投资,比如监狱和健康。采用这种形式依赖于政策制定者的激励以及治理安排偏好。对于采用公私合作关系的教训与原则草案在 2011 年被提交给 OECD 公共管理委员会高级预算官员的工作组。作为政策制定者采用 PPP 方法的指导,包括治理系统的制度化和程序化,进一步聚焦于资金、效率、有效性以及透明性。PPP 的执行将会对竞争中性产生深远的影响作用。

PPP 被定义为政府和私营伙伴的长期合约，其中政府提供服务的目标应当与私营企业的利润目标相一致。尽管相关草案的原则在许多方面与竞争中性问题相关联，但是它们仍然主要聚焦于公共部门怎样使用 PPP 来最大化价值，以及 PPP 怎样将风险和关联责任透明化。它们的有效性依赖于能够将风险足够并且恰当地转移到私营伙伴。它们的成功依赖于怎样将公共部门的成本和责任透明化，评估市场的竞争程度，决定当国家具有责任来保持公共服务的时候能够多大程度上转移风险。不仅如此，一旦一个合同被交给市场，市场应当保持可竞争性从而不会影响价格或者服务质量，或者在提供服务方面产生专营可能性。

### 案例 4.28　采用公私合作关系的教训与准则草案

原则 5：项目的预算程序应当具有可支付性和透明性——无论在哪一层级的政府都适用

预算文本必须以透明的方式披露所有有关 PPP 项目当前和未来成本以及责任的信息。信息包括政府什么时候支付，支付多少，以及担保和连带责任的全部详细内容。

原则 6：仔细检查哪一种投资方法会产生最大化的价值

市场潜在的竞争为了什么，市场潜在的竞争在哪里。

原则 10：确保采购程序的竞争以及真实性

竞争有助于确保有效地转嫁风险，如果缺乏竞争，政府应当有效地承担风险。

在提交了合同之后，当市场中缺乏竞争的时候，市场至少应当保持可竞争性，因此私营伙伴应当知道总是存在其他私营企业进入市场的可能性。

### 4. 公共采购的结论

对于支持竞争中性的公共采购政策和程序标准：采购实践应当具有竞争性和非歧视性。确保高标准的透明度，并且参加投标程序所有的公共实体都应当被平等地看待。尽管如此，一些额外的问题仍然可能会出现。当涉及长期存在的国有企业或者内部供应者时，它们的在位优势可能导致竞争者进入被阻碍。在一定程度上这些优势可能被归类为传统的规模经济，而这原则上不应当与竞争中性问题相关。尽管如此，如果管制机构目的是实现公平的竞争性环境，那么这种情况也必须被考虑。OECD指导原则中有关公共采购和竞争中性的问题主要集中在以下几点：

（1）国有企业指导准则建议一般的采购条例应当适用于国有企业和其他类型企业。

（2）一系列的OECD指导准则已经建议采购政策和程序的透明性。提前建立清晰的选择标准，在供应商的选择方面确保公平和平等待遇。任何不平等的障碍都应当被去除来保证选择过程的公平和非歧视性。当歧视性偏好存在，OECD建议在筛选标准方面透明化，能够与潜在的竞争者提前分享相关的筛选标准。这些指导原则同时适用于当国有企业作为一个购买者的情形。

（3）对于政府外包的最佳实践指导原则建议内部投标和外部投标应当以同样的条款同等对待，并且在私人和公共投标者之间保持中性。

（4）OECD指导准则强调真实性和道德标准作为采购程序的必备要求。这些同时适用于国有企业作为公共服务购买者，以及投标的参与者。OECD关于卡特尔的建议同样适用于国有企业本身作为供给者参与的情况。

# 第五章　国有企业竞争规则的实践应用：发达国家

本章主要围绕 OECD 国家关于竞争中性改革的八大领域来展开。关于各国在竞争中性方面的实际信息主要来自各国在 OECD 的代表向各国发放的调查问卷，其他经济体调查问卷主要来自各国国有企业监管实体和竞争机构。总体来看，有 32 个国家或者司法管辖区域回复了相关的问卷调查，27 个国家或者司法管辖区域提供了竞争中性详细的实践过程，我们这里只关注发达经济体的情况，包括澳大利亚、奥地利、捷克、丹麦、欧盟委员会、芬兰、德国、匈牙利、冰岛、爱尔兰、以色列、意大利、韩国、新西兰、西班牙、瑞典、瑞士、英国、美国。

对于竞争中性的回复不同国家在政府管理部门之间存在较大差异。一个全面负责竞争中性的政府相对于政府下属一个机构负责竞争中性更能全面地回答竞争中性的相关问题。

本章目的有三方面：首先，它为 OECD 和其他国家政府官员提供了一个可以综合对比不同国家竞争中性实践经验和政策的机会。其次，本章提供了一些良好的实践（通常被广泛接受的），这些良好的实践可以作为其他国家开启竞争中性改革的参考。最后，该部分与现有的 OECD 建议都是竞争中性最佳实践报告的补充，同时构成了《竞争中性：维持公共和私营企业公平竞争》的重要组成部分。

表5.1　　　　　　　　　国家对问卷回复的总结

| 对问卷的答复方式 | 国家/司法管辖区域 |
| --- | --- |
| 国有企业/监管实体 | 奥地利、捷克、意大利 |
| 竞争机构 | 澳大利亚、欧盟委员会、爱尔兰、西班牙 |
| 政府全面负责 | 丹麦、芬兰、德国、匈牙利、冰岛、以色列、日本、韩国、新西兰、波兰、瑞典、瑞士、英国、美国 |

大多数回复调查问卷的国家都赞同竞争中性是一个好的想法，大多数国家的政府都考虑在实践中履行竞争中性原则。尽管如此，不同国家对于什么是竞争中性存在较大的认识差异。这里我们采用如下竞争中性定义，即：竞争中性是指在市场经济中，没有经济实体享有不恰当的竞争优势或者竞争劣势。

事实上，如果国家机构承诺创造公平竞争环境，抵消任何由于公共所有权带来的优势或者劣势，应当优先在下述的领域进行清晰的识别和推进改革。

（1）政府商业活动的运作形式。应当考虑其组织形式以及参与商业活动的公司化程度。同样需要考虑政府商业活动中商业化和非商业化目标的结构化隔离程度。实践中，政府商业活动的公司化程度在不同国家存在显著差别，取决于商业化组织的类型以及有问题的公共体是否实现了非商业目标。结构化的隔离同样依赖于一系列因素，这些因素可能会被公共政策功能（比如维持公共服务责任）或者经济考虑（比如不可行性）所影响。

（2）围绕一个商业的成本结构考虑透明度和采用信息披露方

式来识别商业实体的成本。无论不同功能的成本能否被单独考虑（比如，非商业活动中的商业部分），以及不同债务，包括养老债务是否被报告。同样需要检查不同国家在政府单位活动中商业部门占有的成本如何对待问题。实际中，按照普遍被接受的核算标准，透明度和信息披露是大多数国家对国有企业的法律要求。尽管大多数国家报告债务，但并不把养老金债务作为一项特别的要求。对于不同活动的独立核算在不同国家之间存在巨大差异，这通常取决于商业活动的类型。

（3）实现商业回报率。主要考虑政府的商业活动确实应当按照可行的商业方式进行运作，以及应该怎样与在位企业、私有企业共存并互相竞争，尤其是在管制市场情况下。实际中，大约一半的问卷回复报告它们的国有企业商业活动被要求实现与市场一致的回报率，并且采用了多种方法来定义回报率。国有企业与私营企业在许多管制市场上共同存在并相互竞争，大多数集中在网络行业的公共事业部门（比如邮政、通信、电力以及交通）。

（4）考虑公共服务责任。围绕对公共服务责任的补偿主要考虑公共服务的透明性和补偿的充分性，以及这种补偿该如何被政府清算。实际中，相当部分的问卷回复报告认为国有企业通过公共购买的方式得以补偿，通过各行业特定的法律和管制措施渠道给予清算。对于欧盟成员国，透明性和充分披露是通过欧盟的国家援助条例以及透明性指导来实现。

（5）税收中性。主要考虑政府的商业活动是否与私营部门的商业活动受到同等的税收约束。实际中，大多数公司化的国有企业应当接受同样的税收和管制待遇。调查问卷的一大部分回复并没有报告没有公司化的公共企业是否受到了税收豁免，但是却报告了不存在系统性的与税收一致的补偿性支付。

（6）管制中性。主要考虑公共所有的商业实体管制待遇，以及这种待遇是否将公共实体与其他类似的商业实体置于一个优势或者劣势地位。实际中，大多数国家报告认为它们的国有企业没有由于所有权的关系而产生管制性优势，在少部分情况下，国有企业可能还得承受管制带来的劣势。其中报告存在管制优势的情况下，大约一半的情况同样报告存在补偿性支付。

（7）公共采购。主要考虑政府的采购规则是否考虑了竞争中性问题，以及这些条例是否适用于国有企业、内部采购或者政府内的采购。它同样考虑在位优势是否存在，如果存在是否基于这些优势采取补偿性支付。实际中，大多数问卷报告中一般性的采购条例同样适用于政府活动并且在一些情况也适用于国有企业；少部分国家采购条款同样适用于内部或者政府内采购商品和服务条款。

一些国家机构的竞争中性政策只适用于传统的国有企业（通常根据公司法律、章程或者法人授权）。其他一些国家将竞争中性实践适用于所有类型企业本质上可以被看作商业性的政府活动，无论它们的法律形式如何。本质上属于商业性质的活动具有以下组合的特征：实体旨在对服务进行收费；对于营利性没有任何约束；并且存在真实或者潜在的竞争。

非商业活动可以被认为是公共服务责任或者其他公共企业要求去从事商业活动之外的责任。这些义务（比如社会和社区服务，或者公共服务义务）通常是为了能够让消费者以一种合理的价格获取给定质量的服务。尽管并不是所有的服务义务都是非商业性的，但大多数这种类型服务的提供包括了经济上可识别的群体，并且为这些顾客提供服务成本会超过收入。

在多数被调查的国家中，公共与私有、商业与非商业的界限有时候是模糊的。最为明显的是,一些政府的商业活动被要求同时追求商业和非商业目标,比如公共服务责任或者产业政策目标。更为复杂的情况可能源自国有企业商业实体的公司化水平。对于政府商业活动类型在不同国家之间存在巨大差异性。比如,在一些司法管辖区域,一般性的政府部门在地区级别运作可能会基于商业或者接近商业的基础上提供产品或者服务(具有实际或者潜在的私营部门竞争),但是在其他一些国家,商业活动只能严格由公司化的国有企业从事。

一些问卷反馈国家同样提到了实体的竞争性位置可能并不是由政府直接控制的(比如许可运营商、遗产权利或者刚私有化的企业)。这与欧盟扩大化的概念是一致的,除了上述列出的之外,还包括:私营企业被授予公共服务责任(具有一般经济利益服务),并且企业可以从专有和排他权利中获益。

一些重要的问题可能同时来自非营利性部门的商业活动,但是超出了调查问卷和报告涵盖的范围。该报告按照如下的方式组织,第二部分基于调查问卷,对于国家政策以及从事竞争中性的国家经验进行总体的概括总结。第三部分评估了竞争中性识别的八个优先领域,以及包括了相关的案例分析。这部分同样基于第二部分的调查问卷展开。每个部分首先总结调查问卷的主要发现,随后通过一系列的章节来详细说明每个国家的具体实践。

## 一　国家竞争中性框架

多数国家公共部门实体在提供产品和服务方面与私人部门存在竞争关系,或者在一些领域与私营部门存在潜在的竞争关系。当市场是开放的,并且公共部门和私营部门都处于公平竞争的环境,我们就说这是竞争中性的。尽管如此，一些国家的经验表明由于公共部门所有权特征存在仍然会引起相关的商业活动存在优势或者劣势，从而造成市场竞争扭曲。为了应对这些扭曲效应，政策制定者必须强调竞争中性的一些方面和组成要素。

这部分提供了国家竞争中性实践的一个总结，主要讨论政府机构在面对政府商业活动的情况下是否会承诺推行竞争中性方案，同样关注这些政策是否依据法律和规制出台，以及是否适用于传统的国有企业范围之外，比如对于非公司化的政府商业活动行为的约束。最后，国际竞争中性同样关注这些制定政策的机构是否负责监管、调查，以及执行竞争中性原则。如果是这样，在违反竞争中性的情况下是否采取补救措施。

### （一）总体发现

在所有被调查的国家中，公共部门实体与私人部门提供产品和服务存在竞争，或者在公共私人部门商业活动领域存在潜在竞争。在这些特定的国家背景下，竞争中性的哪一方面或者条款应当被适用在不同国家存在差异性。

（1）超过四分之三的国家调查问卷回复表明在国家竞争政策或者其他政策方面给予公共和私营企业同等的权利和义务。对于大多数国家，公共所有权的竞争中性问题解决都是通过竞争法和竞争政策来解决的。在这些调查问卷回复当中，对于竞争中性政策适用范围和执行力度在很多方面存在差异，比如在适用于非公司化的公共商业活动、封闭的公共商业活动，实际上属于国有企业、国有或者其他公共机构，以及刚推行私有化但仍然存在在位优势的企业。

（2）剩下的四分之一调查问卷回复国家明确强调了要将竞争

中性政策纳入国家政策，或者通过完整的竞争中性框架（澳大利亚和西班牙）或者通过目标性的政策来寻求在公共商业部门实现竞争中性（丹麦、芬兰、瑞典和英国）。在这些情况下，竞争中性框架的适用超越了传统的国有企业范围，包括更广泛地定义什么构成了政府的商业活动。

（3）欧盟以及其他欧洲经济区域国家（EEA）受到欧盟规则的约束。这些规则明确地说明了竞争中性问题，无论企业是否具有公共所有权或者企业的法律形式如何。这些规则同样适用于被赋予公共服务责任的私营企业（一般经济利益服务），以及从特殊和排他权利获益的企业。欧盟成员国的政策差异可能主要存在于那些规则没有被明确规制的方面。

表5.2　　OECD 国家竞争中性法律框架的实践

| 国家 | 是否有明确竞争中性法 | 法律、法规或指导原则 | 超过"传统国有企业"的应用 | 监管机构 |
| --- | --- | --- | --- | --- |
| 欧盟 | 是 | 欧盟透明度指令实施条款；公共经济利益服务一揽子规则；国家补助、反托拉斯和并购条款；竞争和采购法律 | 是 | 欧盟委员会（欧盟跨境并购）；欧盟法庭 |
| 澳大利亚 | 是 | 竞争原则协定（1995）；联邦竞争中性政策声明（1996）；澳大利亚政府竞争中性法则（2004） | 是 | 财政管理部；国库部；澳大利亚政府竞争中性投诉办公室 |
| 奥地利 | 其他 | 欧盟法律框架；竞争法；收购法；国家补助和市场自由化规则 | 是 | 欧盟委员会；奥地利国有企业审计法庭；公共采购机构 |

续表

| 国家 | 是否有明确竞争中性法 | 法律、法规或指导原则 | 超过"传统国有企业"的应用 | 监管机构 |
|---|---|---|---|---|
| 智利 | 其他 | 宪法19法案第21条 | N/A | 国会；法庭（上诉最高宪法）；智利经济检察院；竞争事务审裁处 |
| 捷克 | 其他 | 欧盟法律框架；竞争保护法；公共并购法案；农产品/食品销售市场垄断力量法案；国家补助、公共收购、竞争法案等规则 | 是 | 欧盟；竞争保护办公室 |
| 丹麦 | 其他/是 | 欧盟法律框架；竞争法案 | 是 | 欧盟委员会；竞争法庭；严重经济犯罪公共诉讼；经济商业部 |
| 芬兰 | 其他 | 欧盟法律框架和政策；竞争法案；地方政府法案；国有企业法案；公司法；国家并购规则 | 是 | 欧盟委员会；竞争完成监管机构；国有资产管理部门；市场法庭 |
| 德国 | 其他 | 欧盟法律；公司法；预算法；股票公司法；竞争法 | N/A | 欧盟委员会；联邦卡特尔办公室；其他相关机构 |
| 匈牙利 | 其他 | 欧盟法律；国会；竞争法律 | 是 | 欧盟委员会；竞争监管机构（GVH） |
| 冰岛 | 其他 | 竞争法案 | 是 | 竞争管理局；部门监管机构 |
| 爱尔兰 | 其他 | 欧盟法律；竞争法；国有资产审查组最终报告 | — | 欧盟委员会；竞争管理局；部门监管机构；法庭 |

续表

| 国家 | 是否有明确竞争中性法 | 法律、法规或指导原则 | 超过"传统国有企业"的应用 | 监管机构 |
|---|---|---|---|---|
| 以色列 | 其他 | 限制性贸易惯例法案 | 是 | 反垄断局；部门监管机构 |
| 意大利 | 其他 | 欧盟法律；竞争法（287法）；民事法典；金融整合法案 | 是 | 欧盟委员会；反垄断局 |
| 日本 | — | 反垄断法 | — | 日本公平贸易委员会 |
| 韩国 | 无/其他 | 垄断监管和贸易公平法及其附属法规；公共机构管理法案；特别国有企业法 | 是 | 韩国公平贸易委员会；战略财政部 |
| 新西兰 | 其他 | 商业法案 | 是 | 商业委员会 |
| 波兰 | 其他 | 欧盟法律；打击不正当竞争法案；竞争和消费者保护法案；竞争政策（政府法规） | 是 | 欧盟委员会；竞争和消费保护办公室；地方政府；消费者协会组织 |
| 西班牙 | 是 | 欧盟法律；机构法和州/省公共财产中央管理法案；皇家法令 1373/2009；竞争法案 | 是 | 欧盟委员会；竞争管理局；经济和财政部 |
| 瑞典 | 其他/是 | 欧盟法律；瑞典竞争法案 | 是 | 欧盟委员会；瑞典竞争管理局 |
| 瑞士 | 其他 | 联邦宪法；卡特尔法案；行业市场法；金融预算法；公共并购法；特别国有企业法；公司治理指导方针 | 是 | 瑞士竞争管委会 |

续表

| 国家 | 是否有明确竞争中性法 | 法律、法规或指导原则 | 超过"传统国有企业"的应用 | 监管机构 |
| --- | --- | --- | --- | --- |
| 英国 | 其他/是 | 欧盟法律；<br>竞争并购法；<br>竞争法案；<br>公共合同法规 | 是 | 欧盟委员会；<br>公平贸易办公室；<br>相关行业法规 |
| 美国 | 无 | 美国政府和公司管理法案 | N/A | 独立政府机构；<br>国会委员会 |

资料来源：OECD, *Competitive Neutrality National Practice*, Paris, 2012. OECD Publishing。

### (二) 法律或者管制框架以及其他指导

许多政府明确承诺了在处理政府所有企业的商业活动情况下采用竞争中性原则。尽管如此，这种承诺通常并没有以政策、法律或者管制等能够体现竞争中性原则的方式明确体现。事实上，在大多数情况下，这种承诺会通过竞争政策隐含的表达或者通过其他法律、管制条例以及指导准则模糊地表达，将这些法律、规章制度以及准则适用于政府所有或者政府控制的商业活动，以及政府的一般性活动中。

根据大多数问卷的反馈情况，竞争法仍然是适用于解决国有企业以及其他公共企业与私人企业竞争地位的主要框架。存在几个特例的情况是，当公共企业的竞争地位是通过宪法（巴西、智利、墨西哥、匈牙利以及俄罗斯）或者通过立法专门关注公共企业（斯洛文尼亚）来确定的情况。竞争中性的某些方面或者元素会模糊地出现在其他法律或者管制条例中，这些法律和管制条例与竞争政策相结合。主要包括：①有关国家援助与透明性的规则（适用于所有的欧盟成员国）；②对于竞争中性的明确政策文本（澳大利亚、西班牙);③采购法律和规则(奥地利、捷克、芬兰、匈牙利、英国);④有关贸易和商业的法律(以色列、新西兰);⑤有关公共管理、国有资产、国有企业或者其他公司法律的规则或者指导(芬兰、德国、爱尔兰、韩国、西班牙);⑥有关预算分配和会计的法律(西班牙、瑞士)。

### 案例5.1 竞争中性框架与监管

1. 澳大利亚

1995年澳大利亚共同体以及各州达成了竞争中性协议来推行竞争中性原则,这一原则要求政府的商业活动不能因为其所有权原因享有任何净竞争优势。澳大利亚竞争中性政策文本中详细描述了竞争中性政策在共同体的应用,同样的文本也存在于各州和地方。在国家和地区层面执行竞争中性政策来协助经理人推行竞争中性的金融和治理框架。澳大利亚政府竞争中性投诉办公室主要负责监管投诉机制、接收投诉以及对相关的投诉进行调查,建议财政部以及负责任的部长来将竞争中性原则适用于政府的商业活动。

2. 丹麦

丹麦的竞争法案一个主要目的就是实现竞争中性。竞争法案适用于任何形式的商业活动以及来自公共资金中给予商业活动的援助(公共或者私人的)。政府控制的商业活动以及公共机构在从事商业活动时都受到竞争法案禁止条例的约束。

3. 芬兰

竞争中性政策在政府议事机构处于优先地位,主要通过竞争政策,以及芬兰竞争法案中关于私营和公共服务生产具有同等的前提条件来保证。不仅如此,国有企业法案以及地方政府法案适用于各个公司,法案规定了政府企业的法人、组织以及基本功能。竞争法案在 2011 年进行了修改,将公告纳入了该法案运营。国有企业即地方政府的法案也在进行修改,目的是对多种所有制经济的企业在与私营企业竞争的情况下纳入公司化的责任。

4. 西班牙

除了制定竞争法案,皇家裁决 1379/2009 引入专门的条款来加强竞争中性。

5. 瑞典

从 2010 年 1 月,瑞典竞争法案包括一条新的规定,目的在于克服反垄断规制,之前的反垄断规制超出了竞争法以及欧盟相关条约的范围。规则包括了所有类型的政府商业活动,并且在扭曲或者阻碍竞争情况下禁止公共企业运营(国家以及地区级别的)。目的在于避免由于政府企业存在导致的市场扭曲。

6. 英国

竞争法案(1998)是主要的一项立法用来禁止任何企业从事反竞争约定或者滥用市场支配地位,适用于所有企业,与企业的所有制形式无关。英国通过公平贸易办公室从事了一系列竞争中性研究,主要关于在混合市场的竞争中性,以及对公共产业部门的评估,推荐在竞争性投标中采用竞争中性原则。

与上述政府机构补充的是,当政府商业活动在与私营部门竞争的情况下,政府的管制者同样在管制市场发挥作用。在竞争中性背景下,国有企业、在位企业或者其他公共实体在与私营部门竞争的时候,市场管制者需要确保公共服务能够正常运转,并且可能需要介入来确保公平竞争的市场环境。

表5.3　　　　国有企业和私营部门在管制市场竞争的情况

| 管制性市场 | 国家 |
| --- | --- |
| 电信业 | 奥地利、芬兰、德国、西班牙、瑞士 |
| 公共事业<br>包括电力、供水、水处理 | 芬兰、爱尔兰、意大利、韩国、波兰、西班牙、瑞士、美国 |
| 交通<br>包括港口、航道、空中交通 | 丹麦、芬兰、德国、爱尔兰、意大利、韩国、波兰、西班牙、瑞士、美国 |
| 能源<br>包括石油、天然气、煤炭及核能 | 奥地利、丹麦、芬兰、匈牙利、韩国、西班牙、英国、美国 |
| 银行与金融 | 芬兰、德国、韩国、瑞士、英国、美国 |
| 房地产及住房 | 澳大利亚、丹麦、芬兰、韩国、西班牙、美国 |
| 邮政服务 | 奥地利、丹麦、芬兰、德国、以色列、意大利、新西兰、波兰、西班牙、瑞士、英国、美国 |
| 环境卫生<br>包括废物、垃圾回收 | 芬兰、西班牙、美国 |
| 媒体/广播 | 丹麦、芬兰、爱尔兰、波兰、西班牙、英国、美国 |
| 健康 | 芬兰、瑞典、瑞士、美国 |
| 农业和畜牧业 | 智利、芬兰、波兰、西班牙 |
| 其他<br>包括气象、教育、采矿、彩票以及研发 | 丹麦、芬兰、韩国、瑞士、美国 |

## (三) 适用于传统国有企业和其他公共实体

大多数调查问卷的反馈表明国家立法、规则以及其他指导准则都适用于传统的国有企业和公共实体。尽管如此，在一些情况下，这种规则的适用并没有超出传统的国有企业，相反，欧盟规则适用于传统的国有企业、其他公共实体、被授予公共服务责任的私营企业，以及任何从专有和排他权利获益的企业。

对于什么构成政府商业活动以及竞争中性元素是否适用于传统国有企业之外，在二者之间存在一个灰色区域。不同国家将适用的范围定义如下：①在欧盟成员国，欧盟竞争规则适用于所有的企业，这些企业是指任何从事经济活动的实体，无论是以何种法律形式或者以何种方式进行融资。司法谨慎性同样表明这些竞争规则适用于具有专有或者排他权利的实体。②在丹麦和瑞典，竞争法的中性条款适用于所有的商业活动（任何形式在市场上发生的产品和贸易买卖活动）。③在芬兰、匈牙利、冰岛、韩国、西班牙，竞争法平等地适用于私营和国有企业。④在以色列，经济法适用于法律实体。⑤在波兰，反不正当竞争法案包括了所有的企业，无论何种形式的所有权。这包括自然人、法人、没有法律特征的组织单位，在一种商务中从事商业性或者专业性活动。⑥在瑞士，卡特尔法案同样适用于非公司化的政府活动，这些活动与私营企业产生竞争。

其他国家同样报告了竞争中性原则的部分方面适用于公共实体的商业活动，包括非公司化的政府商业活动，但是并没有提供关于怎样在实际中应用这些规则的详细说明（奥地利、捷克、爱尔兰、意大利、日本、新西兰、英国）。

正如指出的一样，在许多情况下，调查问卷的回复表明竞争中性政策的元素并没有应用在传统的国有企业之外。

### （四）监管、调查以及竞争中性的履行

通常来讲，政府机构负责监管、投资以及推行竞争中性改革。大多数国家，竞争法是将竞争中性原则应用的主要法律框架，相应的机构负责监管、调查以及执行竞争中性，并且报告相关的情况。其他机构在多个方面监管、调查以及在执行方面介入，主要

包括以下不同的类型：①专门的竞争中性投诉办公室（澳大利亚）。②金融或者财政部门、预算监管部门或者机构（澳大利亚、爱沙尼亚、德国、韩国、斯洛伐克、斯洛文尼亚）。③经济部长（丹麦、斯洛文尼亚、西班牙）。④部门管制机构（爱沙尼亚、冰岛、爱尔兰、以色列、墨西哥、斯洛伐克、英国）。⑤公共采购部门（奥地利）。⑥国家审计部门（奥地利）。⑦议会/国会/地方立法机构（美国）。⑧地方政府即消费者组织（波兰）。⑨公共起诉法庭或者法院（丹麦、芬兰、爱尔兰）。

### 案例 5.2 澳大利亚采用竞争中性来规制政府商业活动

相关的实体是否在进行一项商业活动？

竞争中性原则认为一项活动如果满足以下标准就会被认为是一项商业活动：

1. 必须对商品和服务收费（并不一定是对最终消费者）。

2. 必须存在潜在的或者实际的竞争者（无论在私人还是公共部门）。

3. 企业经理人在提供产品和服务中对于产量和价格的决定具有一定程度的独立性。

相关的商业活动是不是重大商业活动？

如果一个实体从事的活动是商业活动，并且商业活动必须重大才能适用于竞争中性规则。重大商业活动主要包括：

1. 所有的政府商业企业及其分支企业：所有的政府商务企业或者是公司或者是被部长和机构认为是商业企业。这些企业多数在法律上属于共同体部门的商业集团，并且可以在市场公开竞争中运营。

2. 所有共同体公司：共同体公司是法人公司，是按照公司法律建立的实体公司。它们同时受到单独的法律以及共同体机构和公司法的约束，该法律要求这些企业主管进行报告和审计要求。

3. 所有的商务单元：商务单元是通过监管安排而建立的，有赚取商业回报的目的。商务单元管理和核算机构与整个组织是互相独立的。

4. 公共部门的投标超过1000万澳元。

5. 商务活动不属于这些分类并且通过指定机构内部或者其他年商业回报至少超过1000万澳元的活动。

资料来源：调查问卷的回复。

在报告的大多数国家中，竞争机构以及法院通常负责介入不遵守竞争规则的情况。在国家竞争法以及竞争机构介入的依据下，可以对相关的损害采取不同类型的救济措施。比如包括罚款、制裁，以及结构化或者行为化的补救措施，在最极端的情况下可以实施刑事惩罚。

当采用国内竞争法来解决竞争中性问题可能相对于政策制定者的期望存在一定的局限性。在这种情况下，一些国家采用了一系列不同种类的措施来解决存在的非中性问题，这些救济措施主要包括：①在欧盟成员国，欧盟委员会是推动欧盟规则履行竞争中性的主要执行者。欧盟委员会有法律义务对于任何不遵守欧盟规则的国家援助申诉采取行动。如果国家援助被认为与国内市场规则不一致，这种援助就不会被授权，如果非法被允许了，那么欧盟委员会就会要求撤回。②在澳大利亚，任何由于所有权导致的竞争优势和劣势投诉都会提交给竞争中性投诉办公室。这种补救可以以中性调整的方式或者以其他推荐的方案行动。③在芬兰，竞争机构通过提升意识以及关注来寻求提升竞争中性。这种方法过去被用来救济以及防止与竞争中性原则不一致情况的出现。④在爱尔兰，部门委员会可能采取行为措施来停止或者组织规避行为，或者对不遵守竞争规则的犯规采取罚款方式解决。⑤在西班牙，经济和财政部被授权对不遵守竞争中性行为采取调整。

**案例 5.3　西班牙竞争中性非协调措施的补救**

除了竞争机构之外，西班牙的经济和财政部被授权采用一系列方法来解决竞争中性的非协调性。为了实现竞争中性，可能会采取以下一些措施：

（1）计算实体企业由于承担公共服务责任和义务所导致的额外成本。

（2）估计作为一个公共企业，以及对这些公共企业采取特殊的管制框架导致的额外成本，包括债务、银行担保、保障条款带来的成本。

（3）估计财政部门由于在公共企业中的资本投资应该得到多少收入作为补偿，以及相应的分红，估计应当考虑为了确保公共服务增加的资金责任，以及由于从事这种任务通过获取融资和接受相关的管制放松而产生的优势。

部长在执行这些方案之前会通知竞争机构。

资料来源：调查问卷回复。

## 二　实现竞争中性的主要因素

### （一）政府商业活动的运作形式

根据调查问卷的结果对竞争中性在不同国家的执行情况进行对比分析。应当认识到，由于不同国家的法律传统以及对国有或者公共企业分类的差异性，导致问卷的样本呈现出非常大的差异性。不仅如此，在不同的法律体系下，对于公司化的程度定义在不同的国家、不同司法管辖区域以及不同公司之间存在显著的差异。因此，公司化过程完成就自动假定是按照OECD国有企业准则已经完全实现了公司化。并且问卷的答复者并没有要求提供国有企业部门的规模以及组成的详细信息。因此，对比只是对于从事商业活动的公共实体种类提供了一个大致描述，这些公共实体可能存在竞争中性问题。这些结果同样会表明在哪些领域存在潜在的灰色区域。最后，在不同国家背景下，相关的问卷结果并没有表明哪一种组织形式最具有突出优势。

1. 总体的发现

在调查国家中改革趋势表明大多数国家采取了措施来精简政府商业活动，都往更加完全公司化的国有企业以及其他商业形式方向迈进。尽管存在这种趋势，在被调查的国家中，一系列的公司组织形式能够大致被分为三类：①公司化的国有企业；②非公司化的公共实体；③其他从事商业活动的公共机构。

在第一类中，所有的国家都报告公司按照特定的法律、公共法、公司法，有时候是三者结合的法律成立。大约五分之一的问卷回复者提到了在地区政府层面的公共企业与中央层级政府的公共企业在公司组织形式上存在差异性。

在第二类中，超过一半的国家存在这种从事商业活动的实体。大多数情况是与政府部门或者独立机构存在相关性。产品和服务的范围十分广泛并且主要依赖于各国的实际情况，经营范围从地方市政服务提供到能源以及森林服务。与上述国家不同，一些国家明确表明，根据该国相关的法律，只有公司化的公共实体才能从事商业活动。

在第三类中，包括其他形式从事商业活动的公共机构。这主要包括：注册的合作社、商业协会、国家预算基金以及基金组织。

在回复的国家中普遍存在将国有企业的商业活动和非商业活动进行结构化隔离的趋势。不同国家执行结构化隔离的程度差异取决于公司本身，所在行业以及一系列政府决定的公共利益考虑。对于没有进行结构化隔离的主要理由包括：不可行（比如商业和非商业活动存在交织的生产过程，或者依赖于同样的物质资本和人力资本投入）；维护公共服务的义务；效率方面的理由（比如结构化隔离会造成规模经济无法实现）。其他因素包括风险、文化因素、公共压力，以及缺乏足够的管制，维持运作控制的需要。

对政府利益以及商业活动的目标进行定期评估在不同国家存在巨大差异。大约三分之二回复问卷的国家表明它们从事了某种形式的评估或者定期评估，尽管对于每一个国家以及不同种类的商务活动评估程序存在差异。问卷报告的类型也与不同国家的监管和预算分配结构存在关系。大多数其他国家会根据实际情况进行相关的评估，唯一没有报告评估实践的国家是丹麦和意大利。

2. 公共所有实体的组织形式

根据不同国家情况，基于商业基础上的公共实体运作存在于一系列组织形式中；公共企业主要形式包括通过公司法、特别法或者公共法律建立的企业。

几乎所有回复问卷的国家都将本国的国有企业按照公司法进行了公司化改革（成立有限责任公司或者共同持股公司）。几乎所有的国家通过特别法授权建立了法人公司。根据不同国家的情况，这些法律可能适用于某种类型的国有企业或者特殊的国有企业。意大利是个例外。大多数国家根据公共法律建立了一些类型的国有企业（奥地利、丹麦、日本和西班牙）。在地方政府层级同样存在不同的企业组织形式（澳大利亚、芬兰、新西兰、瑞士和美国）。在一系列司法管辖区域，根据相关的法律，商业活动只能由公司化的公共实体从事（捷克、德国、匈牙利、冰岛、爱尔兰、意大利、新西兰）。

3. 在商业领域以非公司化形式运作的公共实体

在回复问卷的国家中有一半表明除了公司实体的商业活动，还有一些公共实体是以非公司化的实体在商业化市场上运作。其他从事商业活动的公共实体同样存在，但是在不同国家之间存在巨大差异。对于不同国家的情况总结如下。

（1）澳大利亚政府通过国务院或者国会，或者其他机构来从事商业活动。当它们在市场上开展活动时，代表的共同体按照金融管理与责任法案（FMA ACT, 1997）进行。

（2）在丹麦，政府部门可能在商业市场进行运作，相关的机构必须将产品和服务的生产与其他任务相区分。价格必须以不扭曲市场竞争的方式设定，成本能够被覆盖。商业活动原则必须主导公共实体的行为（比如，外交部以收费的方式提供语言课程）。

（3）在芬兰，国际机构提供市场化的服务，但是大多数这种类型的业务活动已经转移到了国有企业（比如统计、技术研发以及气象预报）。洲际企业、地方政府法案建立的企业仍然没有公司化，但仍然在商业化的基础上运营。这与洲际机构存在一定程度的差异，洲际机构只会在某些情况下按照商业基础运营（比如，主要提供福利服务，同时也会经营发电厂及海港）。

**案例 5.4　案例分析：瑞士气象服务机构**

瑞士气象服务机构（SIM，现在被称为 Meteo Swiss）是一个非公司化的商业结构，属于联邦国内事务部，有气象法案授权从事特定的任务。法案给予SIM准备气象数据并开发数据的可能性，对于数据使用的定价参照通常水平并且留有打折的余地。1996年SIM签订合约为国有瑞士广播公司提供天气数据。1998年7月，SIM对于Meteotest公司提供同样的服务，Meteotest同样是一家私人天气预测企业，并且付给SIM的费用大约是瑞士广播公司付给SIM费用的两倍。

竞争当局禁止交易伙伴之间存在歧视，滥用市场支配地位。SIM向瑞士高等法院提出了上诉，认为瑞士卡特尔法案并不适用于SIM公司，由于其作为一个国有企业，并且价格参照市场同等水平来确定。瑞士高等法院支持了SIMS的申诉并且确认卡特尔法案并不适用于SIM公司。

作为这一案例的结果，瑞士卡特尔法案在2004年被修改来确保竞争法律的适用应当对所有权或者组织形式保持中性。

资料来源：调查问卷回复。

（4）在波兰，非公司化的国有实体可能在特别法律情况下从事商业活动（比如，在环境部监管下的国有森林实体企业）。

（5）在西班牙，一系列基于商业基础提供产品和服务的公共实体可能与相关的政府部门存在关系，并且通常提供内部服务（比如，出口或者外国投资促进、武器储备、航空管制）。并且在从事外部服务时有些情况会与私人企业产生竞争（比如，数字证书）。

（6）在瑞典，一系列非公司化的公共实体基于商业基础运作，在一些情况下是通过国有机构（比如，建筑、气象咨询服务等）或者其他公共机构（比如，大学）。

（7）在瑞士，有限数量的公共实体提供公共服务（比如，天气服务或者地理信息）。在地方层面，一些商业活动也可以通过非公司化的实体来运作（比如，苏黎世市政府）。

（8）在英国，所谓的非公共机构部门的运营同样与相关的政府部门存在较近的距离。不仅如此，一系列政府部门直接基于商业基础提供产品和服务（比如，交易基金）。

（9）在美国，联邦政府进入管制市场是通过联邦机构、政府部门或者独立的企业（比如，健康护理设施等）。尽管这些实体可能与非政府设施产生竞争，但政府的这些服务属于服务特定人群，会被认为是对市场竞争的补充而不是替代。

其他从事商业互动的公共机构分类包括注册公司（德国）、公共机构（德国、西班牙）、商业协会（匈牙利）、国家预算基金以及组织机构（西班牙）。

4. 结构化隔离

结构化隔离意味着将之前结合的实体分为竞争性和非竞争性部分。隔离的程度和范围包括财务隔离、功能或者企业隔离、所有权隔离、俱乐部隔离以及所有权与控制的隔离。隔离的种类依赖于公司和行业特征。尽管如此，正如前面提到的一样，由于技术、资本设备以及人力资本的原因，隔离在实际中并不总是可行，有时候虽然可行但在经济上并不有效。具有结构化隔离经验的国家在这些方面的原因并不相同，但是一些共同的特点可以用来说明为什么结构化隔离对于某些政府商业活动并不可行。

表 5.4 结构化隔离

| 通常被引用认为对政府商业活动采取结构化隔离不可能的主要原因 ||
| --- | --- |
| 不可行 | 韩国、新西兰、西班牙、瑞典、瑞士、英国、美国 |
| 维护公共服务的责任 | 爱尔兰、意大利 |

续表

| 通常被引用认为对政府商业活动采取结构化隔离不可能的主要原因 | |
|---|---|
| 效率理由 | 爱尔兰、意大利、新西兰、瑞士 |
| 其他原因 | 澳大利亚、芬兰、爱尔兰、瑞士 |
| 成本超过收益 | 瑞典 |

具有结构化隔离经验的国家对于问卷的回复如下。

（1）在澳大利亚，大多数在市场中经营的政府实体在法律和财务上是与共同体政府隔离的，但是仍然属于澳大利亚政府的一部分（比如，实体是在共同体机构和公司法案基础上建立的）。围绕结构化隔离决策通常是参考1995年竞争原则协议的条款4做出的。

（2）在丹麦，基于商业基础的产品和服务生产必须与其他政府部门基于商业化运作进行隔离。有关其他类型隔离的信息并没有被提供。

（3）在芬兰，大多数公共服务活动已经与商业活动进行了隔离。一些仍然没有隔离的部门是为了确保实际运行的效率。不仅如此，在一些情况下这种服务被认为具有公共特征，在这种情况下可能并不适合将从事特种目的活动严格与实体组织隔离。

（4）在爱尔兰，一些部门结构化隔离措施相对于其他部门更为常见。比如，在能源部门，四个部分仍然作为自然垄断的国家所有，尽管如此，它们同样受到经济规则的约束来确保公平进入和竞争。爱尔兰的机构在电力部门选择不采取结构化隔离，理由是由于私有化会带来风险（假设存在充分定价，确保完整的管制结构）。而在公共交通部门，公共服务责任是确保商业和非商业服务一体化的主要原则。

（5）在冰岛，结构化隔离会造成市场竞争扭曲风险。当认为是必要或者更适合的情况下，功能性以及企业的隔离可能被用来作为一种选项。

（6）在新西兰，大多数公共所有的企业实体已经被结构化隔离，在一些情况下非商业活动仍然是一体化的（比如，公共信托、遗嘱和房产管理服务），这主要是由于效率的原因（从现有的人员、网络以及服务能力中获取规模经济），以及不可行性（不愿意隔离互相交织的服务）。

（7）在波兰，在财政部范围内的政府实体通常没有进行结构化隔离。一个例外是研发部是完全由公共基金出资建立的，但是与船舶设计和研发中心（一家国有企业）是隔离的。

（8）在西班牙，结构化隔离依赖于提供公共服务企业的法律地位。一些实体由于不可行原因没有被隔离。

（9）在瑞典，在过去5年很多在政府部门的商业活动被结构化隔离为公司化的实体。其中一些没有被隔离化的商业活动，在会计以及一些功能方面进行了隔离。

（10）在瑞士，从事商业活动的公共实体在特别法律名义下确实进行了结构化隔离。这种类似从事商业活动的实体数量非常少，一些没有进行结构化隔离的主要是由于可行性考虑以及效率理由。在一些情况下，为了保持相关活动的直接控制，采取一体化更受欢迎。

（11）在英国，政府的目标是维持商业和非商业公共服务具有一个清晰的界限。尽管如此，当隔离无法进行的时候存在一些例外，这种不可行主要是由于组织机构的复杂性。

5. 政府利益及商业目标的定期评估

有关对政府所有权以及在公司实体中的商业目标的定期评估可以被分为三大类：定期进行评估的国家；临时安排评估的国家；

不进行相关评估的国家。

（1）大多数国家对于政府在国有企业利益的定期评估是通过年报的方式进行的，这种年报考虑了实体的商业目标相关性。这种评估的频率依赖于国家实践，但是通常政府工作报告对公司化的国有企业进行报告分为半年、10年或者5年期进行报告。对于依赖公共预算的国有企业，对于政府持续的利益和目标评估，通常会被政府预算程序、监管机构，以及相关的部门机构考虑和推进。对于其他公司化的国有企业会提供相关的报告给所有权机构、董事会、股东，在有些情况下会提交给国会（澳大利亚、捷克、芬兰、德国、以色列、韩国、瑞典、瑞士、美国）。

（2）在第二类国家中，没有报告这种评估程序，尽管如此，政府也会偶尔采取评估，或者必要的时候采取定期评估（爱尔兰、新西兰、西班牙、英国）。

（3）第三类国家没有定期评估机制来寻求评估政府利益或者公共商业实体的商业目标（丹麦、意大利）。

表5.5　　　　　　　政府利益以及相关商业目标的评估

| | 政府利益定期评估/商业目标相关性评估 |
| --- | --- |
| 定期评估（比如，通过年报，预算及规划过程） | 澳大利亚、捷克、芬兰、德国、冰岛、以色列、韩国、瑞典、瑞士、美国 |
| 临时评估 | 爱尔兰、匈牙利、新西兰、西班牙、瑞士、英国 |
| 没有评估 | 丹麦、意大利 |

有关国家的一些特定细节强调如下。

（1）在澳大利亚，对于政府在商业活动中的安排都有定期常规的评估。澳大利亚政府商业企业目标，在公司遵旨承诺书中予以陈述，由澳大利亚政府所有权实体和国会给予关注。对于政府所有权在政府的商业活动也会进行定期评估，主要考虑政府所有权存在原因以及考虑在国家优先前提下每一种商业的情况。

（2）在芬兰，政府机构负责所有权的方向，监督国有企业的绩效，包括持续存在政府利益的必要性。这些评估每两年一次提交给部长经济委员会。在州级层面评估机制可能存在一定的差异。

（3）在冰岛，竞争管理机构的作用是观察公共实体是否限制了竞争，以及明确哪些地方可以加速新的竞争者进入市场。

（4）在以色列，政府公司管理机构定期评估政府在公司持续存在利益的必要性，这种评估考虑私有化作为选项。2011年，政府开始构建一个总体的所有权政策，检查国家在国有企业里保留股权的公共利益目标。

（5）在韩国，战略和金融部门对于公共机构的功能每五年评估其相关的计划。最详细的评估导致了公共机构改革计划的出台，该计划为私有化以及国家资产多元化设定了目标。

（6）在英国，政府开展评估来判断持续的政府支持或者监管是否有必要。2009年一项专门的评估被开展。内阁的下级委员会定期集会来检查政府在每一个国有企业涉及的金融和政治重要性。执行股东也会通过每年的投资评估来监督国有企业的进展，确保每一个商业企业都完成了既定的国家目标。

**（二）成本识别**

1. 总体概括

有关公司化国有企业透明度和信息披露的实践在报告的国家之间大体上较为一致。在多数情况下，国有企业与私营部门企业面临同样的年度和季度报告要求，这些要求都是按照国际或者国内接受的报告标准来制定的。通过会计账户要接受内部和外部审计，并且有关国有企业绩效的信息是向公众披露，在特别的报告要求是为公共部门的商业制定的情况下，他们通常会更加严谨，特别是涉及公共基金的情况下。一系列公共机构可能会牵涉国有企业绩效的监管，这些机构包括国会、高级会计核算机构、部门及权力执行机构。

对于关注的公共服务责任成本识别问题，超过三分之一的国家回复认为为了识别成本，政府的商务活动进行了商业与非商业活动的隔离。另外有三分之一的国家报告了这种实践是基于一事一议的方法来执行的。在一些国家，没有会计隔离实践的存在。尤其值得注意的实践是在欧盟，欧盟会计隔离并应用于所有的企业（公共企业或者私营企业），这些企业都接受了公共基金或者从特殊的权利中获得利益，用来计算成本的方法都具有专门的要求。

对于责任（包括连带以及养老责任）归属问题在不同国家之间存在较大差别，并且在一定程度上依赖于政府商务活动的法律组织形式。大多数公司化国有企业面临与私人企业同样或者相似的报告要求，这些要求都是国内和国际认可的报告标准。对于养老责任，大多数国家报告认为国有企业的员工仍然属于国家公共养老体系，因此没有专门进行单独的报告。在这种情况下，养老责任通常会反映在政府的一般预算平衡表中。在其他情况下，养老责任可能会单独报告，比如爱尔兰。少数的国家没有报告相关的责任情况。

2. 透明度与信息披露

高标准的透明度和信息披露必须在公司化的国有企业以及非公司化的公共商务活动中维持。在所有事情中，这一点对于确保公共服务责任（通常与补贴相关）没有给交叉补贴的商务活动提供渠道尤为必要。不仅如此，在补偿是通过公共购买方式进行，或者当成本是与政府的非商业活动共同分担的情况下，围绕运营者成本结构的透明性需求被进一步强化。信息披露确保了政府的商业活动可以向股东、监管实体、一般公众以负责任的方式运作，并且来监督其符合国家目标的方式运作。在被调查的国家中，大量的报告认为透明性和财务账户披露是对国有企业的一项法律要求。在这些多数报告中，金融和非金融的报告都是以年度、半年或者季度的方式进行。大约一半的国家报告认为他们的国有企业要受到上述透明性和信息披露的要求约束，并且超过了对于类似私营企业的相关要求。所有的欧盟国家都必须遵守透明性指导原则，这些指导原则对于从公共基金或者特别权利中获益的所有企业（包括公共、私营、公司化以及非公司化）建立了严格的透明性以及信息披露要求。

在一些国家，国有企业和私营企业会受到同样的报告要求约束，这通常取决于公司的法律组织形式（即企业是否受到公司法的约束）。在几乎所有的司法管辖区域，公共企业都会按照国际和国内认可的标准进行财务报告，并且大多数会面临外部和内部的审计，通常这种报告要向大众公布。对于许多国有企业，除了受到公司治理结构的约束之外，政府在监管和监督方面同样发挥着重要作用。除了竞争机构和监管者，相关机构也会介入国有企业的监管，根据不同的国家的情况，主要包括：部门机构、部门理事会（澳大利亚、丹麦、芬兰、以色列）、国会、议会、高级审计机构（澳大利亚、以色列、新西兰、瑞典、英国、美国）。

表 5.6　　　　　　　　**透明性与信息披露要求**

| 透明性与信息披露要求 | |
| --- | --- |
| 按照国内或者国际认可的会计标准报告（年度、半年或者季度报告） | 所有报告的国家 |
| 对于国有企业比私营企业采取更高的标准要求报告 | 澳大利亚、丹麦、爱沙尼亚、芬兰、冰岛、以色列、韩国、新西兰、西班牙、瑞士、英国、美国 |
| 国有企业和私营企业采用同样的标准要求报告 | 奥地利、芬兰（对于有限责任公司）、德国、以色列（对于某些公司）、意大利、新西兰、瑞典 |

国家层面的透明性和信息披露实践主要包括以下内容。

（1）在欧盟成员国，欧盟的透明性指导提供了有关公共机构和公共企业专门的透明性要求，这些要求主要关注公共部门和企业的财务关系（这一指导准则同样适用于从事一般经济利益以及从专有权获益的企业）。指导准则同样要求享有专有权利的企业以及由于提供公共利益而享受公共服务补偿的企业来保持不同商业活动账户的隔离。这一目标是防止企业利用提供公共服务获取的公共补偿资金来进行交叉补贴。尤其值得注意的是，指导准则并不适用于公共企业提供的服务不足以影响欧盟成员国之间的贸易，不足以达到显著的程度，以及没有超过一定门槛的情况。

（2）在澳大利亚，公司化的政府实体需要提供年度财务报告，政府商业活动受到信息披露义务的约束，根据共同体政府商业企业的政府安排指导准则，政府商业财务报告必须接受外部审计，并且向公众和国会公布。政府商业活动同样需要提出年度计划，这些保密的文档主要是为政府准备的，列出了相关公司3—5年的战略性财务和非财务目标。

（3）在丹麦，公司化的国有企业（公共有限公司）受到专门透明性和信息披露的要求约束。这些要求超越了私有企业相关的要求。这种报告同样需要向一般公众披露。尽管国有企业并不要求按照国际标准来进行年度报告,但是大多数的国有企业会按照法律采用国际标准来报告。

(4) 在芬兰,上市国有企业以及大型国有企业(愿意保持与上市公司同样的标准)遵循和私营企业同样的财务报告制度(按照国际标准的年度报告,接受内部和外部审计)。小企业遵循芬兰国内的财务标准。特别是国有企业必须报告任何国家担保或者财务资助,这一点与私营企业一样(所有的财务资助都必须由议会批准)。在市级层面,尽管市级别的企业财务报表被要求给予公平且真实的财务报告,但实际中会出现一些差异。

(5) 在匈牙利,具有很多的法律来规范国有企业以及市级政府所有企业的透明性和信息披露。尤其是会计法案要求企业进行年度报告,强制接受外部审计财务。这些报告都向公众公开。

(6) 在冰岛,国有企业的年度报告必须提交给年度报告注册人。同时需要提交审计和检查报告。

(7) 在以色列,政府公司管理机构会发布对于政府所有企业的特别透明性和信息指导准则。公司会依据它们的法律组织形式按照不同的会计标准来报告,尽管所有公司都和私营企业接受同样的透明性和信息披露要求(按照国内或者国际标准的年度财务报告,接受内部和外部审计)。一些企业会被要求提供关于企业经营绩效的报告(比如,企业的目标,与批准预算的偏离程度等)。

(8) 在韩国,来自政府的财务资助信息包含在透明性和信息披露要求当中。

(9) 在新西兰,所有的商业实体都被要求向公众披露有关他们的财务和非财务信息(财务报表、年度报告、内部和外部审计)。政府实体同样需要接受议会的评估。最大的国有企业需要接受持续披露信息体系的约束，要求与上市公司一样进行相关的报告。

（10）在西班牙，2007/04法案对于具有特别权利的或者从事一般经济利益的公共和私营企业施加了特别的信息披露要求。公共企业被排除在该方案之外的主要包括那些不影响欧盟成员国贸易的企业，以及年营业收入不超过一定门槛的企业。

（11）在瑞典，国家控制的企业应当向公众披露财务和非财务信息（按照上市公司同样的要求），国家控制的公司应当接受外部和内部审计，包括由国家的审计部门进行的相关审计。

（12）在瑞士，透明性和信息披露要求会随着公共企业的法律形式变化而变化，对于公司化的国有企业，报告要求与私营企业同样，而对于其他政府实体的报告需要按照国内的相关要求。在地区层面，对于私营企业的要求标准更高，因此公共商业活动会接受公共审查。公共授权成立的公司遵循瑞士义务准则的相关条款。

（13）在英国，所有的国有企业都需要提供年度报告和账户来披露财务和非财务信息。这些账户通常由国家审计办公室进行审计，并且对公共账户委员会负责。对于特别部门的管制可能会施加额外的报告要求（比如，英国皇家邮局）。

（14）在美国，每一个联邦政府公司都具有不同的实践操作形式，取决于法律授权形式。在美国政府公司控制法案下注册的公司要求按照标准化的预算、审计、债务管理实践进行报告，不仅如此，每年还需要向国会提交年度报告。会计标准是根据联邦会计咨询委员会关于财务报告要求的标准而制定的，额外的报告要求可能适用于特定的公司（比如，美国邮政服务）。

### 案例 5.5　西班牙公共资金使用的监管

在西班牙，监管机构来确保公共资金用来从事商业活动过程中能够被正确地使用：

（1）第一，相关任务的内部监管是由政府部门实施。这种监管能够使系统提供一个真实的核算用来做出适当的决策。在大公司，通常有一个内部审计部门来确保内部控制以及与商业目标协调一致。

（2）第二，无论是国家的审计员还是地区层面的审计员都是在内部审计公共企业，因为都属于公共管理部门。

（3）第三，公共任务提交行动、投资和融资项目以及年度核算都是为了正当地使用公共资金。

（4）第四，根据商业法律，企业的责任性意味着财务报表与一般会计核算计划中设定的原则相一致，并且年度账户也接受财务审计。

（5）第五，由永久性咨询机构比如（高级监管实体）外部监管以及地区外部监管机构进行监管。标准化的财务报告允许公共任务进行财务或者会计审计，这种审计每年都要通过国家审计员或者地方审计员进行。

（6）第六，议会作为审计报告和外部审计报告的接收者，通过委员会议行使权利。尤其值得一提的是，公共任务不包括那些不影响欧盟成员国之间贸易的任务以及交易量，营业额没有超过一定门槛的业务。

资料来源：调查问卷回复。

3. 对于商业和非商业活动的成本识别

对于同时从事商业和非商业活动的政府实体，独立核算哪些成本和资产应该归属于非商业活动并且进行披露,哪些成本和资产应当归属于商业活动,对此进行隔离区别十分重要,尤其是在得到国家资金资助的情况下。有关国家的实践经验总结如下。

(1) 大约超过一半的国家报告对于政府商业活动会计核算隔离是一种要求。在这些国家中,一部分国家明确将财务隔离适用于所有的企业(包括公共和私营企业),只要这些企业从公共资金或者特殊权利中获取了利益。而对于另一些国家,这种隔离局限于公司化的国有企业。所有的欧盟成员国都被强制遵循欧盟的透明性指导准则。

(2) 第二组国家报告为了识别成本而进行会计隔离并没有适用于所有从事商业活动的国有企业或者政府实体。这组国家的大多数认为行业法律和规则是决定这种要求存在的因素(同时在能源或者公共事业部门)。

(3) 第三组国家报告并没有为了识别成本而进行会计隔离。

表5.7　　　　识别商业和非商业活动中的成本和收入

| 在商业和非商业活动中隔离账户,分开预算成本和收入的结构 ||
| --- | --- |
| 有专门的条例要求来隔离相关的账户 | 澳大利亚、捷克、丹麦、匈牙利、冰岛、新西兰、西班牙、瑞典、英国 |
| 通常,没有专门的条例要求来隔离相关的账户 | 意大利、美国 |
| 临时性的,一事一议 | 爱尔兰、以色列、韩国、波兰、瑞士 |

有关国家实践的具体详情整理如下。

(1) 在澳大利亚,政府商业实体的财务报告可能会隔离账户来详细叙述公共利益活动的纯商业性部分。隔离账户主要用来估算归属于公共服务责任的成本支出。根据澳大利亚竞争中性指导原则

(2004)，产品和服务的定价必须充分反映商业活动的成本归属。

（2）在丹麦，产品和服务的生产必须根据商业和非商业活动来进行隔离。价格必须反映成本覆盖，应当避免导致公共和私营部门竞争产生的扭曲。

（3）在芬兰，国有企业会被要求保持独立账户并且为非商业活动准备单独的财务报表。对于市一级的企业，同样存在非商业活动的单独报告（尽管关于哪些内容应当报告没有提供详细的细节）。在电力、天然气、供水以及污水处理服务方面体现得最为明显。

（4）在匈牙利，政府的持股公司要求单独报告任何由于公共活动带来的收益，分别以月度和季度报告的方式报告。

（5）在爱尔兰，商业实体提供从国家和商业收入中获取收入的单独年度报告。

（6）在以色列，通常使用的会计标准并不要求对于公共服务责任的特别报告，尽管如此，考虑到相关的部门管制，需要提供公司成本额外报告，目的是评估公司是否满足了公共服务的目标和责任。

（7）在韩国，一些公共企业要求在提供公共服务时设立单独账户。

（8）在新西兰，公共利益活动只有在公共资金明确被提供给要实现目标的企业情况下才需要单独核算。如果是这种情况，每一个实体的主旨报告都会罗列出目标和期望的结果，以及收到的资金。这种资金的使用在年度报告中得以报告。

（9）在波兰，对于保持隔离账户没有一般性的要求，并不是所有的公共实体都以同样的方法受到关注。在一些情况下，通过特别法律来决定会计和预算隔离是否需要。

（10）在西班牙，皇家裁决令1373/200施加了对商业和非商业活动进行隔离账户的要求。裁决令采取了和欧盟透明性指令同样的要求，即与商业和非商业活动相关的成本和收入应当被报告，以及这些成本和收入归属于不同的活动计算的方法也需要报告。

（11）在瑞士，目前的账户隔离主要是根据部门规则或者所有权实体的需要来进行（比如，瑞士邮政）。根据公共核算和公共管理改革要求，在地方层级隔离商业和非商业活动也越来越普遍。

（12）在英国，金融透明性规则（1999）要求所有的政府和私营实体能够充分地报告从国家得到的资金来避免过度补偿和利用国家资金对商业活动进行交叉补贴。特定部门可能会受到更为严格的部门规则制度要求（比如，邮政市场）。从报告的情况来看，一些国有企业对于识别成本问题存在斗争，因为很多情况下很难对商业和非商业活动的成本进行归属识别。

### 案例5.6　欧洲透明性指导

欧洲条约要求欧盟委员会确保成员国不给予公共和私营企业不一致的援助。尽管如此，由于国家公共机构与公共企业之间存在复杂的金融关系，仍然可能会阻碍这一要求的执行。只有公共机构与公共企业之间的金融关系透明，才能确保援助规则的有效公平使用。透明性指导有两个目标：

（1）确保公共机构和公共企业之间资金流动的透明性。在公共机构与公共企业之间资金流动需要保持透明性的一些例子包括：

①运营损失的抵消；

②资本条款；

③不可收回的赠与，或者贷款的优先条款；

④放弃利润或者收回到期债务而产生融资优势；

⑤放弃公共资金使用的正常回报；

⑥由公共当局施加的资金负担给予补偿。

（2）确保公共和私营企业享受特殊权利或者由于提供一般公共利益服务受到公共服务补偿，需要保持在不同活动之间账户的单独核算。这种单独的账户一方面需要与成员国被给予特权或者授权从事公共利益服务运营相关；另一方面也需要确保每一种产品或者服务的提供能够进行。目的是防止由于从事公共利益服务被给予的资金超过其成本支出，从而能够将这些基金用来交叉补贴其他商业性活动。对于一个企业来维持隔离账户，透明性指导准则要求：

①对于不同活动的内部账户需要被隔离；

②基于异质性和客观的成本核算原则，所有的成本和收入都应当正确地分配；

③隔离账户的义务并不适用于那些只提供公共利益方面的产品和服务的企业。

（3）一些企业被排除在适用于透明性准则指导范围之外，特别是一些公共企业由于规模太小不适合强加一些行政负担来确保透明性。

### 案例5.7 案例分析：立陶宛的警察部门

在2005年立陶宛总警监发布了一道命令可以将一些政策适用于选择性的警察局。这一命令允许部分警察局基于商务基础来提供服务。但是，并没有给出特别的条款来区分警察哪些活动是出于商业目的，哪些是为了完成公共目标。因此，警察没有被限制使用同样装备，包括警车等来执行商业目的活动。私营部门同样是执行人身和公共安全的竞争者,投诉认为警局与私营部门是在不同的法律框架下运营,警局被给予了某些特定的优势,投诉人认为私人安全公司不能与警察局在同等水平进行竞争,因为双方市场竞争的条件不同。

竞争理事会被要求检查这一命令的某些条款是否与竞争法一致。竞争理事会发现:

(1) 问题在于法律规则本身,而不是警察不能从事商业活动。

(2) 竞争理事会不能将竞争法律豁免使用,因为执行这样的商业活动没有被现有的法律所管制。

(3) 由于警察是在不同条款下受到规制,私营部门同样的许可责任在安全商业服务方面并没有被要求。

(4) 竞争理事会认为对于警察商业活动如何融资是并不清楚的,以及从何种地方融资也是不清楚的。因此,警察从警察局一般预算中进行融资活动的可能性很高。

2006年,竞争理事会通过了以下决议:认为总警监发布的命令与竞争法原则相抵触。这一决议被高等行政法律予以肯定。因此,总警监修改了相关的命令,规定警局提供的商业服务权利不能超过私营部门。警局从2012年1月开始不提供商业服务。

4. 责任的归属

责任归属是确保政府商业活动成本(以及定价)能够被充分识别和核算的重要方面。政府商业同时涉及商业利益和公共利益的情况下,可能会享受到特定的优势,比如员工养老保险责任的担保,其中有些国有企业也可能会处于不利的地位,特别是如果之前的公共企业员工享受的特别养老权利与私营部门的养老权利存在较大差异的情况下。

责任归属（包括连带责任和养老责任）在不同国家之间，在某种程度上取决于政府商业的法律形式。大多数公司化的国有企业要接受与私营企业同样的或者类似的报告要求，这些报告都是按照国内或者国际认可的报告标准。对于同时从事商业和非商业活动的国有企业，不同国家的实践存在差别：一些国家将责任的归属按照商业和非商业活动进行区分（比如，意大利），而其他国家并没有区分商业和非商业活动的责任归属问题（比如，新西兰）。

　　对于养老责任，大多数国家报告国有企业员工仍然属于公共养老体系，并且没有单独报告。在这些情况下，养老责任会反映在政府预算平衡表中。在其他情况下，养老责任可能会被报告，而对于之前的国有企业员工的特殊利益仍然会保留，这种利益会受到政府的担保。养老责任在有私人养老计划覆盖的情况下仍然可能需要报告（比如，芬兰和西班牙）。值得注意的是爱尔兰，国有企业需要按照特别的成本分配方法来报告养老责任。

表5.8　　　　　　　　　　　　　**责任归属**

| | 责任报告 |
|---|---|
| 按照要求进行责任报告（与国家的核算标准一致） | 澳大利亚、智利、捷克、爱沙尼亚、以色列、意大利、韩国、墨西哥、新西兰、波兰、斯洛文尼亚、瑞典、瑞士、土耳其、美国 |
| 养老责任特别报告 | 捷克、爱尔兰、以色列、意大利、新西兰、西班牙、瑞士、美国 |
| 没有相关的报告 | 埃及、俄罗斯 |

　　有关国家报告实践的详细内容，主要包括：

　　（1）在澳大利亚，政府的商业企业（GBE）需要按照澳大利亚核算标准报告责任（养老及其他）。尽管政府商业企业对于商业和公共利益目标没有进行区分。对于其他类型的政府商业，政府雇员的超级年金（养老）责任并没有反映在商业活动的预算表中（而是反映在澳大利亚政府的预算平衡表中）。有意思的是，当政府考虑进入一项活动的情况下可能会导致责任或者连带责任，政府商业必须参考政策，这些政策主要体现在发行和管理补偿、担保、保证指导准则中。这些指导准则罗列了在成本超过收益的情况下，政府应当承担的责任。

（2）在欧盟，报告责任遵循透明性指导原则，更具体来说，这种报告应当通过公共机构、中介或者金融机构来揭示公共资金的可获得性。没有特别的规则要求报告养老责任。尽管国家援助规则对于养老责任差别造成的任何公共商业的优势都给予了关注。

（3）在芬兰，国有企业员工仍然属于国家公共养老体系，因此不需要对于政府商业的养老责任进行特别报告。在一些情况下，国有企业一些前员工仍然保留了一些特殊的利益，但是养老是由私营养老保险来承担。

（4）在爱尔兰，责任归属没有被单独报告，但是养老责任通常会反映在国有企业的财务报表里。

（5）在以色列，政府企业被要求报告责任，包括连带责任和养老责任，报告要遵循公司财务报表里普遍被承认的会计标准。

（6）在意大利，责任，包括养老责任按照政府商业活动相关的标准来报告。换句话说，涉及公共利益的商业活动责任与纯商业活动的责任需要分开报告。

（7）在韩国，公共机构拥有的资产超过了一个特定的门槛就需要提交一个5年的债务管理计划，这一计划会被国民大会评估。

（8）在新西兰，对于公共利益目标以及商业目标的责任没有清晰的划分；责任需要按照国家标准来报告，其中公共部门养老责任会被关注，公共实体从事商业活动会在财务报表中报告这些责任。

（9）在波兰，责任按照国家核算标准在公司财务报表中体现。没有关于养老责任的特别指导准则。

（10）在西班牙，公共企业不需要报告由国家承担的养老责任；对于按照私人养老计划执行养老责任的企业，应当报告相关的责任。

（11）在瑞典，公司化的国有企业按照与私营企业同样的报告要求报告责任。公共部门养老责任并不反映在公共实体的财务报表中。

（12）在瑞士，公司化的国有和法人企业按照国家或者国际核算标准报告责任。其他公共实体（包括国家和地区层面的）按照国际标准报告，养老责任体现在联邦政府以及地方政府的预算平衡表中。

（13）在英国，责任按照对国有企业的一般性要求进行报告（体现在透明性和信息披露部分）。养老责任的报告依赖于政府商业的法律形式。在有限责任的国有企业中，养老责任要按照国际核算标准进行报告，但是，雇用公务员的公共机构，养老责任按照政府更广泛的养老计划进行报告，年度养老计划缴纳以及养老安排也需要报告。

（14）在美国，管理和预算办公室会提供政府资金报告要求的指导，包括政府企业。责任和连带责任应当在财务报表中进行报告，并且被分类为被预算覆盖和没有覆盖的责任。对于责任标准的特别核算是由管理和预算办公室提出，尽管它们的适用性在不同实体中存在差异。

### (三) 商业回报率

对于商业回报率要求，超过一半的国家报告对于国有企业或者其他公共实体从事商业活动没有施加相关的需要，但是报告了国有企业的经营绩效要在事后与行业的平均水平相比较。一系列国家报告认为，国有企业/公共实体在商业活动方面要求赚取与市场一致的回报率。对于定义市场一致回报率的方法存在差异性，尤其值得注意的是，澳大利亚和匈牙利制定了专门的回报率指导准则。一系列国家并没有对国有企业回报率要求做出说明，在很少的一些情况下，国有企业甚至不被期望获取与市场一致的商业回报率。

在收到的答复问卷中，有8个国家报告国有企业和其他公共实体提供产品和服务有商业回报率的要求。但是不同国家对于回报率的定义存在差别。在澳大利亚、匈牙利、瑞典、瑞士和英国，对于国有企业如何计算商业回报率提供了相关的指导准则。

对于没有报告计算商业回报率指导准则和建议的国家，每个国家实践存在差异。大多数国家报告有关商业回报率的要求是根据同行业大多数企业可以比较的方式进行设定。一些国家报告资产和价格因素被作为计算商业回报率考虑，尤其是公共利益目标是由国有企业或者公共实体来完成的情况下。这就提出了一个重要问题：尽管国有企业指导准则推荐预算补偿，但是从竞争中性角度来看，低商业回报率要求可能是对等的（假设这种回报率能够被准确计算）。

要求公共企业实现与市场一致商业回报率详细情况总结如下：

在澳大利亚，所有的政府商业都要求在提供商品和服务中赚取一个正常的商业回报率。使用资源的所有成本，包括资本成本（依据澳大利亚政府的信贷风险计算）都应该覆盖。政府商业活动应当管理其绩效目标来收回成本，并且在价格中应当反映这样的原则（考虑到经济"力量"以及可能施加的定价条件）。澳大利亚竞争中性准则（2004）在这方面制定了标准。

在匈牙利，国有企业要受到商业回报率的约束；在瑞典，商业回报率的框架基于欧洲国家援助标准制定；在瑞士，国有企业的战略性目标由联邦理事会制定，并且包括回报率期望。尽管没有对回报率的一般性指导准则，但是仍然根据部门来确定，参照国际和行业基准来制定，并且考虑过去的经营绩效。

表5.9　　　　　对于公共企业和实体的商业回报率政策

| 关于如何计算国有企业商业回报率的指导准则 ||
| --- | --- |
| 根据国家的指导准则建议来计算 | 澳大利亚、匈牙利、瑞典、瑞士、英国 |
| 没有指导准则和推荐的方法，基于公司与公司比较的方法进行估算 | 奥地利：商业回报率以及价格需要考虑公共利益目标<br>丹麦：商业回报率依赖于市场风险<br>芬兰：按照私有企业在同样商业活动的回报率进行比较计算<br>德国：由专门的相关机构根据利润水平制定商业回报率<br>以色列：根据行业的基准回报率做参考<br>新西兰：国有企业要求产生一个能够反映中期资本成本的商业回报率<br>美国：根据实体情况具体制定 |
| 没有相关的指导准则说明或者推荐的方法 | 韩国：除了在电力和天然气部门，价格必须要覆盖生产成本 |

在英国，国有企业被期望在从事商业活动的领域去赚取与市场一致的回报率（考虑其非商业活动），并且与欧盟的国家援助法案原则一致（比如，资本的成本应当确定在市场利率）。其中回报率

的基准不能与私营部门相等,回报率由执行股东或者相关的所有权部门制定,这种回报率制定基于商业准则,但也考虑了公司需要完成的特定目标。

### 案例 5.8　匈牙利商业回报率的计算

对于匈牙利国有企业商业回报率的要求

(1) 与私人收益标准一样,成熟的计划指导准则由 HSHC 来制定。它规定了下一年商业计划实践的原则以及基本要求。

(2) 计划指导准则具有一个宏观前景部分,这个部分定义了下一年商业计划的前提和所有者要求。多数拥有的 HSHC 组合资产都应该使用 HSHC 接受的计划指导准则。

(3) 指导准则的主要特征包括:

给外部宏观基础一个总体概括;

对于资本效率和分红收益政策做出预期;

展示所有者的资源分配可能性;

定义商业计划正式最低标准;

定义薪水增长的上限。

(4) 国有资产管理的主要目标是效率以及增加资本回报率,因此,资本的有效性会被彻底监督。对于主要国有企业的最低期望收益是单独确定的。对于同质性的资产组合或者其他国有企业,收益要求是从整个集团整体来确定的(HSHC 使用资产回报率)。

(5) 作为一个一般原则,最低目标是获取税前正收益,并且收益不能低于前一年。

HSHC 基准收益率要求是根据匈牙利国债 5 年期平均收益率进行计算。

资料来源:调查问卷回复。

政府可能对国有企业不要求明确的商业回报率目标，但是，政府可能会使用其他实践来确定公司的利润水平及目标，这些实践包括：

（1）在芬兰，国有企业的财务绩效应当与同样市场中的私营企业可比较。当国有企业完成公共利益目标时，价格应当考虑这种目标，并且应当考虑长期总体的利润水平。

（2）在冰岛，国有企业必须赚取适当的资本回报，实体收益带来的经济优势必须能够被量化并且作为一种补偿（与欧盟的有关国家援助原则一致）。

（3）在爱尔兰，在特定部门对于回报率是有要求的，比如电力部门。关税需要考虑维持和运营分布系统带来的收费和成本。收入目标每5年设定一次，并且每年基于资产收益进行更新。

（4）在以色列，尽管政府没有设定收益率要求，但是通过法律，政府企业必须按照同一产业部门类似私营部门的业务运营。

（5）在新西兰，法律并没有规定国有企业与市场一致的期望回报率。这些回报率目标考虑了资本的成本以及资本怎样获取的详细情况。其他更明确的标准可能由单独部门制定，以期望函的方式来设定股东回报率。

（6）在西班牙，经济与财政部被委托估计公共部门的商业回报率。这种估计会考虑公共资本投入、支付红利、由于公共服务责任导致的财务责任，以及其他与公共所有权带来的优势。

### （四）考虑公共服务责任

1. 相关结论的总结

几乎所有国家都对从事公共服务责任同时也从事商业活动的企业进行补偿（包括公共和私营企业）。补偿的方法根据国家、公共服务的种类以及提供这种服务的实体存在差异性。补偿方法从直接转移、资本赠与、事后以及事前清偿、预算拨款,到国家援助/补贴。

大多数公共服务责任(通常是以一般性的服务责任形式)会受到从公共支出中的预算补偿,主要在以下这些部门:邮政、公共事业(电信、电力以及天然气)、健康,以及交通部门(公共汽车及铁路)。在一些情况下,当必要的公共服务部分是通过对使用者收费来资助,当政府可以低于成本的方式征税(比如,确保公平考虑),任何在成本方面的差异可以通过补偿来弥补。一般来说,补偿的方法以及金额应当根据部门法律和管制提前决定,通常按照约定质量和价格进行。

一些国家的报告表明他们通常不会为提供公共服务的责任进行补偿(澳大利亚、以色列和新西兰)。在这些情况下,公共服务责任主要通过对用户收费来实现。任何提供该公共服务的成本都将纳入企业的成本结构中进行核算。运营者将任何公共服务责任纳入税收/价格中,都意味着一种有效的交叉补贴形式,不是在商业活动领域而是在消费者部门。一些国家采取竞争性交易来确保公共服务提供的真实价值。

表 5.10　　　　　　　**公共服务责任的补偿**

| 公共服务责任的补偿——国家实践 ||
| --- | --- |
| 通常,没有公共服务责任补偿 | 澳大利亚、以色列、韩国、新西兰 |
| 对公共服务责任进行补偿 | 奥地利、巴西、智利、丹麦、芬兰、德国、匈牙利、冰岛、爱尔兰、意大利、波兰、俄罗斯、斯洛伐克、斯洛文尼亚、西班牙、瑞士、土耳其、英国 |
| 公共服务提供的交叉补贴实践(从利润获取转移到遭受损失的活动) ||
| 交叉补贴是允许的 | 巴西、埃及、俄罗斯、斯洛文尼亚 |

续表

| 公共服务提供的交叉补贴实践（从利润获取转移到遭受损失的活动） | |
|---|---|
| 交叉补贴是不允许的（原则上） | 奥地利、芬兰、冰岛、以色列、墨西哥、波兰、斯洛伐克、西班牙 |
| 交叉补贴是允许的，一事一议 | 澳大利亚、智利、捷克、爱沙尼亚、匈牙利、爱尔兰、意大利、新西兰、瑞典、瑞士、土耳其、英国 |

## 案例5.9 案例分析：澳大利亚估值办公室

2003年11月，澳大利亚竞争中性投诉办公室收到了来自Herro Todd有限公司关于澳大利亚估值办公室（AVO）的一项投诉，该办公室是由澳大利亚税收办公室（ATO）经营的一家澳大利亚政府商业单元。澳大利亚估值办公室提供了一系列估计服务，为政府部门、机构以及私营部门提供服务收费。这些服务包括：评估政府房产、福利机构的资产（比如，包括对国有及地区房产结构进行估值，评估资产的社会安全收益）；对资本资产及租金进行特别目的的评估，与兼并、处理、出租或者财产报告相关；工厂与设备估计，公司联合及税收目的的公司价值评估。

Herro Todd公司是澳大利亚最大的独立咨询集团公司之一。该投诉认为澳大利亚估值办公室没有遵循竞争中性原则，并且定价方法在交易状况中存在不能够充分反映提供服务成本的系统性失败。投诉认为澳大利亚估值办公室的定价没有对其由于在澳大利亚税收办公室内部的地位导致的成本优势进行调整，包括以折旧的利率获取诸如IT和远程通信的资源；降低的商业租金，由于与ATO处于同样地点办公导致的食宿搜寻成本及其他成本优势；与专业补偿保险相关的搜索及遵循成本的下降。投诉进一步认为澳大利亚估值办公室的定价方法没有包括与税收一致的部分，因此澳大利亚估值办公室没有赚取与正常商业回报标准一致的收益率。

这一问题是通过共同体政府投诉办公室来解决的投诉，澳大利亚竞争中性投诉办公室负责对该问题进行调查，并且提供与建议一致的报告，交予澳大利亚政府相关部门及财政部。澳大利亚竞争中性投诉办公室发现，澳大利亚估值办公室有如下特点：

（1）是一个独立运作的商业实体，并没有由于靠近澳大利亚税收办公室资源以非商业率获取竞争优势。

（2）似乎在税收、管制或者债务融资方面没有由于政府所有而获取实质性优势。

（3）在公共责任、资产损失与违约、泄密、工人补偿与第三方车辆责任保险领域与保险成本支付相关方面遵循了竞争中性责任。

（4）在过去5年，基于与竞争中性一致原则的支出，收取了回报率。

尽管如此，在专业的补偿保险领域，澳大利亚竞争中性投诉办公室发现，基于竞争中性原则，澳大利亚估值办公室应当提高收费率。澳大利亚竞争中性投诉办公室建议财政部以及金融管理部应当制定一个程序，从澳大利亚估值办公室以及其他关键利益方获取恰当的信息，来决定对于提供专业的补偿保险应该提高多少收费率。

资料来源：调查问卷回复。

在欧盟国家当补偿被提供的时候，必须与欧盟关于国家援助与补贴的原则一致。这意味着对于企业（包括私营和公共）从事一般经济利益服务的企业任何形式的公共资助都需要满足一系列标准，为了确定这种补助不是一种国家援助或者补贴，如果构成国家援助，应当宣布与内部市场具有兼容性。兼容性原则目的是确保没有过度补偿或者对商业活动有交叉补贴作用。对于公共服务责任作为国家补偿资质最为重要的司法谨慎性被称为"Altmark 标准"。

对于关注的交叉补贴实践，大多数国家基于一事一议的原则允许或者容忍交叉补贴实践，允许将利润赚取部分转移到受损失的活动中来资助公共服务的提供。大多数国家都清晰地认为一个企业从事交叉补贴实践与竞争原则并不兼容，其中公共资金用来从事必要的公共服务可以用来资助商业导向的活动。基于这个原因，很多国家要求公共资助的企业要求将提供公共服务的会计账户进行隔离，以确保公共资金使用的透明性。在其他回复国家中，原则上交叉补贴实践并不被允许，或者回复者并没有认识到这种实践（奥地利、芬兰、以色列、波兰和西班牙）。

2. 对于公共服务提供的补偿

在欧盟成员国，对于一般经济利益服务的补偿必须与欧盟关于国家援助的条例一致。这些条例适用于所有成员国。欧盟国家只有对一般经济利益服务不采取过度补偿，以及建立单独核算账户，不构成对商业活动的交叉补贴才具有正当性。当交叉补贴被允许，只能是从利润活动的商业活动补贴公共服务活动，确保不会发生过度补偿问题。欧盟法院的公平性司法谨慎确定了四条标准（Altmark criteria）需要实现，目的是确保补偿不构成国家援助。尽管如此，如果这些标准不满足，补偿也没必要禁止。补偿如果遵循了豁免决定的条件就能够与国家援助相兼容，就是可以被允许的。如果不能够豁免，就可以通知委员会并且在法律框架下给予授权。补偿构成国家援助的兼容性规则是在 2005 年一般公共利益服务提供的一揽子计划当中（包括决定与法律框架），并且从基础上需要与前三条标准兼容来确保一般公共利益服务没有被过度补偿（具有明确一般公共利益服务的定位；对于计算补偿的目标和透明性参数；不存在过度补偿）。欧盟委员会 2011 年对一般公共利益服务规则进行了修改。透明性指导建立了一套清晰的规则，来处理企业如何透明地公开成本结构。

这一部分国家实践具体措施总结如下（欧盟成员国的实践也被列了出来，尽管这些实践都与欧盟的透明性指导准则一致）。

（1）在澳大利亚，政府商业企业通常不会因为实现公共服务责任而得到补偿，他们需要有效的定价来充分地反映成本（考虑政府施加的可能对价格产生影响的任何条件）。如果由于从事提供公共服务给予了政府商业企业补偿，应当在政府预算里向公众公开。在一些情况下，政府商业企业内部以及不同服务种类之间的交叉补贴是允许的。

（2）在奥地利，政府商业按照部门规章要求提供公共服务制定价格来满足一般性服务责任（比如，邮政和天然气部门）；部门规章同样对于确定补偿金额负责。对于奥地利邮政，补偿是基于均等化基金提供，根据在位企业以及其他许可的邮政运营商的市场情况来确定融资利率。同时设定了门槛，如果一般性服务责任的净成本超过了年度成本的 2%，这种成本就会返还。

（3）在德国，根据公共服务的种类，不同的补贴方法被使用。在一些情况下，公共服务的资助是通过对用户收费，在其他情况下，也可能通过政府赠与提供。欧盟国家援助规则中的特定法律条款、欧盟条约规则，以及国家竞争法律都确保不能提供过度补偿，并且反竞争的交叉补贴实践也是被禁止的。

（4）在匈牙利，根据欧盟对于国家援助的规则，国家援助监督办公室确保对于公共服务提供的补偿是充分的。一些国有企业被允许进行交叉补贴实践，这种交叉补贴是资金从获利的业务转向受损失的业务，尽管不允许进行过度的补偿。

（5）在爱尔兰，公共机构对于公共服务责任的提供的补偿有很多方法，包括通过对用户收费（公共广播服务）以及资本赠与（公共交通）。对于公共服务责任的充分补偿通过相关的部门规章和法律来确定。尽管在一些情况下围绕公共服务责任该怎样获取，资金的透明性水平应当被提升。一些商业活动的利润可能被用来交叉补贴公共服务（公共汽车部门）。

（6）在以色列，大量的政府活动将从事公共服务责任的成本核算进入他们的税收结构和用户收费当中（邮政服务、水供应和电力供应），而其他活动可能会通过政府来获取资金。在非必要性和必要性服务之间的交叉补贴实践是不允许的。

（7）在意大利，政府对于公共义务或者其他授予公共服务责任的实体要进行补偿。补偿的金额和条款在公共服务协议中进行了详细说明，主要目的是将成本和补贴考虑进去防止过度补偿。如果成本超过了公共服务协议中允许的金额，是允许从利润导向的活动中进行交叉补贴的（例外是国有的邮政服务完全通过交叉补贴来提供公共服务）。

（8）在新西兰，通常国有企业和其他商业实体不能在从事商业活动的同时提供公共产品和服务。如果这么做了，对于补偿的确定需要以协商为基础（竞争性交易）；资助资金应当由皇家提供，并且根据特定的信息披露和报告要求，接受预算拨款程序的评估。允许从盈利更多的部门向受损失的部门进行交叉补贴（比如邮政服务）。

（9）在波兰，给予提供公共服务的实体补偿不应该超过完成这些责任所产生的成本。补偿必须用来提供公共服务，并且通过单独的账户进行核算，交叉补贴是不允许的。

## 案例 5.10 对于公共服务责任的补偿不构成国家援助的判定标准： Altmark 标准，不受到国家援助的控制

对于公共服务责任的补偿可能会引起或者不引起国家援助问题，欧洲法院解释了采用 Altmark 标准来判断当一项补偿不构成国家援助包括以下情况：

第一，接受补偿的企业必须具有真实的公共服务责任，并且责任必须被清晰界定。

第二，计算补偿的基准参数必须提前确定，并且以一种客观透明的方式。

第三，补偿不能超过提供公共服务所必要的成本，考虑到要完成相关责任需要一个合理的利润水平。

第四，当一个企业的公共服务责任不是被选做从事政府采购程序，对于公共服务的补偿确定是基于对一个典型的、经营良好的、具有充分装备的企业完成同样的公共任务需要引起的成本，同时考虑到完成公共任务相关企业情况以及一个合理的利润水平。

如果完成公共服务责任的补偿构成了国家援助，会受到欧盟委员会的严格审查。公共服务补偿的条件构成国家援助可以授权的条件，在 2005 年一般公共利益服务提供框架中进行了说明。简而言之，主要参照前面三个标准。根据 2005 年以来的经验，利益相关方、委员会已经对 2005 年一般公共利益服务提供框架进行了修改，采取了 2011 年的新框架。澄清关于国家援助规则适用于完成公共服务责任反映在 2011 年新的一般公共利益服务（SGEI）框架中，新的框架倾向于采用净可避免成本方法来更好地估计完成公共服务责任产生的成本：新的 SGEI 框架。在这种方法下，公共服

务责任提供的成本是通过一家从事 SGEI 的公司的净成本与同样一家不从事 SGEI 的责任公司净成本的差值来计算。

2005 年老的框架,相对而言是基于成本分配方法来计算的,引入新的方法主要是更好地估计公共服务责任的经济成本,并且确定最佳资源分配的补偿金额。当净可避免成本不可行或者不恰当的时候,新的框架允许采取其他方法来估算。新的 SGEI 决定适用于对小规模的服务以及对社会 SGEI 进行公共服务补偿,对于委员会没有提前通知的要求,在这一决定下,成本分配方法仍然是默认规则,但是公共当局可以自由使用净可避免成本方法。

资料来源:调查问卷回复。

### 案例 5.11　匈牙利对于公共服务责任充分补偿的确定

程序规则要求匈牙利所有的援助提供者提前向国家援助监督办公室(SAMO)通知他们的援助计划,SAMO 负责评估每一项援助计划是否与欧盟的法律和规章制度具有兼容性。SAMO 对于援助提供者给予指导和帮助,SAMO 遵循的程序依赖于援助计划的特征,在期初的意见中,SAMO 可以给予相关的修改建议以使其与欧盟的规则相一致。事实上,授助提供者被允许要求提供更多的信息来获取更详细的援助计划说明。援助提供者应当在准备阶段与 SAMO 合作。当需要得到欧盟批准情况下,如果 SAMO 发现了相关的援助措施与欧盟的规则不一致,相关的通知就不能提交给欧盟委员会,除非政府明确命令 SAMO 提交给欧盟委员会。SAMO 会让援助提供者知晓任何欧盟委员会对于援助计划提出的问题和决定。SAMO 同样负责下一级的计划控制。

除了通报之外,SAMO 还有其他责任,比如编撰有关援助的年度报告。SAMO同样制定与欧盟委员会关于修改现有援助计划的相应措施，在制定新的社区国家援助法律方面发挥领导作用。SAMO同样必须保持援助给予者指导有关恢复或者停止任何援助计划，或者由欧盟委员会评估个人援助。不仅如此，SAMO同样监管是否需要采取必要的措施来执行有关恢复或者暂停援助的决策。SAMO会常规性地发布有关国家援助问题的讨论，在国家援助法律杂志上发布有关国家援助法律及相关变化的信息，发布欧盟委员会以及欧洲法院的决定，以及对国家实践的评估。

SAMO代表欧盟委员会与援助提供者的一种优先联系，按照与当前欧盟国家援助法律以及规章一致的方法，帮助通过正确的工具来实现国家目标。如果国家/地方想要对公共服务提供者进行补偿来完成公共服务责任，应当将其援助计划提前通报给SAMO，并且SAMO会做出一个初步的判断。根据相关的规章，援助提供者会确保避免进行过度补贴。为了避免过度补偿，援助提供者在援助合同中应当制定监管权力。公共服务提供者应当合作并且简化控制程序。不仅如此，他们还需要准备定期的报告。

公共服务提供者会收到援助，因此需要对援助进行单独核算，在完成公共服务任务之后，服务提供者将有权利对援助的金额进行事实上的确定。计划和事实上的支出存在差异必须被弥补或者返还。有时候这种支出出现了过错，内部的监管者及审计帮助援助提供者来检查相关的支出。在特定的情况下，受益人必须提交一个有关完成目标的报告，这个目标在合同中进行了明确，并且有一个详细的报告由外部审计进行批准。审计员会签发一个援助提供者的公告。对于农业、渔业、林业以及农村发展都有特定的部门规则。

资料来源：调查问卷回复。

**案例 5.12　公共服务责任的补偿——来自波兰交通部门的例子**

在交通部门，对于公共服务责任的补偿是通过 2010 年的公共交通法案来管理的。在这一法案下，对于公共交通服务的补偿是因为优惠的公交票价导致了运营商收入的损失，在提供公共交通服务的过程中收入不能覆盖成本。作为一项规则，运营商被授权给予合理的利润，对于提供公共服务的每一种情况的补偿计算方法都在合同里进行了规定。运营商如果能证明由于在提供公共交通服务过程中采取优惠收费，导致其遭受了损失，产生了相应的成本，就有权利获取相应的补偿。当局会对运营商提交的相关材料委托专门的机构进行核实。如果运营商除了在公共交通领域提供服务之外，还从事其他活动，就必须将这些不同的活动进行隔离，单独核算。

2010 年，竞争和消费者保护办公室对于提供路上交通服务的实体在中央、地区，以及地方层面做了一次调查。结果发现，补偿金额只能够提供公共服务的成本，没有考虑合理的利润水平。

资料来源：调查问卷回复。

**案例 5.13　案例分析：斯洛伐克新闻局**

斯洛伐克新闻局，是一家属于文化部补贴的国有组织结构，因为该机构从事公共利益的任务。被授权从国家预算中通过文化部的预算按照预算规则法案给予补贴。斯洛伐克新闻局的主要活动是以公共利益提供新闻服务，同时也存在一些私营的基于商业基础运营的新闻机构。

斯洛伐克反垄断办公室收到了来自斯洛伐克新闻局竞争者的投诉，该新闻局认为斯洛伐克新闻局的商业活动是通过国家预算资助的，因此 TASR 就有不公平的竞争优势，遵循竞争法案，竞争当局应该检查文化部作为国家机构是否对 TASR 提供了商业活动方面的支持,造成其地位的凸显。

办公室的调查发现:

(1) TASR确实在竞争性环境中从事活动。

(2) 文化部没有确定使用国家预算的标准,造成TASR能够使用公共资金从事商业活动。根据其行为,文化部就把TASR置于相对其他竞争更有优势的地位。

(3) 办公室决定TASR必须从其自己的商业收入中来支持其商业新闻服务,而不是采用国家预算。

办公室通过了两个决定,并且对文化部实施了罚款措施。

办公室与文化部仍然在讨论对于TASR的公益活动给予资金资助的措施。

资料来源:调查问卷回复。

(10) 在西班牙,公共或者私营实体从事公共服务活动必须对从事的活动进行足够透明的补偿,可使用的指导准则由皇家裁决1373/200号提供,包括开设隔离的账户责任,交叉补贴是不允许的。

(11) 在瑞典,公共服务责任通过税收方式进行资金支持。对于补偿的充分性通过欧盟有关国家援助的规则进行确定,除了适用于国家和地区法律之外。竞争法案改变已经降低了交叉补贴的实践范围。

(12) 在瑞士,补偿理论上提供给授权从事公共服务责任的公共实体。补偿通过部门特别法律来确定,并且通过部门规章来计算(比如,邮政、通信、交通和卫生部门)。尽管如此,国家层面的补偿只发生在铁路部门,因为其对网络基础设施的贡献。在地方层面,一些公司因为提供公共服务会收到补贴,因为对用户的收费不能覆盖成本。交叉补贴是被允许的，尽管如此，对于这种实践是否会被采用，相关机构是不可能去评估的（比如，在邮政部门），因为管制者无法识别一般公共服务责任成本，垄断部门向商业部门提供交叉补贴是被禁止的。

（13）在英国，对于公共服务提供的补偿基于商业原则，并且通常通过委托机构来确定补偿金额，尽管如此，对于服务的估值是复杂的，考虑到有些服务是不能通过市场上获取的。任何补偿涉及国家援助都要遵守欧盟的原则，并且由国家审计办公室进行审计，或者国会的公共账户委员会审计。如果使用盈利的商业服务来资助公共服务的提供，交叉补贴实践是允许的。

（14）在美国，补偿实践根据不同实体，适用范围以及其他相关的法律存在差异性。对于那些同时从事公共服务和商业活动的实体来说，存在特别的法律来确保公共服务的价格是按照政府目标来设定的。当公共服务以低于成本的价格提供，需要国会拨款来进行补偿，而对于市场管理部门，通过设定利率来确保成本在给定时间收回，这些利率会被负责任的政府部门考虑，并且由管制部门进行批准。

### （五）税收中性

#### 1. 相关结论的总结

在大多数国家，公共企业要接受和私营企业同样或者相似的待遇（税收或者管制）。尤其当公共企业以法律方式进行公司化运营，但同时又与政府存在很接近的情况下，通常在公司法下运营的国有企业大部分要以公司收入税收的形式缴纳直接税以及间接税收，比如增加值税（VAT）。对于从事非商业目标的特定种类国有企业可能适用于一些例外情况，比如通用服务责任（邮政部门),从这些责任中获取的收入税收豁免,以及豁免缴纳增值税或者豁免从这些交易中收取增值税。法人公司可能会被豁免某些税收,如果这些税收是由于相关法律规定的。

在一些公共实体可能通过部分或者全部豁免方式给予税收优惠(直接或者间接或者二者结合的方式)(澳大利亚、芬兰、西班牙、英国、美国)。这些情况下,企业通常是在一般政府之外运作的公共实体,包括国家及地区层级。这种企业同样会受到某种其他形式的税收约束,取决于公共实体和可适用的税收法律,以及税收豁免可能被作为对提供一般性经济利益服务的补偿(同样的税收豁免适用于在同一部门经营的私营及非营利商业活动)。

最后,一系列国家报告由于税收待遇的差异,有些国有企业可能遭遇劣势。这种情况出现在以色列,在一些特别的情况下,某些国有企业或者公共机构会面临更高的企业税收率或者不能从税收注销或者返还中获益(以色列),私营企业则可以。

表 5.11　　　　公共企业相对于私营企业的税收待遇

| 公共企业的税收待遇 ||
| --- | --- |
| 不论所有制形式,采取同等的税收 | 捷克、丹麦、德国、匈牙利、爱尔兰、意大利、新西兰、瑞典 |
| 公共和私营企业类似的税收待遇 | 澳大利亚、奥地利、冰岛、韩国、波兰、西班牙、瑞士 |
| 不同等的税收:公共企业税收有优势 | 澳大利亚、芬兰、西班牙、英国、美国 |
| 公共企业税收有劣势 | 以色列、波兰 |

当税收待遇存在差别的情况下,根据税收进行补偿支付在大多数国家并不常见。在澳大利亚,一些形式的税收中性调整是为了

补偿公共和私营企业的税收待遇。在英国，一些国有企业不需要交税，由于它们在政府部门的地位（比如，交易基金）。在这些豁免情况下，国有企业就会被给予期望调整来反映这种豁免状态，比如设定回报率。在芬兰，收入税收的国家豁免情况下，市政府企业仍然需要缴纳市政税收，取决于其从事的商业活动类型（比如，活动超出了给定市政府范围）。

2. 公共实体从事商业活动的税收待遇

对于公共实体从事商业活动的税收待遇，大多数国家都采取了国有企业或者公共实体享受与私营企业同等的待遇。对于公司化的国有企业这是一种普遍的方式，尽管如此，仍然存在一些例外，国有企业在同时从事商业和非商业活动目标情况下会适用于不同的税收待遇（比如，完成一般性的公共服务责任）。对于公共实体给予不同的税收待遇可能是由于公共企业的法律地位不同。通常情况下，如果一个公共实体与一般政府相结合可能会被豁免直接或者间接税收。仅在有限的情况下，一些国家会报告特定的国有企业或者政府机构会遭遇税收劣势（以色列、波兰）。

对于欧盟和欧洲经济区国家，欧盟关于国家原则的规则以及增值税指导原则适用于公共企业的活动，对于公共商业的优惠税收待遇，在一些情况下相当于国家援助。增值税指导原则同样考虑了公共实体的待遇。尽管如此，一份欧盟绿色论文指出公共实体被免除增值税的情况需要澄清。

（1）在澳大利亚，政府商业与私营部门企业具有同样的税收待遇，取决于企业法律形式和地位；与共同体政府法律上独立的实体需要缴纳税收，但是共同体政府的实体不能被任何层级的政府收税（除了利益侵占、商品和服务税收）。被隔离需要缴纳税收的实体，可以在它们的法律框架内给予税收豁免。

（2）在奥地利、韩国、波兰、瑞士一般性的政府实体与私营商业面临同样的税收条款。尽管如此，一些公共企业可能根据公司收入和增值税收被给予优惠对待（奥地利、韩国、波兰、瑞士）。在一些特殊的情况下会给予税收豁免，当在邮政部门的公共利益目标被认为是实现公共服务责任（同样可以在健康、教育以及卫生方面出现类似情况）。

（3）在芬兰，税收待遇依赖于公共机构的地位，对于公司化的国有企业，税收待遇（增值税和收入税）与私营企业是一致的。尽管如此，被称为国有或者市政府所有企业会被免除收入税，但是仍然需要缴纳增值税以及与收入税一致的固定税（市政府企业会在特定区域之外运营的企业缴纳固定税）。

（4）在冰岛，国家机构以及所有的国有企业都会被豁免收入和财产税收。尽管如此，那些涉及商业活动的企业并不能从差异性税收待遇中获取利益。如果税收的豁免不能与获取的优势相对等，那这些税收必须被量化，并且被认为是提供公共服务的一种补偿。

（5）在爱尔兰，公共和私营企业面临同样的税收待遇，基于欧洲法院的判断，从2009年爱尔兰的公共机构在与私营企业竞争情况下面临同样的增值税（比如在街道停车、垃圾回收及利用、娱乐及健身）。

（6）在以色列，政府企业与私营企业面临同样的税收待遇。在一些情况下，给予政府企业的税收收益并不会给予私营企业。

（7）在波兰，公共企业尽管与私营企业面临同样的税收待遇（存在一系列公共利益活动情况的例外，比如医院、卫生服务），尽管财政部所有的全资企业会面临额外的15%利润税，上交给国库，但这种税收被认为是对波兰国有企业的竞争劣势。

(8) 在西班牙和英国，公共和私营企业并不总是面临同样的税收待遇，比如，并不是所有的公共企业都缴纳公司税（国有公司缴纳，但是公共交易和法律实体不缴纳）。在西班牙，商业活动（无论所有权形式）都需要缴纳增值税。

(9) 在瑞典，公司化的国有企业与私营企业不会被区别对待，但是，对于没有公司化的公共商业活动会被区别对待。

(10) 在美国，政府机构、政府公司、非公司化的企业以及不能够直接被政府经营的企业（但是会被认为是政府和政治部门的工具，或者来完成政府的某项功能）通常不需要缴纳联邦和州收入税。尽管如此，一个私营企业也可能得到同样的税收豁免，在一些特别的税则条款中可以给予一些活动税收豁免（比如医院）。

### 案例 5.14　欧盟委员会增值税指导条款 13
### （关于公共机构交易的增值税）

条款 13：

1. 国家、地区及地方政府机构以及其他由公共法律管制的机构不能被认为是纳税人，考虑到他们作为公共机构从事的活动和交易，即使收取与这些活动和交易相关的费用、支付费用或者捐赠等。尽管如此，当他们从事这种活动和交易时，他们仍然应该被认为是纳税人，因为把他们当作非纳税人会导致严重的竞争扭曲。在任何实践中，由公共法律管制的实体应该根据其从事的活动被认为是纳税人，具体的活动参见附件 1，只要这些活动不是规模很小可以忽略的活动。

### 案例 5.15　案例分析：芬兰道路公司

芬兰道路公司前身是一家国家企业，来维护芬兰道路基础设施。同一商业领域私营公司认为破产保护以及特别税收待遇是国家援助的延续,是被欧盟国家援助条例所禁止的。

一家私营企业向欧盟委员会进行了投诉,欧盟委员会认为:

(1) 对国有企业的破产保护以及特别的税收待遇是国家援助法所禁止的。

(2) 批准有关建立道路公司的安排。

(3) 实施要求芬兰的道路服务市场以共同利益为基础开放竞争。

(4) 欧盟委员会并没有批准相关的申诉认为前芬兰道路公司采取了掠夺性定价。

芬兰前道路公司被认为应该禁止的援助措施被推翻,2008年1月该公司实现了公司化改革成为一家国有的有限公司。

资料来源:调查问卷回复。

### 案例 5.16　澳大利亚的税收中性制度

按照澳大利亚竞争中性原则(2004),有三套税收中性制度可以适用于政府的商业活动:

(1) 完成实际管制性支付或者完成实际管制性责任。

(2) 向官方公共账户做出一项对等的支付。

(3) 以商业活动成本为基础的管制支付,并且支付的价格相当于竞争者在没有受到同样管制和责任情况下产生的优势。

资料来源:调查问卷回复。

以税收进行的补偿支付。

在报告的国家当中,私营和公共企业存在不同税收待遇的情况下,只有很少的国家采取了措施和机制来确保不同的税收待遇不会对市场竞争产生扭曲效应。这些国家的具体实践总结如下。

（1）在澳大利亚，根据澳大利亚竞争中性指导原则（2004），税收中性需要在政府商业和潜在竞争者之间维持。为了确保税收中性，存在税收中性制度来适用于政府的商业活动。

（2）在芬兰，没有税收中性调整被报告，国有或者市政企业的收入税豁免仍然需要通过其他税收来弥补。

（3）在英国，一个国有企业在商业基础上从事活动没责任交税情况下，事实上是指其缴纳税收在决定商业回报率目标方面的一系列因素中不起作用。

（六）管制中性

1. 相关发现的总结

不同国家之间对于公共企业的管制待遇存在差别，并且依赖于公共企业的法律形式，以及任何可能适用的部门法律。通常情况下，多数的公司化国有企业与私营企业面临同样的管制约束。尽管如此，对于管制的同等使用仍然存在一系列例外情况，例外通常出现在国有企业从事公共利益活动的情况。管制优势可以采取豁免竞争规则的方式，竞争规制中可以存在专门针对国有企业或者在位企业的特别市场规制条款（通常在一些自然垄断行业，比如网络行业或者邮政服务）。在欧盟，条约规则制定了企业从事提供一般公共利益服务能够被豁免适用于竞争规则的条件。

一些国有企业可能会以更低的协调成本形式收到额外的管制优势，这通常会降低做生意的成本。其他的管制优势可能是以公共企业的优惠待遇形式出现。只有有限的国家报告了他们的国有企业会存在管制劣势（奥地利、芬兰、美国），这些管制劣势可能是对于公共基金以及公共服务责任有更严格的要求。

表 5.12　　　　　　　公共企业面临的管制优势和劣势

| 管制中性 | |
|---|---|
| 通常，对于公共和私营部门企业具有同样的管制待遇（包括国有企业） | 奥地利、捷克、丹麦、德国、匈牙利、以色列、意大利、韩国、新西兰、西班牙、瑞典、瑞士、英国 |
| 不同的管制待遇 | |
| 管制劣势 | 奥地利、芬兰、美国 |
| 管制优势 | 澳大利亚、芬兰、爱尔兰、瑞士 |
| 基于管制优势的补偿性支付 | 澳大利亚、瑞士 |

对于公共企业关心的领域存在一些灰色区域，这些区域可能是政府的某个部门或者机构在运营。事实上，围绕公共所有权的管制优势很重要的争论已经在被调查国家的案例分析中得以反映。在其他情况下，对于公共部门商业给予特别豁免权利的争论会出现（比如，偏离竞争法、国家行动理由）。

当公共企业的管制优势存在的情况下，有很少的国家基于这种优势会考虑补偿性支付。补偿性支付的方法通常并不清楚，除了澳大利亚在这方面具有特别明确的指导准则。

**2. 公共企业的管制待遇**

在大多数国家，公共部门企业从事商业活动与私营企业要面临同样的管制待遇。大多数情况下，同样的管制待遇适用于公司化的国有企业，但是在部门法律，市场管制或者涉及有关法律问题的企业仍然存在很多例外情况。在欧盟，对于竞争法律的偏离可以根据相关章程进行授权。这种偏离可以授权给所有企业，无论其所有制形式。

一些国家报告国有企业业务相对于私有企业可能被给予直接的优势。在这些情况下，管制优势可能从较低的协调成本（比如豁免或者低成本许可、注册、授权）到直接在某些法律方面进行豁免（比如，货车在晚上或者周末运输可以进入某些路段），或者公共部门商业的优惠待遇（比如，较快地批准项目、豁免竞争法）。

在一些情况下，公共商业可能会接受比私营部门企业更严格的管制要求（奥地利、芬兰、美国）。这可能是由于对于完成公共服务责任具有更加严格的要求，有关国家的实践总结如下。

（1）在澳大利亚，管制优势可能是以某种形式豁免特定责任来给予特定的付款，或者去从事特定的活动，或者以特定的方式来完成相关的活动。

（2）在欧盟，管制优势（比如，偏离竞争规则）通常并不被允许，除非能够确保提供公共利益服务的绩效能得以保障。尽管如此，这一偏离平等地适用于所有的企业（包括公共和私营企业）。不仅如此，这种偏离目前只适用于竞争规则可能阻碍提供公共利益服务的情况。

**案例 5.17　限制竞争确保一般经济利益服务（SGEI）的条款**

在欧盟存在特定的条款允许在特定情况下限制竞争为了确保一般经济利益服务得以实施。

（1）欧盟条约里第 106 章提供了脱离适用条约条款的一般性总结，尤其是脱离竞争法约束的条款。脱离条款同时适用于公共和私营企业，只要它们满足如下条件：①企业必须被授权提供一般经济利益服务的运营。②条约的适用规则将会阻碍企业从事特定公共利益服务的绩效。③贸易发展的程度不能阻碍欧盟总体利益。对第 106 章（2）的例外条款必须严格解释。

（2）脱离竞争规则的理由是因为 SGEI 是服务公共利益的，

但由于经济原因，这种服务在市场竞争条件下是无法提供的，将从事SGEI的业务委托给特定的企业（或者一群企业），国家不仅对于提供SGEI的企业赋予了责任，同样也给予了特定的经济优势，为了激发企业去从事非营利的服务。欧盟法院清楚地认为，给予从事SGEI企业经济上可以接受的条件目的是让他们能够从事任务。这就为限制单个企业在经济盈利部门参与竞争提供了理由。如果竞争允许在最能盈利的部门摘樱桃，那么SGEI将不能够在经济上可以接受的条件下实现。尽管如此，这并不排除不属于SGEI的特定服务不需要参与竞争，前提是这种服务能够被其他企业提供，并且在SGEI方面的经济可行性方面得以保障。

（3）确定限制竞争必要性，来维持SGEI经济上的可信性，需要考虑企业运营的经济条件，尤其是企业必须要承担的成本以及需要遵守的法律约束。

资料来源：调查问卷回复。

（3）在冰岛，竞争法的例外主要是针对两类商业特征垄断行业（比如，酒精及烟草）。

（4）在爱尔兰，优惠管制体制可能为了公共服务提供在地方层面进行运营。直接的豁免可能以许可、注册程序的方式进行。给予公共部门运营者的优惠待遇可能会以更加快捷的程序进行，或者拒绝给其他新进入者颁发许可（比如，公交部门）。

（5）在韩国，国有企业的一般商业活动以及其他公共实体并没有从优惠管制待遇中获益，并且受到竞争法律的约束。尽管如此，一些公司保持专营权来从事服务并且被给予不受竞争法和政策约束的待遇（比如，电力传输和分配、高速公路和铁路）。

（6）在西班牙，原则上同样的管制机制同时适用于从事商业活动的公共企业以及私营企业，尽管如此，公共企业可能并不受到竞争法律的约束，主要通过公共管理当局自己认可的方式管理。

（7）在瑞士，对于公共企业的管制优势可能主要是通过对特定法律的豁免来实现（比如，国家邮政服务允许在晚上和周末运输邮件），但这些法律私营企业必须遵守。在地区层面，特定行业的垄断运营企业可能会被给予管制优势（比如，盐业或者彩票公司）。

（8）在美国，大多数政府公司推行公共政策或者项目与私营企业的商业活动存在明显区别。一系列管制豁免可能存在于非商业活动中。而对于商业活动而言，美国的反垄断法同样可能适用于联邦、州以及地方政府。

### 案例5.18　案例分析：瑞士邮政

瑞士邮政，是一家提供邮政服务的国有企业，竞争委员会曾经对它展开调查来评估给予这家公共企业的特殊管制框架，比如允许其优先使用道路来提供邮政服务。特别条款允许瑞士邮政采用重型车在晚上以及星期天运输邮政货物，不仅如此，瑞士邮政还允许在邮政卡车里运输四分之一的其他货物，运输其他货物是以商业化形式经营。根据相关的规章，私营竞争者只能使用小卡车在夜间和星期天运输，尽管如此，他们可以与瑞士邮政达成协议在夜间运输包裹和信件。

竞争委员会认为：

（1）相关的规章条款明显扰乱了瑞士邮政和其竞争者之间的市场竞争。

（2）私营竞争者，尤其是提供邮政服务的竞争者，相对于瑞士邮政具有竞争劣势,并且于瑞士邮政的可能安排没有实际意义或者对于私营竞争者没有吸引力。

(3) 竞争者由于较高的运输成本,可能不能够以可比价格提供类似的服务(比如 A-Mail 大于 50 克的业务)。

委员会向联邦理事会签发了一项建议来改变有问题的条款,通过放弃瑞士邮政的特别权利来允许竞争者在同样的条件下运营。这一问题已经由联邦理事会在修改邮政法律的背景下得到了解决。

基于管制优势为基础做出补偿性支付在大多数国家并不常见。只有澳大利亚、爱沙尼亚、冰岛、瑞士报告了这种实践存在,这种实践的详细内容包括以下内容:

(1) 在澳大利亚,根据澳大利亚竞争中性原则(2004),国有企业从管制优势中获取的利益应当被企业在管制中性方面做出调整,目的是为潜在和实际竞争者创造公平竞争的环境。

### 案例 5.19 管制中性调整——澳大利亚

根据澳大利亚竞争中性原则(2004),有三个管制中性调整可以适用于政府商业活动。

(1) 名义上包括以国有成本为基础的补偿支付,因此其补偿价格应当相当于其他竞争者没有享受到管制优势所获取的利益。

(2) 做出实际管制支付或者完成实际管制责任。

(3) 当可能时向官方公共账户做出对等的支付。

资料来源:调查问卷回复。

(2) 在瑞士,在地方层面,特定的州可能在特定的部门(比如彩票或者盐业)拥有垄断企业,这些企业会被要求补偿他们市场进入的优先权，通过提供公共基金给社区的方式进行补偿（比如，文化提升或者其他慈善活动基金）。

### （七）债务中性以及直接补贴

#### 1. 总体发现

对于国有企业和其他公共机构的融资来源在不同国家之间存在差异。当考虑有关的商业活动，大多数国家报告他们的国有企业（多数是公司化的）融资都是通过市场方式按照与私营企业一样的方式进行。融资渠道包括商业银行（国有和私营的）、资本市场、政府信贷机构，以及公共基金。在一些特殊的情况下，国有企业按照法律不愿从市场获取融资。在这些情况下，融资是按照商业原则通过国家基金的方式来提供，换句话说，借贷是通过与私营部门企业可比的利率来提供，具有同样的风险水平。

如果大多数的国有企业获取融资是通过市场，那就没有必要认为它们通过所有权优势获取了不恰当的优势。事实上，15个国家报告他们的国有企业从某种明确的，通过担保优先获取融资方面获得了利益。即使当政府担保仅仅在金融市场是一种潜在认识，也会导致更低的利息以及优先获取融资。公开的担保包括政府对债务的背书（比如，回购、暂时所有权）或者其他责任，这些可能适用于政府所有或者控制的企业。一些其他国家报告政府的出口信贷担保机构或者其他种类的金融机构会给予比从国际金融市场融资更为优惠的待遇。尽管如此，这种担保同时适用于公共和私营机构，并不必然会造成竞争中性问题。

几乎所有国家对于政府企业的直接补贴并不是通常的实践，除了在一些国家政府企业从公共预算中得到资助来完成公共利益活动（比如，公共服务提供，投资项目或者其他战略性活动）。

当政府所有或者控制的企业凭借他们的所有权获得不恰当的优势情况下，一些政府会制定框架来确保债务中性（澳大利亚、新西兰、西班牙、瑞士）。不同国家的框架之间存在差异，但是可能包括补偿性支付，基于基准利率对借款利率的调整，以及对贷款合同的免责条款。

2. 政府商业的融资渠道

政府商业融资渠道在国家之间存在差异，大多数情况下，国有企业（通常是公司化的企业）会根据商业利率在市场融资，并且原则上是按照与私营部门同等的条件。市场融资的渠道范围包括商业银行（国有或者私营）、资本市场、政府所有的信贷机构，或者当地基金。在很多国家，国有企业可能不允许为了商业活动从国家获得融资。但是在另一些国家，国家的立法框架可能要求国有企业从国家获得融资，后一种情况下，公共基金通常会以市场利率借贷给政府所有企业（英国）。然而在其他情况下，在走向市场融资之前可能首先需要部长的批准（新西兰）。当国有企业从事公共利益的活动（比如，公共服务责任，投资基础设施以及执行其他战略目标），它们会通过公共购买进行补贴。大多数国家，尤其是欧盟内的国家（欧盟有关国家援助的规则会使用），在采用公共基金从事公共利益目标情况下会适用严格的规则（比如，企业必须保持独立账户，并且不能采用基金来为其商业活动融资）。具体的相关国家实践活动总结如下。

（1）在捷克，国有企业以及其他公共实体不会收到补贴（直接或者间接），这是由立法所规定的，这一原则与欧盟关于国家援助的规则一致。

（2）在芬兰，政府商业以市场利率融资的渠道可以有多种，对于市政企业，借贷由市政信贷机构提供，这些机构主要为当地政府提供融资。这些机构由股东提供担保（股东包括当地政府养老金机构、国家和市政府）。因此国有商业能够获得优惠融资，然后将这种优惠传输到消费者（这与公司的经营目标是一致的）。

（3）在匈牙利，政府商业融资由国有银行根据市场利率以及欧盟国家援助规则进行。

（4）在冰岛，国有机构和企业会从担保中获益，包括有限和无限的担保（包含豁免破产规则）。

（5）在以色列，国有企业融资根据商业市场条件，通过私人银行或者发行债券（可市场化和不可市场化）。融资可以由国家来提供，只要该公司的原则目标是提供非营利的公共服务责任。

（6）在韩国，公共机构可能获得优惠融资（从国有的或者其他的金融机构），主要是由于其较高的信贷评级或者低破产风险（无论金融机构的实际金融状况如何）。尽管补贴一般情况下并不允许，但国有商业会从提供公共服务责任中遭受的损失得到补偿。

（7）在新西兰，由于历史和立法的原因，一小部分公共实体（比如，铁路）在没有政府明确许可的情况下，是不允许从私营部门借款的。在这些情况下，融资成本应当与商业利率一致并且涵盖借款的全部成本，或者到市场融资之前需要部长的批准。

（8）在瑞士，公共企业（尤其在地方层面一级）可能由于从事公共服务责任、在基础设施投资发展，或者按照特定的战略目标行事而获得补贴融资。

（9）在英国，国有企业通常不允许从公共市场借款（防止他们从隐形的政府担保中获取利益），并且必须从国家贷款基金（NLF）中进行融资。国家贷款基金必须确保这种贷款能够基于商业条款进行扩展，并且这通常包括借款人证明贷款的条款事实上是以商业化为基准的。

（10）在美国，大多数政府公司是自己融资并且不能够享有政府补贴性融资。尽管如此，当遇到相关的责任义务不能通过自己的收入来支持的情况下（比如，连带债务变成了实际责任和义务），一些实体可以从美国财政部借款。在极端的情况下，政府同样可以暂时地获得实体的所有权。其他的融资形式包括公共债务融资。

表 5.13　　　　公共企业融资渠道及与所有权相联系的优势

| | 债务中性 | |
| --- | --- | --- |
| 公共部门和私营部门具有同样的债务融资待遇 | 捷克、丹麦、德国、爱尔兰、以色列、意大利、波兰、瑞典、英国 | |
| 以优惠的条件获取债务融资 | 隐含的或者默认的担保 | 澳大利亚、芬兰、冰岛、韩国、新西兰、瑞士 |
| | 明确的担保 | 以色列、新西兰、瑞士、美国 |
| | 特别条款（出口信贷、项目融资） | 奥地利、芬兰、波兰 |
| 对于非商业活动提供补贴（预算资金） | 澳大利亚、德国、冰岛、新西兰、瑞士、美国 | |
| 债务中性调整来给予优势补偿 | 澳大利亚、冰岛、新西兰、西班牙、瑞士 | |

### 3. 国有企业优惠待遇以及债务中性调整

国有企业以及其他政府商业通常会从获取融资方面获取优势，这种优势通常以明确的、隐蔽的或者默认的担保方式获取。政府所有或者控制的企业优先获取融资通常归因于隐性的担保。其中借款人认为具有低风险应当默认为政府会对其借款提供担保。大多数国家不允许直接补贴国有企业的商业活动，并且让国有企业接受和私营企业同样的管制框架（比如，不能从破产法豁免）以及借款条件也与私营部门企业一致。尽管如此，当政府提供直接补贴给国有企业也存在一些例外条款的应用。在其他情况下，补贴融资可能直接提供给国有企业或者其他政府控制的企业，因为这些企业太大而不会倒闭（比如，由于经济或者社会原因来维持就业稳定）。

在政府所有或者控制的企业由于所有权因素被给予不恰当的优势情况下，一些政府可能会制定框架来确保债务中性（澳大利亚、新西兰、西班牙、瑞士以及土耳其）。相关的框架在不同国家存在差异。

在欧盟成员国，欧洲委员会负责国家援助法案，用来判断给予公共企业的某些优惠是否构成了相对于其竞争者的不恰当优势（比如，更廉价的融资，直接或者间接补贴）。任何构成不恰当的优势都应该被消除。

### 案例 5.20　案例分析：法国邮政服务

2006 年，欧盟委员会通知法国当局，初步发现给予法国邮政无限制的国家担保构成了国家援助。欧盟委员会采取了一项决定认为法国邮政首先采取了隐性的政府担保，因为其作为公共实体的特殊地位。这种担保造成了法国邮政相对于其竞争者具有经济优势，而竞争者必须在没有担保的情况下运营。因此会对邮政市场的竞争产生扭曲效应。欧盟委员会认为法国邮政的法律实体具有以下问题：

（1）法国邮政不受破产和清算程序的约束；

（2）按照公共法律适用于其法律债务的最后求助国家责任原则；

（3）将一家公司的责任转移到公共所有的企业或者国家；

（4）直接进入财政部账户。

欧盟委员会要求法国退出被给予的担保，承担所有的法律责任。法国当局对欧盟委员会的发现提出了挑战。尽管如此，欧盟委员会最终裁决法国给予法国邮政的无限担保构成了国家援助，与欧盟的内部市场原则不一致。委员会认为将法国邮政转换成一个公共有限责任公司会在事实上消除该企业享受的无限担保责任，转换应当在2020年3月1日开始。

资料来源：调查问卷回复。

有关给予政府所有或者控制企业的优惠待遇，以及债务中性框架的适用详细情况，根据相关国家的报告，总结如下。

（1）在澳大利亚，根据澳大利亚竞争中性指导原则（2004），政府商业必须调整成本基础以及价格，从而使其能够以优惠利率借钱（比如，利率应当反映澳大利亚政府的信贷风险而不是反映哪一种商业活动的信贷风险）。政府部门机构从公共预算借钱，通过恰当的债务中性调整已经纳入了债务成本，其中政府商业从市场上接单资金，任何与公共所有权关联的成本优势都可以通过对公共账户的债务中性支付进行调整。与其说是支付，不如说是商业方式做出调整使其债务中性化。

（2）在芬兰，尽管补贴融资是被禁止的（基于欧盟对国家援助规则），但是国有企业会受到一定程度的优惠待遇，并且认为国家对于借款者的隐形支持，会对贷款的利率给予打折。

（3）在德国，由于其公共所有权会被认为具有较低的风险（这并不阻碍私营部门获得同样风险利率的融资），国有企业可能会更容易获取贷款。

（4）在冰岛，在担保责任（以及对于破产条例的豁免）扭曲或者威胁扭曲竞争的情况下，按照欧洲经济体有关国家担保的规则产生的优势应当通过担保费用或者量化为公共服务责任的一部分（这种情况下实体就会被去掉公共服务责任）。

**案例 5.21　案例分析：俄罗斯联邦对于国有信贷机构的预算补贴**

根据 2009 年政府通过的裁决令，联邦预算补贴应当被给予俄罗斯信贷组织去收回由于购买车辆给予个人贷款导致的贷款收入下降（裁决令 244 号）。有资格获取补贴的信贷机构是那些国有参与的，净现值超过一定门槛的机构，这些机构会提供优惠购车贷款。只有 8 家信贷机构满足政府信贷补贴。

根据俄罗斯竞争机构的裁决认为：

（1）这种裁决在经济上是没有理由的；

（2）对于国家参与的银行造成了不恰当的竞争优势；

（3）限制了购车信贷市场的竞争。

俄罗斯竞争机构签发了一项裁决，对之前的裁决进行了修改。新的裁决将补贴扩展到任何信贷机构，只要这些信贷机构参与了购车优惠贷款。根据相关数据，大约 90 家借款机构申请参加这一项目，这一裁决扩展到了 2010 年。

资料来源：问卷回复。

（5）在新西兰，由于其被认为受到政府的支持，国有企业可能间接通过与政府的关系获取较低风险的评级。关于国有企业贷款的相关文件要求明确申明母公司对于其子公司的债务偿还不提供任何担保。

（6）在西班牙，皇家裁决令 1373/2009 认为由于公共所有权导致的成本优势（比如，债务、担保、保障条款）应当被估计，并且考虑这些成本优势相关的补偿应该提交给财政部。

（7）在瑞士，当州银行受到政府担保，银行对于这种担保通常会提供补偿。在其他情况下，地级层面的国有实体可能被给予更低利率或者以优惠基础获取融资（由于其默认的低风险）。尽管如此，这种优势可能很难识别，并且政府不愿意对此进行补救。国有邮政服务，尽管没有从明确的担保中获益，也需要向政府支付红利。这种支付可以被看作是由于公共所有权带来优势的一种补偿。

（8）在土耳其，在政府担保的贷款提供给国有企业、公共机构以及地方政府情况下，政府就会对这种贷款安排征收担保费用。

（9）在英国，国家贷款基金确保其贷款能够以商业条款进行扩展，这种扩展要求国有借款人来证明其贷款条款是参照了市场制定的。贷款会被严格监管来确保借贷不会被乱用，但贷款不能够被归还是违法的。

### （八）公共采购

1. 总体总结

在大多数国家，已经被采用的公共采购条例纳入了竞争中性元素，并且考虑了国有企业如何被允许作为投标者参与。这些情况下，采购规则目的是确保投标者（公共的或者私人的）在采购过程中能够给予公平的待遇，采购选择标准以及程序应当是非歧视的；采购程序和结果也应当是透明的，并且对于管理竞争的结果应当会促进更有效地利用资源。这种原则反映在WTO和欧盟的原则当中（根据欧盟有关公共采购的指导原则）。它们的推行可以被认为是相当广泛的。只有两个国家报告了例外的原则，包括国内供应商要优先于外国供应商，或者由于其专业化的经验特定的供应商会被优先考虑。

对于公共采购的灰色区域主要关注于其内部采购问题，尤其非公司的政府商业活动更容易引起关注。在很多情况下，内部采购并不受到公共采购条例的约束（芬兰、以色列、波兰、西班牙、瑞士、瑞典），因此竞争性投标可能是不需要的。一些国家有非常具体的有关内部采购的指导原则和适用情况，并且说明了哪些情况下可以不参与竞争性投标。在所有的欧盟国家，内部采购需要与审判制定的标准相一致，这一原则标准也适用于韩国。其他国家都报告了所有的政府机构在采购过程中会被同样对待，无论是来自政府内部还是政府外部的供应商。

其他问题也会出现，一些国有企业会自己进行采购，国家公共采购条例只是在一定程度上适用于国有企业的采购。对于公司化的国有企业，一些国家并不会将国家采购法律同等程度适用于这些国有企业和私营企业。在一些情况下，自愿采用政府采购程序是被鼓励的。

一些国家报告了对于政府企业采用公共采购程序可能会造成竞争劣势（奥地利以及斯洛伐克），这主要是由于相对于私营部门的企业，政府的企业会面临更为复杂和烦琐的招投标程序。

对于大多数国家，政府并没有报告在公共采购程序中可能引起的争议，例外情况是瑞典。尽管一些国家，包括欧盟成员国，报告了当争议出现的时候会有投诉机制。

### 2. 与竞争中性有关的公共采购条例

正如以上所述，大多数国家都采用了国家法律来确保采购过程的透明性和非歧视性。除了国家法律，欧盟成员国还需要与欧盟委员会有关公共采购立法一致。任何违反欧盟委员会相关的规则都会引起欧盟委员会的关注，并且可能被提交至欧洲法院进行检查，并采取相应的行动。有关水、能源、交通以及邮政服务的相关规则在2004年由欧盟委员会制定，并且将其适用范围扩展到了基于排他权运营的私营企业。一般来讲，在公共采购程序中，企业要遵循以下可适用的原则：同等待遇、非歧视、透明性、按比例分摊以及共同认可。

一般性采购规则的实践和适用可能在不同国家存在差异，主要是关注于内部采购实践产生的问题。在欧盟成员国家，比如，任何缔约机构都可以被豁免遵守欧盟公共采购指导条款，只要特定的标准满足了欧洲法院制定的标准（Teckal 审判标准）。这些标准澄清了对于内部采购的例外条款。一些欧盟国家报告了当政府内部提供服务是从一个政府部门向另一个政府部门会出现问题（比如，一个市政府企业），因为现行的规则可能会造成政府部门与政府企业直接达成协议，而无须经过公共投标程序。

### 案例 5.22　欧盟有关公共采购的规则

欧盟有关公共生产、公共供给以及公共服务合同的指导性原则——第四次修改。

成员国应当确保由公共法律约束实体参与招投标程序过程中，相对于私营投标者不会对竞争造成扭曲。

欧盟成员国有关内部采购的例外条款——Teckal 审判。

例外条款只适用于当公共机构行使企业职能，给予公共部门企业采购的例外。在这种情况下，公共企业没有义务去遵守采购程序。尽管如此，这种豁免适用性非常有限，只有满足以下几个条件才能适用：

（1）公共部门企业关键部门的活动是代替公共机构行使公共义务。

（2）一个公共机构行使控制公共部门企业的行为相当于控制

行使其自己未公司化的实体，特别是涉及战略性决策影响方面。

（3）采购的标的属于公共部门业务的核心范围。

（4）一个更进一步的标准，源自于司法谨慎，即在提供内部服务的企业中缺乏私有参与者必要性。

资料来源：调查问卷回复以及欧洲法院。

尽管内部采购的优先性在实践中可能并不常见，但是很多国家都报告了他们的公共商业可能会偏好与国家规则和实践一致的做法。不同国家在国有企业以及其他公共机构在参与竞争性投标采购方面，以及内部采购方面的实践总结如下。

（1）在澳大利亚，政府商业首先需要遵守共同体采购指导原则。其次，政府商业需要申明他们的投标遵循竞争中性原则。这主要是确保所有的潜在供应商（公共或者私营）具有同样的机会来竞争政府的合同。

**案例5.23　确保在管理竞争方面保持竞争中性——澳大利亚**

共同体政府采购指导原则（CPGs）澄清了有关政府机构采购活动应当遵守的政策框架和规则。潜在供应商必须基于法律、商业、技术以及资金能力来判断其提供产品和服务的能力，并给予平等的对待。CPGs不允许基于政府所有权产生歧视。这确保了所有机构基于其组织结构进行采购产品或者服务情况下，都不会处于劣势。根据澳大利亚竞争中性指导规则，所有机构进行投标过程必须包括要求公共部门投标者申明他们遵守竞争中性原则。当一个公共部门投标成功时，应当对其是否遵守了竞争中性原则开展评估。

（2）在丹麦，除了要适用欧盟关于公共采购的原则之外，重要的是，国有企业通常不允许加入国家约束的合同，目的是避免国家间接的风险以及其他中性问题。

（3）在以色列，国家需要接受强制公共采购规则的约束，并且被要求给予所有投标者参与采购交易的权利。只有极为有限的例外情况不受采购规则的约束。政府企业以及公共企业通常受到类似的公共采购规则约束。这些规则同样适用于国家和政府企业之间的采购。只有为了公共利益，由政府运作的企业才可以被豁免投标相关的要求。

（4）在韩国，对于公共企业及准政府机构的合约以及一般合同法律都存在特别规则。这些规则规定了公共采购合同应当以竞争为基础。尽管如此，仍然存在一系列例外情况考虑了公共合同中限制或者不存在竞争的情况（比如，在自然灾害情况下，或者由于商业信心、合同规模、协议合同、特别资质要求等原因）。

（5）在新西兰，公共采购规则与竞争中性原则一致，因为不会给予国有企业或者其他公共实体优先待遇，而是基于市场价值来制定筛选标准。

（6）在瑞典，除了要遵守欧盟有关公共采购的规则，国家采购法案也确保公共机构在参与投标中相对于私营投标者不能扭曲市场竞争。尽管如此，采购条件并不适用于内部采购，采购条例包括了排除不正常低价投标者特别条款，这种竞争优势可能部分或者全部来自政府的资助。

（7）在瑞士，采购条款确保基本的透明性和非歧视原则，公共采购条例并不适用于政府内部的条款。

（8）在英国，除了遵守欧盟有关政府采购的竞争中性原则之外，还强调了竞争作用，通过消费者工具来补救由于管理竞争所导致的任何扭曲效应。

关于国有企业怎样运作它们自己的采购程序仍然会出现其他一些问题，国有企业能在多大程度作为公共部门的供应商，以及是否应该适用于国家公共采购法律，有关国家给出了具体的报告：

（1）在奥地利，采购条例只适用于一些国有企业的活动，这些国有企业被要求对其采购的投标进行广告；尽管如此，相关的报告认为这样会把国有企业相对于其竞争者放在一个劣势地位，因为复杂烦琐的程序可能会阻碍潜在的投标者给出竞争性的投标。

（2）在新西兰，对于国有企业或者皇家实体并不强制要求他们基于商业化基础运作（尽管它们也被鼓励去遵循相关的指导原则）。

在位优势以及基于这种优势的补偿在几乎所有的国家中没有有关这种优势的报告，但是很清楚的是在一些情况下会存在争议，包括在澳大利亚以及在欧盟规则层面，特别的机制设立用来接受存在非中性情况下的投诉。

当特定的优势来自公共所有权，比如以下报告情况：在瑞典，政府的一个分支机构瑞典统计局被认为在参与合同竞争时提供低价格，由于其属于中央政府下属的一个行政机构而享受了特殊地位。由私营部门竞争者给予公共企业分支机构合同的竞争性问题同样存在一些申诉，认为其缺乏采购程序。

### 案例5.24　案例分析：瑞典的Dala-Mitt救助服务

瑞典当地的Dala-Mitt救助结构，是由瑞典三个州共同所拥有。其主要活动是对瑞典市政协调机构（MSB）提供应急响应服务，MBS是一家政府机构。根据在竞争性投标程序中设定的标准，为了培训课程的正常运转，获取专业性的培训设施是必须的。在公共所有权情况下，专业性设施是被授权使用的，通常是在州所拥有的训练场所进行。

在连续三个投标程序中，一个私营竞争者被拒绝获取使用专业性的设施，因此一项投诉就被提交给了瑞典竞争管理当局。在这种情况下，竞争当局认为：

（1）拒绝私人竞争者获取相关的设施违背了竞争法案，因为扭曲并阻碍了在应急响应运作培训方面招投标的有效竞争。

（2）考虑到所有的专业化训练设施都是由公共所有，拒绝一个私营企业获取核心的设施会导致其他企业很难进入市场参与竞争。

瑞典竞争管理当局请求通过强制禁制令禁止 Dala-Mitt 拒绝其他企业获取相关的训练设施来提供应急响应服务。这一案例已经提交给斯德哥尔摩城市法院。

资料来源：调查问卷回复。

# 第六章 国有企业竞争规则的实践应用：发展中国家

## 一 印度的国有企业及竞争规制问题

### （一）总体介绍

本章主要介绍印度的竞争中性问题。竞争中性认为在国有企业和私营企业之间应当建立一个公平竞争的市场环境。竞争中性与印度经济具有高度相关性，因为印度采取的是一种混合经济发展模式，这意味着国有企业和私营部门互相竞争，正如在许多发达国家和发展中国家一样，印度的国有企业在工业化和经济发展中发挥着十分重要的作用。国有企业在印度的地位突出具有必然性，因为国家认为需要建立一个强大的工业基础，并且鼓励自主的经济增长模式。尽管如此，随着20世纪印度经济改革的推行，大多数之前被国有垄断企业占据的市场已经向私营企业开放。随之而来的，是国有企业和私营企业在共同的市场上互相竞争的情况开始增加。因此，竞争中性对于确保市场参与者公平竞争，提高稀缺资源配置效率，促进经济发展都发挥着十分重要的作用。

在印度，国有企业也被称作公共部门企业（PSEs），在印度经济中发挥着关键作用。国有企业在印度经济广泛存在的潜在原因在于印度独立后采取的独特经济发展政策。印度与许多国家一样，采取了混合经济模式，同时鼓励国有和私营部门企业发展。在取得独立之初，印度主要以农业经济为重，工业基础十分薄弱，储蓄率低，在基础设施投资方面严重不足。1956年印度的产业政策决议把国家作为产业发展的主要和直接推动者，并且表示实现一个社会主义模式的社会。在1956年的产业政策中建立国有企业的主要目标是驱动经济以及工业化快速发展，并且为经济发展创建必要的基础设施，获取投资收益，取得经济发展的资源，提升收入和重新分配财富，创造更多的就业机会，促进区域平衡发展。协助小规模以及辅助产业的发展，促进进口替代，储备和赚取更多外汇来促进经济发展。印度的第一任总理尼赫鲁认为公共部门应当占据经济的制高点并拥有控制权。这里关键因素在于，对国有企业的创建和运营主要明确强调其国家利益高于对市场机会和盈利的诉求，国有企业要求进行只有国家才能完成的大规模投资，私营部门没有必要的资源或者不能要求其放弃商业利益来从事相关的活动。因此以提升公共效用水平为目的，大量的国有企业被创建。

根据1956年的产业政策决议，产业政策重点放在了建立重工业，因为认为重工业会引导经济长期发展，决议将产业分为三类，分别是给公共部门保留的产业（国有部门）、私有部门参与的产业或者没有国家介入的产业，以及那些来自私营企业的投资产业。促进基础性和重要战略性的产业或者公共事业部门产业的发展是公共部门发展的责任。要求大规模投资的必要性产业被分配给了公共部门。因此，印度经济是一种混合型的经济，同时有公共和私营部门参与，但是公共部门的范围被扩展了。对于公共部门具有特别战略性的产业在 1973 年、1977 年、1980 年的政策文本分别进行了定义。这些公共部门在计划经济中仍然处于中心位置，同时，私营部门的作用也开始逐步拓展。在 1973 年的产业政策决议中，被确定为高度优先的产业也允许来自大企业以及外国公司的投资。1980 年的产业政策决议中主要集中于提升国内市场竞争、技术进步以及现代化水平。

### （二）国有企业范式的转变

1991 年，经济自由化导致政府对于国有企业的经营模式出现了转变。政府发起了更大程度开放经济、更多依赖市场的系统性改革转型。1991 年的产业政策决议强调了许多公共企业已经成为一项负担而不是政府的资产。决议认为，应该让私营部门，包括外国投资者进入来引入竞争。同时也强调了国有企业在战略性领域进行创新和引导。1991 年的产业政策决议将国有企业在基础设施、石油和矿产资源开采和开发，技术发展以及制造业能力建设作为优先发展内容，这些对于经济长期发展都会产生关键影响，包括战略性产品的制造，比如国防设备。同时，公共部门并没有被阻止进入没有为它们保留的领域。为公共部门预留产业部门的同时，对于私营部门专门进行一些选择性的开放。产业许可除了在国家安全战略、危险化学品以及环保行业设立之外，多数行业的产业许可都被废除了。随着时间的推移，对于专门预留给公共部门的行业数量从 17 个降到了 8 个，最后只保留了 3 个：军事装备、原子能以及铁路运输。私营企业除了个别行业，逐渐被允许进入所有经济部门，外商直接投资现在被认为是支持国内投资实现更高发展水平的一种手段。

为了提升资源配置效率并鼓励公共参与，相关政策同样要求卖掉部分中央国有企业以及其他国有企业的股份给金融机构，并且通过投资项目来实现公众化。董事会变得更为专业，并且注重谅解备忘录的建设，给予企业经理人更大的自主权，同时要求他们负责。这要求重新调整低绩效企业，同时发展社会安全机制来保护受影响的工人。因此，公共部门政策的改变将一个控制型的经济转变为一个市场经济，从政府全部所有到去投资，从无限生存期限到面临清算威胁，从就业产生到人力雇用理性化，从自由预算支持到撤除支持，从部门董事会到独立董事会，从有限自主权到加强自主权。

（三）混合市场的发展

随着国有部门从1991年改革以来核心角色的变化，国有企业开始脱离指令经济，这种经济下，为国家提供服务的责任与国有所有权是对应的。依赖国家所有权的指令及控制模型的治理体系开始逐渐转向一种新的管制型治理模型，其中公共私人合作关系以及私营部门的加入要求政府通过经济管制来实现政府优先项目。对于国有企业早期能够获得的国家保护以及预算支持已经让位给竞争调整以及市场力量主导。由于大多数部门向私营部门开放，国有企业同时面临来自国内私营企业以及大型跨国公司更为激烈的竞争。尽管如此，私营部门的增长并没有替代国有企业的作用，国有企业仍然继续发挥着关键性的作用并且扩展到了很多新的领域。随之而来的是，印度的混合经济继续增长，即国有和私营企业互相竞争。问题在于在市场中的竞争是否被现有的国有企业所影响。这意味着需要不断促进私营部门以及国有企业之间的良性竞争，创建公平竞争的环境，提升竞争中性。

## (四) 印度竞争中性问题

在经过自由化改革之后，印度不同部门的政策出发点在同时鼓励公共和私人部门来实现计划的增长。尽管如此，缺乏公平竞争的环境仍然导致私营部门很难在经济发展和增长过程中发挥更为有效的作用。有关土地获取、资源关联、法人清算以及对国有企业存在更多购买偏好等一系列问题仍然存在。来自 CIRC&IICA 的一项研究表明，违反竞争中性原则的事情主要发生在国有企业占据主导的部门，比如煤炭、机场、教育、住房、航空及铁路领域。从部门研究中发现的竞争扭曲来看，违反竞争中性的主要原因包括对于自然资源的优先获取，豁免将规则适用于某项业务（比如，教育）、赠与激励（比如，住房和铁路）、来自政府的优惠金融资助（比如，航空），以及设施的优惠进入（比如在交通部门存在的案例）。

同样存在与政策有关的竞争中性扭曲问题。比如，机动车辆法案的条款明确了只有在国有交通企业没有将它们的车辆停泊在特定线路的情况下，私营企业才可以获取临时许可在通知的区域停车，这是典型的反竞争行为，因为这歧视了私营企业，并且被发现导致了反竞争的结果。有关通过规章进入国家基金，给予印度国家航空承运的优惠待遇是另外一个案例。同样，在其他部门比如银行也存在其他形式的扭曲效应。在 2011 年，印度储备银行要求国有银行可以给予农业部门贷款 1% 的补贴，但是对于私营银行却没有这种补贴，因此对于私营银行在农村设立分支机构产生了不利影响。

对于国有企业以及私营企业之间创造公平竞争的原则在反面也成立。不仅仅对于私营部门，相对于国有部门面临的一系列竞争劣势问题，相反的方面也适用和成立。有意思的是，在一些情况下，私营部门相对于公共部门同样存在优势。比如，在民航部门，多年来，国有航空公司（包括印度航空）没有购买新的飞机来扩充其机队，因此，许多不用的双边航空权利就被分配给了私营航空公司，它们被允许经营豪华的国内和国际路线。国有企业同样会遭遇很多竞争劣势，特别是相对于私营部门企业，国有企业可能会面临被过度管制和治理的情况，这严重限制了他们在与私营部门参与竞争时候的自由。

有时候，基于公共利益，偏离竞争中性原则可能是正当的。这种偏离可以出现在健康部门，政府拥有的医院可以以更低的税率进口医疗器械和设备，如果这种产品是直接从制造厂商获取。但这种情况并不适用于私营机构。这种偏离竞争中性的理由是正当的，原因在于政府医院为穷人提供免费的医疗服务。

### （五）采取的措施

世界银行的一份报告（2010）认为，自从20世纪90年代开始自由化以来，印度政府已经采取了一系列步骤来将市场原则适用于国有企业。激进化的措施在很多国家被尝试。比如直接对可行的商业实体进行私有规划，关闭不可行的商业实体。中央国有企业接受来自私营部门的直接竞争，通过开放部门允许新的私营实体进入。对于企业的直接预算支持大幅降低。通过支付税收和红利，中央国有企业作为一个整体已经成为国家预算的净贡献者。曾经偏好中央国企的采购，从1971年被采用以来，随后经历多次修改，最终大部分已经被消除。中央国有企业的竞争力通过提升管理自主权限，确保更大市场责任得到了显著提升。同时伴随对部分政府资产售卖的去投资化过程，仍然保留了政府大多数的控制权。政府在企业的股份通过股票市场的上市公司得以显著地下降。中央国有企业以及私营部门企业的法律区别开始逐步消除。综合考虑,这些措施已经导致中央国有企业能够更公平地与私营企业参与竞争,同样也让更多的企业遵守市场纪律,突出了竞争中性的重要性。

1. 共同的法律和管制框架

中央国有企业通常与私营部门企业接受同样的法律和管制框架,尽管一些法律可能包括特别的条款或者对于国有企业的豁免。

2. 部门公共企业指导原则

除了上述原则,国有企业还受到部门公共企业指导原则的约束,私营部门企业不需要遵守该约束。DPE指导原则决定了中央国有企业的许多实践和程序,包括责任、金融政策、人力资源发展、中央国有企业运作、董事会董事职能,以及绩效监管体系。大量的指导原则在过去数年已经被发布。在20世纪90年代中后期,为了简化程序的推行,许多指导原则被废除。但是仍然存在200多条从不同方面对国有企业运作的指导,有些是强制的原则,有些是一些自愿原则。

3. 去投资化

遵循1991年产业政策文本,去投资化在1991—1992年开始,自从那时起,去投资化无论在方法和政策方面都经历了变化。在1991—2001年期间,31家中国国有企业通过股权出售给选定的金融机构去投资了300多亿卢比。在2000—2004年政府政策允许战略性出售政府在国有企业的股权。印度的去投资化部分是通过私有化来进行的,没有进行管理控制权转移,与战略性出售存在一定的差异性。

4. 授权

为了帮助国有企业与私营企业进行竞争,公共企业部门采取了关键的措施给予国有企业董事会更多权利。首先将获利的中央国有企业分类，并且赋予一定地位，给予国有企业更高的经营和财务自主权来让它们更加积极主动地应对市场力量。同时也提供了一种机制鼓励更多国有企业评估它们的战略并且更有效地经营。

5. 责任性

更大的自主权和代理权与对股东更多负责任是紧密相关的。因此，随着给予国有企业更多的权利，政府同样需要集中于确保国有企业适当责任性，目的在于为私营部门实体提供一个公平竞争环境。

6. 2005年信息法案

信息法案在2005年生效，是提升公共部门透明性和管制的标志性行动。信息法案要求不同的中央国有企业向公众报告财务报表。事实上，许多中央国有企业已经建立了相关的网站并且关联了相关的管理部门来满足法律的要求。对于那些不定期向公众披露的文章同样可以从中央国有企业获得。信息法案提高了中央国有企业在投资者、股东、政府以及公民社会的透明性。中央国有企业更进一步以最佳精神接纳了信息法案，尽管存在一些实际的困难。

7. 人力资源发展

在中央国有企业，吸引和留住人才已经成为一个主要的挑战。企业越来越认识到提升人力资源质量对于可持续经营十分关键。因此，为了吸引和留住人才，许多国有企业采取了一些行动：

（1）采取合同制雇用关键管理岗位，用市场化的补偿支付。

（2）组织培训项目，目的是能力建设，提升员工技能。

（3）安排连续的规划政策，目的是识别具有领导潜力的员工，并且培养他们升任领导职务。

(4) 引入更合适的工资结构, 逐步与私营部门的企业工资结构对接。

8. 精简商务流程

为了确保私营部门参与者的竞争力, 国有企业按照生产率、技术采用、成本有效性以及服务提供来判断他们的能力。中央国有企业采取了若干措施来改革他们的运营状况, 主要包括: 投资于关键技术, 目标在于提升产品质量, 通过精简制造程序来提升生产率; 实现成本缩减。部署人力资源管理信息系统来支持商业程序进行再工程化, 加快决策过程, 允许中央国有企业积极主动应对市场。按照产业标准来规范实践活动, 便于提高效率, 降低成本, 增加外包流程, 特别是非核心活动以及支撑相关功能, 允许中央国有企业聚焦核心业务, 提升生产率, 降低企业过高的成本, 聚焦公司伙伴关系 (PPP), 主要目标是吸引部门资金, 或者要求显著的投资, 同时需要私营经营者具有必要的专业知识。

9. 竞争中性的公共采购, 对于国有企业政策偏好的退出

在印度, 公共采购包括代表国有企业的采购。公共采购过程中的竞争中性对于确保最佳的竞争结果具有重要的意义。采购管理对于市场竞争具有显著的影响。从 1992 年开始, 政府采购政策在中央政府部门和中央国有企业强制推行, 适用价格和采购偏好要高于公共部门。在这种政策下, 报价通常在私人部门最低价格的上下 10% 以内。该政策最初是只打算运作三年, 给予国有企业时间来调整新的经济环境, 尽管如此, 该政策被反复延期直到 2008 年, 目的是为私营竞争者提供一个公平竞争环境, 并且提升市场竞争力, 对于国有企业一般性的购买产品和服务的优惠政策被撤回。

10. 竞争中性法案

印度的竞争法平等地适用于公共和私营部门企业的商业活动。对于公共和私营部门企业商业活动没有区别和分类，在适用 2002 年竞争方案方面没有区别。

（六）主要结论

从政治和经济原因来看，政府仍然是很多国家未来生产性资产的主要所有人。在印度同样如此，尽管经过 20 多年的自由化和政府部分去投资化过程，国家仍然持有较大且具有控制性的国有企业。国有企业仍然是印度经济中的主要角色，并且仍然在过去几十年内在满足社会期望的目标。尽管如此，随着很多部门对私营企业开放，国有企业现在仍然在大多数市场与私营企业竞争。因此，竞争中性问题——不会因为所有权问题而产生竞争优势或者劣势——变得尤为关键。

考虑到国有企业在经济领域的重要存在，最大程度上确保公共企业和私营企业基于共同的竞争环境和激励，同时还能与公共服务责任一致。对于印度中央国有企业的治理框架与许多国际良好实践是一致的。为了消除竞争障碍，降低政府财政支持，中央国有企业进入资本市场上市取得了巨大进展。尽管所有的中央国有企业都已经公司化了并且与私营企业受到同样的法律约束，在中央国有企业与私营企业之间仍然存在一些重要的差距，这些差距会导致竞争和市场扭曲。这包括国有企业相对于私营企业的法律和财政优先权利，以及施加在国有企业身上的人力资源管理和社会责任挑战。不仅如此，尽管经历过去十多年来的深远改革，国有企业的工作文化仍然主要是遵循程序而不是看结果。国有企业踏足禁区，扭曲定价体系，实行多层治理结构，以及无效率的用工，这会导致决策失误以及造成运营的绩效损失，使国有企业相对私营企业处于劣势。尽管如此，治理挑战仍然是未来需要改革的，目的是获得更多的收益。

将印度经济与全球市场融合为一体，已经产生了新的问题，已经对国有企业造成了一系列挑战。对于印度国有企业最大的挑战是如何增加其竞争力来对付市场力量。技术动态化以及国际竞争力的获取要求企业能够快速地适应外部条件的变化，因为外部环境的快速变化已经成为当今世界的主要特征。急需要做的是真正对国有企业放手，让其被迫淘汰，或者在竞争中增强竞争实力。

很多的委员和专家都已经对此进行了深入的研究，并且对于如何改进给出了相关建议。这种挑战更进一步是如何执行的问题，旨在提升国有企业治理能力以及增加中央国有企业自主能力，比如董事会任命、授权，以及将所有权与政策功能分开能够有效地促进更广范围的政策改革，这些改革的目的在于通过接受更多的竞争增强市场纪律。强化预算约束，将中央国有企业上市，通过战略性出售去投资，以及采取公共私人合作伙伴关系（PPP）的方法。市场纪律反过来会对企业追求更好的商业战略以及治理产生压力。这会进一步促进国有和私营企业公平竞争。

印度正在构建更强的竞争法律体系，以及平等对待国有和私营企业对于确保市场经济的公平竞争至关重要。由于政府政策可能是竞争扭曲的根源以及缺乏竞争中性，需要竞争法律框架和政府的政策同时配合来实现竞争中性市场。对于法律和规章制度的竞争性评估能够帮助去除竞争优势，尽管这被认为是超出竞争法律约束范围。全球的经验表明，竞争机构通过倡导的方式能够有效促进竞争中性的建立。

从政府的角度来看，一个主要的挑战是在积极行使国家所有权的同时，比如任命与选举董事会，同时避免对国有企业的管理施加不恰当的政治干预。另一个重要挑战是确保私营企业与国有企业面临一个公平竞争的市场环境，以及政府不使用管制或者监管权力来扭曲市场竞争。

## 二 马来西亚的国有企业管制与竞争中性原则

### （一）国有企业在马来西亚

国有企业在马来西亚的发展最早可以追溯到英属马来西亚期间。那时候国有企业被称作代理机构（Agency House），并且涉及马来西亚的关键部门，尤其是在种植、锡矿以及商业贸易方面。橡胶产业的代理机构比如 Harrison&Crosfield，Boustead-Buttery，Guthrie and Sime Darby，拥有并且管理着大片的种植园地，与英国在马来西亚市政服务机构保持密切关系。

独立后的马来西亚联邦宪法赋予了政府管理土地和水的权力。这就意味着政府可以通过立法来规范农业、矿业、渔业以及林业。这就导致许多州政府采取措施来建立经济发展公司（EDC）管理其自然资源。

1969年吉隆坡发生种族动乱之后，1970年联邦政府引入了国家经济政策，该政策是对马来西亚原住民肯定行动的经济方案。国家经济政策具有广泛的社会经济目标，包括增加国民的参与度，尤其是原住民在经济中的参与度。国家经济政策设定目标资产所有权水平30%为外资，40%为其他马来西亚人，30%为原住民，计划在1990年达到。建立和发展国有企业被认为对于实现国家经济政策目标具有关键性作用。事实上，国有企业在20世纪70年代中期每年以超过100家的速度增加。

1983年，马来西亚政府启动了私有化项目作为马来西亚更广泛的公司化政策的一部分。马来西亚公司化政策主要用来提升私有企业在经济中的作用。1985年，政府启动了私有化准则，具有五个主要目标：①加快经济增长；②减轻政府的财政和行政负担；③提升效率和生产率；④降低公共部门在经济中的规模；⑤帮助实现国家发展政策的重构目标。

马来西亚航空公司是第一家在此项目下实现私有化的国有企业。马来西亚航空公司被选中主要是它已经在1964年公司法案下成为一家公司化企业，因此不用经历公司化过程，这被认为是将国有企业变为一家私人企业的重要一步。

在随后的1991年，引入了私有化计划来指导项目的执行，对于私有化的过程是分阶段进行的。计划主要代表一个新方案来对原有政策进行补充，即1983年的马来西亚公司政策，被扩展来强调私营部门在马来西亚经济发展中的作用。政府推行私有化的目的是弱化政府在经济中的作用，缩小公共开支的范围，允许市场力量来驱动经济活动。

私有化的最初阶段（1991—1995年）包括了经济的所有部门，但是主要集中在建筑业（22.5%）以及制造业部门（15.2%）。在此期间，重大项目私有化包括吉隆坡轻轨运输系统、国家体育综合体、国家汽车公司、对新加坡的第二条道路链接，以及国家电力公司。这些项目被选中主要是因为涉及的产品和服务比较重要，以及这些部门的战略性特征。

在1997—1998年亚洲金融危机中，私有化的道路面临着一些小的挫折，这导致马来西亚被迫进入危机管理、稳定、调整的时期。恢复是由于公共和私营部门的一致努力，并且通过财务和运作重组创造了更强的公司部门，提升了公司治理能力。这一时期以及随后的恢复体现了政府在经济管理中更大的作用，包括在银行和企业部门，这也导致几个大的且具有战略性的公司被重新国有化，或者重新回到政府所有权和控制之下。

在 1997—1998 年亚洲金融危机之后，许多高绩效的国有企业被重构。比如，2000 年 12 月，政府通过财政部回购了 29.09% 的马来西亚航空公司股份，这些股份早些时候卖给了 Naluri（一家私人公司），并且政府的养老基金同样购买了早些卖给投资机构的大约 9.1% 的股份。

1997—1998 年亚洲金融危机的另一个重要的结果就是推行国家经济恢复计划，这也导致了 1998 年 PDNB 以及 DNB 两家国有企业公司的建立。随着亚洲金融危机的深化，国有经济恢复计划的主要目标是维持金融安全。为了应对不良资产的上升，国家经济恢复计划建立了 Danaharta 以及 Danamoda 两家资产管理公司来从金融机构收购不良资产，以及对经营不善的金融机构注资。Danaharta 开启了系统广泛的不良资产收购，并且对所有马来西亚的金融机构都做出了出价，无论其所有权如何。这包括金融公司、发展银行以及当地公司化的外资银行。证据表明并不存在国有和非国有机构的歧视。从所有的方面来看，资产管理公司模式考虑了许多大金融机构的系统性恢复，以及整个金融体系。这一行动以及经济环境向良好方向的转变，避免了马来西亚在那一时期大规模的银行危机。

**（二）对国有企业商业活动的管理机制**

马来西亚国有企业从事的商业活动受到各种管制机制的约束，这种机制由部门特别的管制者确保执行。对于国有企业管理机制的执行依赖于国有企业运行的行业，一些国有企业同样受到额外的管制和报告要求。这些管制机制根据它们被引入的顺序进行讨论。

马来西亚规制国有企业的努力可以追溯到1969年,当时政府建立了一个委员会用来协调国家经济发展公司(SEDC)。这个委员会的任务是监督联邦政府对SEDC的贷款。1974年,政府决定建立公共公司协调部(MPMC)。尽管如此,其他政府部门仍然对于一些国有企业负责。比如,马来西亚航空公司,是在交通部的管辖权限范围内。MCPC后来在1976年被改名为公共企业部(MPE)并且被赋予了更大的管辖权限,主要功能包括:监督和协调在其司法体系内的公司来确保他们的政策、程序以及项目与国际经济政策目标一致;识别和解决公司运作过程中的问题,以及公司之间的关系;促进实体企业之间的合作,以及实体企业与政府机构的合作;从事政策分析并且引入政策改变;刺激公司扩张与国家经济计划的目标相一致。联邦国有企业以及国家经济发展公司都在部委的管辖范围之下。公共企业部后来在2004年被重新命名为企业与合作发展部(MECD),那时候它改变了其管辖范围来促进Bumiputera企业的发展。MECD在2009年在内阁重组之后被解散,其作用和责任也被转移到了其他部委。

从那时起联邦政府已经没有一个部门负责协调马来西亚国有企业的活动。尽管如此,许多人认为凭借其在联邦国有企业具有的大多数所有权,财政部的投资公司以及私有化部门具有与公共企业部同样的政策功能。私有化部门最先是通过2000年第A12号担保建立起来的,然后通过2005年第A65号担保后来进行了重组。财政部的网站将私有化部门的功能描述为包括:协调、评估财务地位以及商业计划;评估以及制定国有企业相关的政策,管理公司化和私有化活动,管理财政部公司化国有企业的投资和去投资份额。

### (三) 部分私有化以及引入特别权利或者"金股份"

在多数情况下,马来西亚倾向于采取部分而不是全部私有化其国有企业。这意味着政府仍然在上市的国有企业中持有资产股份。比如,当马来西亚航空公司在1985年私有化的过程中,政府的资产份额从90%下降到70%。在2013年3月31日政府通过KNB直接拥有了马来西亚航空公司69.37%的股份。在2011年4月22日,KNB直接去投资了政府在国家邮政公司的战略性收益,将全部股份的32.11%转移给了DRB_HICOM Berhad。

除了仍然在国有企业持有资产收益,政府同样在一些国有企业中持有特别股份或者金色股份。这些国有企业被考虑从事战略性产业并且具有显著国家利益。政府最关注的是,新成立的私有企业可能没有足够激励在不考虑地理位置和收入的情况下为消费者提供产品和服务。比如,消费者在农村地区可能不再会享受到过去同样的服务,而过去这些服务是由国有企业提供的。另外,在马来西亚航空公司,这种特别的份额首先在1985年被提议,后来被引入了私有化过程。马来西亚航空公司的金色股份给予了政府权力来控制董事会,在企业解散情况下优先进行资本赎回,并且马来西亚航空公司必须在任何时候赎回特别股份。

### (四) 建立部门特别规章以及执行部门特别规章

除了进行私有化过程,政府同样启动了自由化过程,通过对私营企业在许多部门开放市场,或者可以通过马来西亚电信部门的发展来进行说明。

马来西亚电信部门的自由化过程开始于1983年,当马来西亚电信部门与私营狄安娜公司在提供产品服务方面展开竞争的时候,提供终端设备，比如电话、远程打印机以及电报服务，马来西亚电信部门在 1984 年进行了公司化改制，并且在 1990 年进行了私有化，成为马来西亚电信公司（TM）。电信部门在 20 世纪 90 年代通过对移动通信运营商的保险许可进行了进一步的自由化。

在 1998 年，政府建立了一个部门特征的管制者——马来西亚交通及多媒体委员会（MCMC），通过采用收敛的管制模型来管制电信部门，这一模式同时用来管制通信和多媒体产业。

自从 MCMC 被建议，政府已经建立了其他产业部门管制者，包括能源委员会（EC）、国家水利管理委员会（SPAN）以及公共土地通讯委员会（SPAD）。必须值得注意的是，英国金融部门以及资本市场相对更为发达，并且它们的管制者——BNM、证券委员会、Bursa 马来西亚同样在执法能力方面更为成熟和先进。除此之外，马来西亚所有部门的管制者具有多种管制功能，因为他们能够推行经济和技术的规章。BNM 同样开发以及利用货币政策，而 SPAD 同样推行安全规章。这些部门特征的管制者主要管理在他们管辖范围内的所有企业活动，无论其所有制结构。在 TM 和 TNB 的情况下，MCMC 以及 EC 都制定了进入价格以及税收，因为两家国有企业都主要提供其行业中必要的基础设施。

### （五）国有企业的公共责任

上市和非上市的国有企业都会受到公共审查，因为政府是它们的所有权人。比如，这些实体需要对马来西亚国会负责，并且可能被要求在公共账户委员会有关任何公共利益的存在问题的时候出现。公共账户委员会包括来自执政和反对党的国会成员，被赋予如下任务：联邦政府的账户和预算；公共机构账户以及其他管理公共资金的实体；向审计总署报告；与委员会关联的其他事情。

审计总署同样审计国有企业，这些审计的结果会被发布，并且在年度报告中进行公布。同时，这些受到担保的国有企业，目的是在1965年借款担保法案下为公司实体聚集而融资。1965年借款担保法案授权政府来担保贷款，这些贷款担保是由特定的公司实体来提出，并且限制这些实体的借款能力，以便于能够担保。在可能存在的违约情况下，贷款安排部门确保这些实体企业能够在担保之下完成相关的责任。对于任何例外的机密信息，相关的部委需要向国会提供所有的担保细节。

第1993/11号财政信件对于国有企业红利支付提出了相关政策要求和指导，因为国有企业是这些企业的股东。这些实体企业会被要求每年支付至少10%的红利给政府，实际上这个比例可能会更高，如果国有企业在某一财年获取了更多的利润。红利支付必须满足1965年公司法案中的第98章到第107章条款。

### （六）上市国有企业规制的额外机制

尽管国有企业是政府所有，它们通常在公司法案下进行了公司化过程。这个法案当前是由马来西亚公司委员会执行的，并且对公司的章程、管理、行政以及它们的财务报告进行规制。因此，公司化的国有企业像其他企业一样，要求向CCM提交年度财务报告，然后向公众开放，只收取小额的管理费用。

许多大型国有企业同样上市并且受到马来西亚证券委员会的管制。上市国有企业的例子包括Maybank、马来西亚航空公司、马来西亚电信、Sime Darby，和其他上市公司一样，这些上市的国有企业也要受到公司法和通知要求约束。比如，会被证券交易所要求发布年度报告，向公众开放投资决策相关的信息。

2005年，10年期的GLC转型项目被启动来提升选中的GLC公司的绩效，主要基于以下三个原则：（1）国家发展：资产增长，提升全要素生产率以及发展人力资本；（2）绩效：通过提升绩效来创造经济和股东价值；（3）治理、股东价值以及利益相关人管理：执行各种行动来关注利益相关方。

该项目是由 Putrajaya 委员会来监管高绩效的 GLC 企业，这些项目由财政部主持。委员会成员包括 GLIC 的企业负责人，因此这个项目可以被看作是 GLIC 试图去引入一种自我管制的新机制。

GLC 为关键绩效考核指标（KPI）设定了目标，进展评估每年都会考察这些 KPI 指标是否实现。考核发现 2004 年以来所有关键的财务领域都取得了巨大的进步。比如，总的股东回报年度增长从 2004 年 5 月到 2012 年 4 月达到 14.5%。超过了其他上市公司平均水平大约 2.4%。在同一时期，它们的市场资本从 1400 亿马来币增加到了 3360 亿马来币，净收入年度增长率达到 18.2%，从 90 亿马来币增长到 200 亿马来币。

### （七）执行一般的竞争法律

马来西亚国会在 2010 年 5 月最后通过了 2010 年竞争法案以及 2010 年竞争行动法案。两个法案随后在 2010 年 6 月得到了皇家认可。2010 年竞争行动方案随后开始行使，导致 2011 年建立了马来西亚竞争委员会。2010 年竞争法案在 2012 年 1 月经过 18 个月的备案之后开始生效。

这些法案的引入和执行标志着马来西亚管制环境出现了重大的改进，因为这些法案会影响市场参与者、部门管制者以及政策制定者。

2010 年竞争法案适用于所有的商业活动，这会对马来西亚的市场竞争产生效果。受到通信和多媒体 1998 法案以及 2001 年能源法案约束的实体，被排除在适用于 2010 年竞争方案之外。2010 年竞争行动法案考虑了现在行业特定规制者之间交叉安排对竞争问题的影响。2010 年竞争行动法案考虑了马来西亚竞争委员会建议政策制定者关于政府政策以及其他措施，包括立法对竞争问题的影响。在存在反竞争效应的情况下，委员会可以给出建议来避免。

**（八）结论：问题和相关观察**

这一部分主要对前面的相关政策和管制框架继续进行讨论，并且评估它们是否对马来西亚的国有企业进行了充分的管制和约束。

1. 部分私有化以及引入特别权力和金色股份

政府施加了特别权利或者金色股份来控制战略性私有化国有企业，以便于国家利益得以保障。尽管如此，部分私有化，以及特别权利或者金色股份可以限制这些国有企业来做出决策以及从事商业活动，但可能对于其经营结果和效率产生负面影响。不仅如此，这还可能导致具有潜在的投资私有化强烈愿望的投资者所不期望的结果。因为他们的决定可能被政府驾驭，尽管这些投资者具有主要的所有权。事实上，这种股权给予了政府不对等的管控权利，而这种管制与竞争中性的框架很可能是不一致的。

2. 建立部门特征的管制者以及执行部门特征的管制规章

政府作为政策制定者，可以指挥部门管制机构在管制过程中加入条款来解决相关的关切问题。比如，这些管制条款可能包括透明性、一般服务责任以及部门竞争问题。许可方必须遵守这些条款和要求，不能做到的会被管制者驳回许可。相关的例子包括 CMA1998 以及 2012 年邮政服务法案，当前这些都被 MCMC 所管制。

这些部门特征的规章适用于所有的在他们的管辖范围内的实

体，无论其所有权如何。在通信产业部门，所有的市场参与者必须作出贡献，但是同样都能够获取通用服务基金支持。MCMC 同样在其网站发布了部门信息，使其公众能够获取相关信息。除此之外，它同样有权利来制定相关价格和费率，这对于国有企业至关重要，因为这些国有企业可能制定更高的费率，有效地阻碍潜在的竞争者使用必要的设施，或者对于低收入消费者造成负担。所有的这些规章中与竞争有关的条款都与竞争中性框架相一致。

3. 国有企业的公共责任

公共责任委员会指导一些国有企业提供它们的交易或者与公共利益项目的细节。比如 KNB 已经出现在委员会之外，委员会同样会发布有关任何交易的评论。事实上，2013 年 9 月 10 日，公共责任委员会发布了一项文告，提升国有企业，包括 KNB 遵守公司治理的最佳实践，根据马来西亚竞争委员会（MYCC）对马来西亚航空公司施加 1000 万马来币罚款，处罚其在 2012 年相关的股票互换交易行为。

同时，在 2012 年的审计总署报告中，存在对于一些国有企业，比如 RAPIDKL、UDA、IWK 等公司财务的关注与评论。国家污水处理公司、IWK，被认为过于依赖政府补贴来覆盖日益增长的运营费用。在 2010 年年底，其累积的损失已经接近 8.99 亿马来币。

有关政府担保，JCorp 收到了来自联邦和州政府在 2012 年对其 30 亿伊斯兰债券的担保，2012 年 5 月在 1965 年政府担保法案下被组建成了一家公司实体。同时对于国有企业的财政含义是强调了一些国有企业需要上交部分红利给政府。

4. 对于上市公司的额外管制机制

Bursa 马来西亚以及证券委员会都强调了信息透明作为解决信息不对称问题的重要性，投资者要求得到尽可能多的有关股票的信息来做出相关的投资决策。有关公司的信息，包括上市国有企业，通常是通过多种平台公开获取的，比如管制者的网站、国有企业网站，公司渠道包括彭博社以及每日新闻报道。

尽管如此，与其他非上市公司一样，非上市公司不需要公开年度报告，尽管一些信息确实表明这些公司的运作和财务结果具有信心。在马来西亚，有关非上市公司的信息可以从 CCM 中获取，但是并不能从网上获取。

同时，GLCT 项目给 G20 企业提供了最佳建议，这些建议包括了企业管理以及行政问题，包括公司治理、董事会任命、商务和非商务活动分割，采购政策与实践。这些实践是参照国际公司的最佳实践制定的。

早期的透明性要求只是部分与竞争中性框架一致。GLCT 项目与竞争中性框架一致，因为它促进并且发展了竞争性的国有企业，这主要是通过为 CEO 设定绩效目标来实现。同样也鼓励有目标的实际 KPI 的透明性，这就允许国有企业的绩效被公众追踪。

5. 执行一般竞争法

2010 年的竞争法案聚焦于活动，因此所有的市场参与者都要受到规制而无关其所有权结构（国有的还是非国有的）、国籍（外国的还是国内的），以及规模（大企业还是小企业）。不仅如此，与其他一些一般竞争法律不同，2010 年竞争法案具有很少的豁免和排他清单。因此对于市场竞争提供了广泛的保护。马来西亚竞争委员会已经表明了愿意调查国有企业相关的竞争案例，比如马来西亚航空公司的股票交易，同时也会对相关的公司施加罚款。这也表明了相关的竞争法对于促进竞争中性的实现具有积极意义。

综上所述，马来西亚并没有明确的竞争中性管制环境。对于现有的财政及管制机制能否解决所有竞争中性框架下的潜在净优势问题仍然不清楚。尽管如此，从上述的讨论中可以发现，相关的管制框架确实在部分上满足了竞争中性的要求，比如提供更大的透明性、责任性以及建立国有企业需要达到的绩效目标。

在国家开发以及执行的竞争中性框架中，比如澳大利亚，可能并不适用于当前马来西亚的发展情况和经济条件。但是对于管制框架的不断发展和改进强调了在条件允许情况下逐渐向类似竞争中性框架努力的可能性。事实上，政府需要考虑出台相关的政策机制可能与竞争中性框架不一致，并且采取持续改进、发展以及识别管制机制，使其与竞争中性原则能够达到同样的效果和结果。我们很乐观地看到一些部门的管制机构比如BNM正在向修改部门管制机制的方向努力，使其与2010年竞争法案以及2010年竞争行动法案的原则相一致。对于政府的挑战是找到促进竞争与有效市场的正确平衡。

## 三　越南的国有企业与竞争中性问题

### （一）越南国有企业的介绍

经过数十年经济改革，越南仍然是一个高度集中的经济体。国家垄断仍然以不同的形式存在，从单一垄断到多元垄断存在于国家很多部门之中。在早期的转型过程中，随着私有企业出现，公共部门企业已经不再是市场唯一参与者。

尽管如此，国有企业仍然在市场中公共所有权方面扮演关键主流角色，确保国家经济的社会主义方向。为了实现这一目标，在20世纪90年代对国有企业的重组一直持续到现在，国家垄断仍然在特定的垄断行业中存在，比如电力、供水以及自然资源开采。在这些行业中，国有企业控制价格，生产以及投入和产出的分配。

在其他一些战略性产业，比如石油、电信、钢铁和煤炭，大量的国有企业通过利用国家在资本、技术以及生产资料的补贴享受垄断地位的现象还比较普遍。

国有企业对于20世纪90年代越南经济增长奇迹做出了部分贡献。尽管如此，同一时期，国家垄断遗留了一些特征会阻碍竞争环境的形成。

首先，国有企业并不是在竞争力量中建立起来的，而是通过国家机构行政决策而建立，国有企业负有社会责任。因此，大多数国有企业是无效且不能利用规模经济的。为了对国家预算作出贡献，必须通过利用其垄断地位制定较高的价格来获取利润，克服其经营过程无效率性，以及阻止其他竞争者进入市场。

其次，国有企业是在国家机构及其地方政府的直接或者间接控制之下，这就允许国家介入国有企业的运营。这就为形成国有企业间卡特尔创造了有利条件。

最后，从官僚主义的观点来看，国有垄断被认为是一种正常现象应当被保护，而不是被限制。据此，国有企业可以依赖来自官僚机构的支持而阻止私营部门的发展。

这些事实已经提交给越南政府，对于如何规制国有企业存在两难选择问题。一方面，很多人担心在大量的部门保留国有垄断会导致市场失灵且阻碍市场竞争环境的发育。这些关切导致要求制定与美国谢尔曼法律一样的法律，允许有效地控制国有垄断并且限制国家在相关市场介入企业的运营。另一方面，政策制定者不愿意放弃国有企业的垄断地位，因为他们在保护国家经济目标以及经济社会导向方面发挥着关键作用。因此，建议在战略性部门或者需要大量资本投资的部门保持国有垄断地位。

越南市场另一个显著特征是新建立的私营部门企业，包括国内和国外投资企业，作为提升未来经济增长的潜在力量。贸易自由化对于私营部门的快速增长贡献了力量，这些已经成为推动越南经济快速增长最为重要的一部分。

私营企业在许多行业带来了显著的竞争。尽管如此，大多数私营国内企业是小规模的，并且缺乏竞争力。更重要的是，仍然存在一系列形成障碍阻止了私营企业的发展并且扭曲了私营企业与公共企业的公平竞争，比如在银行信贷的歧视性政策、土地租用、出口配额分配以及关税。因此，为公共和私营企业创造一个公平竞争环境已经成为政策制定者以及学者讨论的中心问题。

在越南通过竞争法之前，政府采取了措施来为私营部门创造一个竞争性的环境，主要通过限制国家垄断范围以及放弃许多被认为有利于公共部门的管理措施。尽管如此，仍然需要一部竞争法来阻止官僚机构介入市场，以及国有企业滥用自然垄断地位来排除和限制私营竞争者。

越南积极融入全球市场经济同样是起草竞争法过程的一个因素。一般来讲，国际经济一体化受到支持，并且被认为是提升国内经济增长，以及减轻贫困的手段。尽管如此，越南同样不得不在很多部门开放外国直接投资，以及消除国内企业的保护措施。这导致了国内保护主义者的反制，因为高度竞争的外国投资者存在可能会引起市场过度竞争以及消灭国内企业。因此，有人认为这将与宪法中规定的建立一个独立自主的经济政策相妥协。

在2004年11月9日，越南全国大会通过了竞争法律。对竞争的立法是一个重要的时刻，继续确认了国家在经济管理中的重要作用，以及为国有和私营企业创造公平竞争的环境奠定了基石。

尽管如此，竞争法律还是提出了一系列复杂且重要的问题，这可能需要数年来回答。国家能否利用竞争法当作利器允许管制机构和官司申诉人去挑战反竞争行为？竞争法能否作为盾牌保护国有企业免受外国和国内以中小企业的名义展开竞争？

**（二）越南国有企业的特征**

1. 第一种形式的国有企业为国家冠军企业

2012年，越南国有企业的数量为4715家。在越南，国有企业建立的第一种形式：国家冠军企业，包括试点的国有经济集团以及在总理决策之下建立的国有企业。其中国有经济集团建立的主要目的是进行试点，这些集团要求满足如下条件：具有法律能力；包括至少7个商业企业；资本量最少要达到1万亿越南盾；具有包括7—9名管理委员，这些委员被首相任命。

这些经济集团的建立必须保证限制垄断和不受控制的竞争。尽管如此，2009年5月，政府签发了一项裁决令，对于国有经济集团建立、组织、运营以及管理给出了更为详细的说明，裁决令对于国有经济集团的建立施加了更严格的控制，包括要求集团有能力去发展特定的行业，建立这些国有经济集团的目的是：集中投资，动员资源在关键部门去组建大公司集团，来提升竞争力和国际经济一体化。确保国内经济平衡发挥作用，高科技应用以及为发展其他经济部门和整个经济创造激励。提升价值链与其他经济部门发展的联系。加强有效管理以及在集团成员中资产投资的监管。创造基础，继续完善针对公司的政策和法律。

有关国有企业的裁决令主要目的是对于国有企业重构进行引导。国有企业是在部长及当地人民委员会的决策下建立的，总共90家，其规模相对较小，但同时也需要满足以下的要求：拥有至少5个成员，这些成员与财政、投资发展项目及供给、交通、信息以及培训服务相关。需要最低资本为 5000 亿越南盾。具有部长及当地人民委员会任命的董事长和员工。

2. 第二种形式的国有企业依据国有企业法律建立

包括国有公司、股份公司及有限责任公司。国有公司是建立在那些提供必要产品和服务的领域，应用高技术，创造竞争优势以及鼓励地区经济快速发展的区域，这些区域具有较为困难的社会经济条件。国有企业的建立之前是依据 1995 年国有企业法律建立的，后来被 2003 年国有企业法所取代。在这些法律框架下，总理通过他们的决策有能力建立大规模的国有公司，以及在战略行业运营的国有公司。与政府机构关联的领导以及省一级的地方人民委员会主席有能力在其他区域建立国有公司。

国有股份合作公司以及国有有限责任公司。国有股份合作公司，国有单成员有限责任公司，以及国有多成员有限责任公司是依据国有企业法建立的。

尽管如此，2003 年国有企业法律已经被 2005 年公司法所取代。公司法主要针对所有公司的建立、管理、运作进行治理，包括国有企业。

现在同样存在对纯国有企业进行私有化，将其转换成股份合作公司的行为。国家的私有化项目在 1992 年开始试点，作为经济重构项目的一部分。这一项目通过政府 1998 年的裁决令进行颁布，主要用来治理国有企业的转型问题。

1998 年的裁决令目标是对国有企业进行转换，国家不需要持有国有企业 100% 的股权，将国有企业转换成多种所有者共同持股以及利用私人和外国资本。目标是增加国有企业的财务能力，更新其技术和管理体制。

最近的管制条件对于纯国有的转换是裁决令 59 号。在这一裁决令之下，下述的国有企业可以进行私有化，一个成员的有限责任公司，具有100%的国家资本，其母公司是在91号和90号决策文件中建立的国有经济集团。一个成员的有限责任公司，具有100%的国家资本，是在部级及部级机构和省级人民委员会管理之下。具有100%的国家资本企业，还没有被转换成具有成员的有限责任公司。

私有化是通过发行额外的股票来增加资本，售卖一部分国有持股，或者两者结合。

3. 国有企业的国家治理

在2003年国有企业法律之下，国有企业主要采用两种方法进行管理，通过国有机构以及通过国有企业的所有人来进行管理。对于政府通过国有机构，尤其是政府来管理的情况，国有机构有权力制定以及组织国有企业法律文本的执行；制订国有企业发展开发计划和战略；组织国有企业的商业注册；建立并且储存国有企业的基本信息；监督和管理国有企业的商业运转，在注册之后确保国有企业严格遵守法律；起草计划和组织培训，专业化的发展以及提升国有企业经理人的商业道德；为公共产品和服务制定产品列表、财务管理系统以及优惠政策；检查针对国有企业的运作，处理相关针对国有企业的投诉。

作为国有企业的所有人，国家可以通过批准来建立国有企业，制定国有企业章程以及任命国有企业经理人；按照政府制定的准则和时间规定对国有企业进行兼并、拆分以及重组；决定最初以及额外的投资资本、分配资本，检查和监管资本的发展，批准技术去提升资本以及建立合资企业；决定适用于管理模式、任命、开除，奖赏以及规范企业的关键管理岗位；制定标准和规范，工资，薪水，奖金和补贴；按照国有分配任务和目标来检查和监管国有企业的执行情况。

### 4. 通过法律工具来对国有企业进行国家控制

除了上述讨论的特定权利，政府同样可以行使或者影响众多法律工具，比如价格法和管制特定战略行业法律（比如，通信以及通信服务提供商的法律）。

国家通过价格法来管理市场价格机制，评估价格是否稳定。因此，国家可能采取措施来对特定产品和服务稳定和确定价格。产品和服务价格稳定被认为对于生产和生活是必要的，主要包括两种类型：①原材料、燃料，以及生产和流通用的资料及服务；②满足生活基本需要的产品和服务。

国家同样来决定价格以及设定价格界限，包括：①在国家垄断下的生产和商业部门的产品和服务；②重要的自然资源；③国家储备、产品、服务，以及由国家预算支持的公共服务行业。对于生产成本重要的产品，包括土地租赁、电力供应以及通信服务等需要国家来确定的产品和服务。除此之外，国家可能会增补产品和服务，这些产品和服务通过国家代表大会许可的方式来确定和稳定价格。法律提供了国家来控制市场价格竞争的基础，来保留低效率的国有企业。这种情况体现在石油零售、黄金交易以及采矿行业。

从有关通信服务来看，规章要求国家在特别重要的网络基础设施行业持有压倒性数量的服务供应商股份。对于这一领域经济考虑是在竞争法范围之内，有关电信服务提供的法律认为，信息和通信部应当协调工业和贸易部来管制这些活动。

在2011年，一项有争议的兼并由Viettel对EVN通信公司展开，这将会导致Viettel在3G频段资源的市场份额超过50%，这一兼并在没有竞争机构豁免程序的情况下开始执行。尽管如此，兼并仍然得到了总理和信息通信部的批准。

### 5. 对于竞争法适用于国有企业

《竞争法》的第2条认为，所有从事商业的组织应当由竞争法进行规制。因此，国有企业和它们的活动属于竞争法规制的范围。

作为原则问题，竞争法只适用于从事商业活动的实体，那些不从事商业活动的实体并不在法律约束范围。不仅如此，竞争法并没有确定哪些商业活动是需要的，尽管根据企业法，商业活动是指持续执行一个或者数个投资程序过程，从产品的生产销售到服务的提供，以获取利润为目的。

竞争法保留国家制定价格、数量、产量以及垄断部门产品和服务范围的权利，并且来控制企业生产或者提供公共产品或者服务，按照国家制定的价格或者费用来安排计划或者执行交易。需要注意的是，这些条款并不适用于垄断部门之外的商业活动，除非是提供公共产品或者服务。这里同样没有相关的商业测试来检查哪一种情况适用于哪一方面。

在《竞争法》的第6条，政府实体被限制从事影响竞争环境的活动。如果出现违反这种条款的现象，政府机构将会按照《竞争法》的第120条对其进行行政制裁，该条款明确说明了由国家机构来处理违法情况。因此，竞争法本身不能管制国家机构的活动。

### 6. 国有企业在市场中的优势

国有企业在市场中由于政府所有权的存在会有一系列的优势。有关竞争法的执行，国有企业可能会利用政府所有权来规避竞争法的审查。这可能通过首先从管理部门获取行政裁决来实现。Viettel电信公司对EVN电信公司的兼并就能说明这个问题。

国有企业在市场中会享受到如下的优势：正如国有企业会从国家预算中获取投资，国家所有人的管理董事会和代表会在公司商业活动中的效率和风险管理方面承认更少的压力。正如国有企业在几个关键产业中保持支配地位一样,它们通常并不会在市场中遇到竞争,以及被驱逐出相关的市场。破产风险由国家进行担保,因为国家有能力通过资本注入来保护企业。在一些产业比如交通、航空以及电信领域,国有企业被赋予优先权使用基础设施,这些都是由国家直接投资的。国家机构可以给予国有企业参加政府项目的权利,相对于私营企业更具优势。国有企业能够以更低利率贷款,具有更高的信用评级,尤其是从发展支持基金中获得贷款。国有企业通常会面临更低的公司税率(尽管当前这种情况已经很少见)。国有企业更容易获取国家基金、房地产以及其他资源。

### 7. 管制国有企业的困难

现在对于国有企业的建立、管理以及运作缺乏一个明确的框架。多数针对国有企业的管制存在"灯下黑",并且通常最后取决于国家机构,尤其是政府总理的决定。因此,国有企业通常缺乏足够的控制机制,并且经理人的责任通常并不受到密切的管制。

国有企业的公司治理并没有特别的效果,因为通常在政府管理功能和行政功能之间没有明确的界限。国有企业的经理人通常缺乏管理经验和能力去从事商务管理,因为他们是被任命的,缺乏足够的测试环境和条件。因此,经常会看到大型国有企业被没有任何管理经验的个人来管理。同样存在有关国有企业缺乏透明性的关切,导致更低水平的检查和审计程序。

### 8. 通过建立公平竞争环境来中性化国有企业的优势

国有企业具有竞争优势是一个不争的事实。这种优势包括看得见的激励和隐藏的便利。在越南,这种优势来自以下几种形式,尽管这种优势的法律基础并不总是明确规定的。

(1) 以更低利息获取资本,以国家担保企业债券,以更低费率获取外汇。

在这种待遇下,国有企业能够享受来自商业银行的贷款,而不需要严格的公司信息披露要求以及政府监管。贷款融资相对于IPO是一种更加方便的补贴,因为IPO需要更大的透明性和公平竞争。

根据OECS的报告,国有企业主要通过国家资本投资公司(SCIC)、越南发展银行(VDB)和其他商业银行来获取融资。2009年的报告显示,20%—25%的国有企业债务是受到政府担保的,通过直接或者间接的方式。

除此之外,国家同样对于低效率的国有企业通过金融工具进行重组提供了支持。这包括增补资本,债务重新安排,免除债务以及由政府支付国有企业的贷款义务。国有企业从国家预算中的借款负担可以通过外资对国有企业的贷款以及政府在2011年信贷机构的担保说明。其中政府对信贷机构的担保构成了12.8%的外国对越南的中长期贷款。这个数字相比2010年增长了12.5%。

(2)土地划拨或者更低利率的租金。

在过去,国有企业会被免费划拨土地,或者支付更低的土地租金。当前,尽管对于国有企业特定的土地激励并没有在国家法规下提供,国有企业仍然享受一些优惠的待遇。除此之外,在实践中,国有企业仍然享受这种优势,主要通过中央或者地方政府一事一议的基础给予特别批准。这些优势在不同企业之间存在差异,会在国有企业商业注册证书中予以登记。

(3)严格监管和管理的自由。

在2009年的裁决令下,经济集团是由政府建立的,并且必须要向政府和总理报告相关重要问题。这包括它们的商业活动、投资计划以及核心和非核心商业的投资结构、资本流动、银行、房地产及股票市场活动,以及每个经济集团内部企业之间的合作水平。

相应地，国有企业以及经济集团通常免受功能性第三方机构的监管，比如审计署。

除此之外，利润通常留下来用来增加国有企业的资本或者用于投资，而不是作为国家预算表中的资本红利。

(4) 债务购买。

国家资本投资公司（SCIC）以及债务和资产交易公司（DATC）是由政府建立用来改革国有企业的公司。

尽管SCIC中国家资本在企业中具有代表性，但DATC的目的是管理国有企业未清偿的债务。这两个企业建立的主要目的是避免国有企业破产，提升国有预算的管理效率。尽管如此，它们已经成为那些陷入债务麻烦的国有企业的"救世主"。

(5) 监管和投诉机制。

在当前的结构下，越南竞争当局包括越南竞争管理当局（VCA）和越南竞争委员会（VCC），这是一个准司法实体。

VCA是工业和贸易部下的一个部门，并且按照工业和贸易部的原则行使其权力，而VCC受到相关产业政策影响，由于其服务的成员来自其他部门，工业和贸易部在行使其协调竞争政策的权力时对于VCA和VCC施加了障碍。

尽管如此，这些机构主要处理对于反竞争行为的投诉，而不是关注政府用来协商政府商业竞争优势的政策。

作为法律，这种投诉可以按照竞争法第6章来行事，这会限制国家机构介入市场竞争。尽管如此，这在实践中没有效果。

2011年，Viettel电信公司收购了EVN电信公司，包括两方面的业务：移动和3G服务。对两家国有企业的分析表明，如果并购发生了，Viettel在3G业务的联合市场份额会达到50%。这就会导致Viettel在3G市场中占有支配性地位。在越南的竞争法律下，这种兼并只有在 EVN 电信公司能够证明其即将破产时才会被允许。事实上，由河内电信公司（HTC）发起的一项反对兼并的投诉提交给了越南竞争管理机构。尽管如此，越南竞争管理机构并没有对这项投诉给出官方回复，总理随后决定将 EVN 电信公司纳入 Viettel 公司。对于政府的政策并没有现成的投诉程序。根据当前行政法，每一方都可以针对政府的决策进行投诉来解决争端。在这种共同机制下，一个公民/组织可以对于发起行政裁决的另一个人/机构进行投诉，这种投诉可能会将相关的行政诉讼提交至法院。对于解决第一次投诉的一般案例的时间限制为 45 天，对于复杂案件时间限制为 60 天。

如果投诉方不同意最初的投诉解决争端决定，或者投诉仍然在给定的时间限制内没有解决，那么投诉方可以采取第二次投诉，并且在有能力的人直接指导下进行解决初期的投诉，或者发起行政诉讼。第二次投诉解决一般案例的时间限制为 45 天，解决复杂案例的时间限制为 70 天。

如果投诉方不同意第二次投诉解决决定，或者投诉在规定的时间内仍然没有得到解决，那么投诉方就有权利发起行政诉讼。

需要注意的是，上述权利只适用于公民和组织，他们有理由相信一个行政决定或者一个不合法的行为会直接侵犯他们的权利和法律利益。

(6) 建议的投诉机制。

在像越南一样的发展中国家，国家将管制商业活动作为市场改革的一部分。由于缺乏强有力的、独立的司法体系平衡行政决定，针对政府政策的投诉程序在实践中并不真正有效。相对于竞争政策，产业政策对于保持高速经济增长具有更为重要的作用。国有部门在引导越南经济发展过程中发挥着核心作用，并且被相信在未来继续发挥这样的作用，直到私有部门具有足够的信心。在这之前，行政措施可能会优先考虑，比如在 HTC 投诉案例的解决方法。

因此，一个有效的投诉机制应该通过国际组织，特别是能够对政府形成压力的关键组织。提议设立电力交易公司是支持这种建议的主要案例。2008 年，一个建议设立合资企业来销售和购买电力的提议被越南电力（VEN）提交给了总理。根据提议，合资公司将以股份制的形式建立，建议越南电力（VEN）公司持有 51%的股份，而 49%的股份来自其他 7 家企业。

如果该合资公司被建立，销售和购买电力的市场就会形成垄断，期望能够在越南电力公司下属企业之间创造一个跨企业的竞争。尽管如此，一些人反对该计划，认为购买和销售电力不应该被国有垄断，并且要求部门开放竞争。这导致了两方之间激烈争论了数个月。最后，总理通过要求越南电力公司和其他参与者取消这一提议结束了相关的争论。

从《竞争法》的角度来看，在《竞争法》第 18 条下的经济聚集是被禁止的。提议本应该提交给竞争管理当局进行评估然后再提交给总理决定是否给予相关的豁免。尽管如此，在这种情况下，在位企业忽视了《竞争法》，直接向总理进行提议，因此进一步加剧了国有企业不受《竞争法》约束的观念。但是一个重要的转折点是世界银行的反对。世界银行反对越南电力公司的提议，这引起了公众的注意和支持，最终形成了支持世界银行的提议。

这一案例显示越南在制定《竞争法》过程中得到公众拥护的重要性。竞争法的概念应当综合考虑利益集团、发展政策以及越南融入国际经济社会，不仅如此，由于《竞争法》的最终目的是促进公平和自由竞争环境，当《竞争法》不能够被执行的情况下，其他方法可以被用来维护自由竞争。在与《竞争法》相违背的行为斗争中，由强大的国有企业造成的违法，越南竞争管理当局不应该独自行动，应当利用公众与商业团体，争取获得熟悉发达国家竞争环境的外国组织支持。

（7）给越南的建议。

考虑到主要国有企业在政府推行社会主义市场经济中发挥关键性的作用，国有企业推行竞争中性政策可能不是当下越南政府的优先考虑。

与其他周边国家相比，越南仍然缺乏必要的支持性机构来全面执行《竞争法》。相反，在这个阶段，越南应当聚焦竞争支持来为市场经济和竞争创造必要的基础。这些措施应当旨在提升市场改革的政治承诺，消除进入和退出的障碍，降低以及最终消除针对国有企业的优惠待遇，欢迎竞争政策和竞争文化。

这只能通过一个较为快速的资产化过程来实现，对于这个程序的管制框架主要通过2005年通过的《企业法》来落实，这为越南所有类型的企业都建立了一个公平的基础。在该法律下，所有现存的国有企业被要求在2020年7月1日前都转型为股份公司或者单独责任公司。这一资产化过程主要通过在国有部门不必要控制的领域去投资化来实现，比如，建筑、电信、港口和航空。尽管这一框架在2005年得到了法律支持，国有企业的去资产化进度已经落后于时间表。

另一项培育竞争的重要改革是为私营企业发展提供更多的空间。在当前这种管制体制下，对于国家在国有企业的资产投资最低份额没有明确的条款规定。事实上，国家对国有企业的投资仍然在产业政策以及阻碍对私营投资的市场进入的方式下进行。因此，私营企业的增长空间是相当有限的，因为对于国有企业的私人所有权空间仍然是被限制的。

当国家介入的程度和水平能够被清晰识别，一个公平竞争的环境就可以建立起来。从水平角度来看，国家对价格的控制及其垄断领域足够宽就可以扭曲市场。因此，价格决定的权利应当局限于小部分产品和服务，而其垄断领域应当减少。缩减国家在市场中不必要的垄断地位是限制国家在自然竞争环境中干预的有效措施。从垂直角度来看，为了保护竞争政策不受即兴的产业政策影响，目前几乎没有什么机制。这导致《竞争法》不得不经常在一事一议的基础上进行豁免。应当建立机制来确保国家的干预落入竞争保护政策范围之内，为豁免情况的出现提供指导。

自从越南公开加入了TPP，竞争机构利用外国压力来加强其政治地位和法律执行效力。同时，修改越南竞争法律来适应新的经济活动状态，强化竞争机构的调查能力，促进《竞争法》的支持政策在长期增强越南的竞争中性方面发挥重要作用。

# 第七章  国际贸易和投资协定新规则与竞争条款

## 一 国际贸易投资协定中有关国有企业的条款

2011年5月,美国副国务卿罗伯特·霍马茨(Robert D. Hormats)在《竞争中性:确保全球竞争的良好基础》演讲中指出:中国是"国家资本主义"发展模式最成功的践行者,对美国的自由竞争的市场和企业构成了极大的威胁。为应对挑战,美国应该采取一些新的措施,以确保建立一个公平竞争的市场,而"竞争中性"是一个最佳选择。霍马茨认为:"竞争中性意味着政府支持的商业活动不得因其与政府的联系而享受私营部门竞争者所不能享受的人为竞争优势。"

此后,美国在多次政治、经济和外交活动中讨论"竞争中性",责成经济合作与发展组织出台相关指南,积极推广和落实"竞争中性"。2012年4月,美国与欧盟共同发表了《关于投资共同原则的声明》,其第2条关于公平竞争的原则指出,"欧盟和美国支持经济合作和发展组织在'竞争中性'领域所做的工作,重点集中在国有实体和私人商业企业要受制于同样的外部环境并应确保在既定市场上公平竞争"。此后,美国在双边FTA和多边贸易投资协定中开始广泛加入有关限制国有企业的条款，竞争中性原则正式进入"国际化"发展阶段。

2012 年，世界排名前 30 位大公司包括 8 个国家的 12 家国有企业，TPP 成员中马来西亚、新加坡、越南都拥有大量的国有企业，文莱最大的公司 50% 归国家所有。为此，TPP 第 17 章国有企业与指定垄断（State-owned Eneterprises and Designed Monopolies）（共包含 15 条和 6 个附件）试图全面解决国有企业商业活动问题，对国有企业在全球经济环境中的经营活动做出详细规定，对国有企业竞争中性进行了规定。

第一，TPP 对国有企业下了严格的定义。国有企业是指："政府直接拥有超过 50% 股份资本，或通过所有者权益、实际超过 50% 投票权和表决权而拥有对企业的实际控制权，或拥有对董事会（或其他等同管理机构）多数主要成员的任命权的企业。"TPP 对国有企业竞争中性的基本规则包括：①对国有企业和指定垄断划分分类监管原则和严格透明度要求；②保证国有企业不妨碍其他私营企业的公平经营；③确保国有企业在实施商业采购和销售等行为时都出于商业性考虑；④建立健全有效的争端解决机制和法律途径专门处理国有企业问题。TPP 的国企章节已经从竞争中性原则转变为限制国有企业原则。第 4 条中明确"非歧视待遇和商业考虑"，要求各缔约方政府保证其国有企业和指定垄断企业在从事商业活动时，必须按"商业考虑"原则开展产品或服务的购销活动。"商业考虑"指"价格、质量、可获性、适销性、运输和其他购销条件，或相关的私营企业在商业决策中通常考虑的其他因素"（"商业考虑"在难以测度时，可以私营企业为参照标准）。"价格、质量、可获性、适销性、运输和其他购销条件"基本上继承了 GATT1994 第 17 条国有企业条款的要求。第 5 条主要为"监管中立",规定"各方应确保其国有企业或指定垄断企业不歧视其他缔约方的企业、货物和服务。缔约方应当确保缔约方设立或维持的监管国有企业的任何行政机构,以公正的方式对由其监管的企业,包括非国有企业,行使监管裁量权。"第6条中强调"非商业资助","各方不以向国有企业提供非商业性帮助的方式,对其他TPP缔约方的利益造成负面影响,也不以向在其他缔约方境内生产并销售产品的国企提供非商业性帮助的方式,对其他缔约方的国内产业造成损害"。"非商业资助"指"因国有企业的政府所有权或控制权而给予的资助",具体而言,"资助"指资金的直接转移、潜在的资金或债务的直接转移,或以比市场可获得的更优惠的条件给予该企业的货物或服务。"透明度"要求缔约方公布其国有企业、指定垄断企业及非商业资助等相关信息。

第二,其他多边机制下竞争中性的表述。2018年以来,美欧日三方贸易部长开始了紧密会晤,致力于讨论并解决"第三国非市场导向政策和做法"问题。2018年5月、9月、2019年1月,三方部长连续三次发表联合声明提出要确保以市场为导向,确保公平竞争的重要性,并发布了《关于市场导向条件的联合声明》和《欧盟—日本—美国制定更严格产业补贴规则的基础界定文件》。报告中明确指出国有企业是某些国家主导型经济体制的支柱和典型特征,这些国家通过国有企业决定性地治理和影响经济。应加强制定相关规则,修正国有企业带来的市场扭曲行为。第一,详细讨论了如何界定企业和行业环境存在非市场导向行为的指标,并希望进一步确定维持市场导向环境的政策措施。第二,提出对国有企业享有的优惠政策进行限制和约束。如:国有银行借出不符合公司信用的贷款,如由于政府的隐性担保;政府或政府控制的投资基金非商业性质的股权投资;非商业性的债转股;优惠的投入价格，包括双重定价；对没有可靠重组计划的陷入困境的企业提供补贴；以及导致或维持产能过剩的补贴。第三，提出需要遵循国际标准的监管规则，保证市场经济的公平性。如企业遵守国际公认的会计准则，包括独立核算；企业遵守公司法、破产法和私有财产法；企业的经营、生活、投资决策应当完全根据市场信号自由决定和做出，没有政府的重大干预。2018年6月召开的20国集团工商峰会（Business 20），"国有企业扭曲市场竞争"内容被纳入了会议主题。会后的联合声明：建议G20领袖应达成协议，限制国有企业造成的市场扭曲。声明中指出，国有企在公共合同、利益冲突、市场营销、私有化进程、资产流失和洗钱等环节都存在着很强的腐败动机。OECD研究报告揭示81%的贿赂是由国有企业官员造成的；而国有企业行为缺少公开信息披露是反腐败制度无效的重要原因。提高所有权、营运收益的透明度，执行反腐败情况的公开信息披露，是国有企业提高诚信、透明度的重要举措。2015年OECD国有企业治理指南、2017年国际化透明度关于国有企业反腐败的10条原则（Transparency International's 10 Anti-Corruption Principles）是G20成员国的指导准则。

近年来，发达国家对于来自发展中国家国有企业的境外投资和贸易活动的关注程度持续上升，一个主要的原因在于发达国家的跨国公司担心发展中国家的国有企业经营过程中存在不同程度的不透明，以及国有企业与政府存在某种特殊的关系，担心这些国有企业在国际市场上参与竞争容易引发不对等和不公平的市场竞争格局，尤其是发展中国家的国有企业在一些战略性部门的跨境投资已经引发了发达国家的高度警惕。

在2008年国际金融危机期间，发达国家政府开始格外关注国有企业的跨境投资活动。在国际金融危机期间，来自发展中国家的国有企业开始大量并购发达国家深陷债务危机的资产,以主权财富基金(SWFs)方式并购投资主要集中在发达国家的银行金融部门(比如对巴克莱、花旗、美林、USB银行的资产收购),但是其他实体的并购则横跨很多部门(比如迪拜港的国际业务扩展)。事实上,由于国际金融危机的影响,主权财富基金现在已经成为全球金融市场的重要力量,截至2011年,主权财富基金管理的资产大约为5万亿美元。尤为值得注意的是,当前国家资本主义的兴起不仅出现在新兴市场国家,同样在发达国家也存在。由于金融危机的影响,一些发达国家也在不同程度上开展了广泛的国有化经济活动,主要集中在银行和汽车制造业部门,目的是为遭受困境的企业提供担保和补贴。

保证国有企业的正常运行同样会对市场竞争和国际规则带来新的问题和挑战。从国际层面来看,一个主要的关切在于国有企业与政府部门之间存在的特殊关系。这种特殊关系在经济危机期间尤其明显,政府具有强烈的政治动机为国有企业提供担保和融资。比如越南政府在2010年发行10亿美元债券保险为国有企业提供贷款支持。尽管国有企业的成立和管理完全依据各自国家的公司法来运作,但是在很多司法管辖区域国有企业的透明性问题一直存在。比如,新加坡的公司法授予淡马锡以及其他私人控制的政府关联企业具有"免除私有企业"的义务的权利,这意味这些公司不必向公众公开其财务相关报表,这些公司可以向它们的主管或者子公司提供贷款,而无须承担信息披露责任。

来自发达国家的政府特别关注的是,国有企业的跨国并购并非基于商业目的考量,而是主要出于政治动机,最终的目标是控制一些国家战略性或者敏感性资产。比如,美国政府特别担心中国的国有企业在美国的航空和能源领域投资,因为这些是美国的战略性产业部门；而来自中东地区的主权财富基金投资同样被认为不透明，来自这些地区的政府的投资动机值得怀疑。比如来自利比亚投资机构基金、伊朗的石油稳定基金以及也门的国有储备基金投资等。

正是由于对国有企业经营不透明以及动机的不明确的担心，在国际法以及贸易谈判中引入并且执行专门针对国有企业经营行为的竞争中性原则成为当前发展中国家和发达国家在经贸活动中争论的一个焦点问题。目前已有的多边机构，包括 WTO、OECD、IMF，已经从不同角度对国有企业经营做出了纪律性的规范或者指导。在这些多边机构对国有企业经规范问题努力的基础上，以美国和欧盟为代表的发达国家和组织目前正积极将扩展版本的国有企业经营规范纳入新的优惠贸易安排协定当中。这里主要关注国际贸易投资协定中关于国有企业的条款，尤其是集中探讨美国优惠贸易协定中纳入的国有企业相关条款。包括三部分内容：在多边体制下，国有企业经营规范的条款和相关约束纪律；现有的优惠贸易安排协定中有关国有企业的条款；现在有关国有企业相关的条款未来发展方向，主要侧重 TPP 中的国有企业条款。

### （一）国际和多边组织机构中有关国有企业的纪律条款

基于国有企业成立及运营过程中存在的潜在问题和挑战，已有的国际组织在多边层面对国有企业的行为进行了规范。

#### 1. WTO 协定中有关国有企业的条款

在 WTO 协定中并没有专门的章节来对国有企业的经营行为进行规制。有关国有企业的相关条款都体现在 WTO 框架下包括的众多协定当中，最为突出的是体现在关税与贸易总协定（GATT）、服务贸易总协定（GATS）以及补贴与反补贴协定（ASCM）当中。

尽管在 WTO-GATT 中涉及国有企业的条款较多，但关键性的条款出现在 XVII 章节中，即国有贸易企业（State Trading Enterprises，STE），核心内容体现在以下方面：

（1）国有企业的范围。GATT 的 XVII 章节中对国有企业的规制并未涵盖所有的国有企业，只涵盖了从事贸易活动的国有企业（STE）。

（2）国有贸易企业的规制机制。WTO 的成员必须确保国有贸易企业遵循非歧视原则和基于商业考量为基础。成员方同样不得阻止国有贸易企业在司法管辖范围内部违反上述两条机制；更重要的是任何进口活动必须确保在公平和平等的基础上开展，国有贸易企业应当严格遵循成员方达成的市场准入要求。

（3）透明性条款。关于透明性要求的详细内容主要体现在要求成员方提供有关国有贸易企业运行及时的相关信息。

在服务贸易总协定中有关国有企业的条款主要体现在 VIII 章节：有关服务提供的专营以及垄断；IX 章节：商业实践。这些章节中关于国有企业的核心内容包括：

（1）企业的范围。WTO 下的服务贸易总协定 GATS 采取了更为宽泛的方法来叙述服务供应商的垄断和专有经营权活动，这些服务供应商同时包含了私营和国有服务供应商。

（2）规制机制：WTO 成员应当遵循非歧视原则（最惠国待遇和国民待遇），目标是确保不同的企业不滥用垄断地位；对服务供应商的商业实践进行规制确保服务供应企业不进行反市场竞争性的行为。

（3）透明性条款：按照 WTO 的要求提供透明的服务供应商运营情况。

在 WTO 补贴与反补贴措施（ASCM）中并没有专门对国有企

业的补贴进行特别禁止和管制的条款。但是相关的补贴和反补贴措施同样适用于国有企业：

（1）补贴的范围。WTO-ASCM 是对 WTO-GATT 的补充，并且为补贴提供了一个纪律性的框架。许多诸如对国有企业的优惠金融帮助被认定为补贴从而受到 ASCM 条款的约束。不仅如此，由于国有企业在 ASCM 中被认定为公共实体机构，对此类实体机构的任何类型补贴都可能受到 ASCM 的约束和规制。

（2）规制机制。ASCM 第三章的第二部分指出，禁止性补贴是指禁止任何出口补贴以及出口产品使用与国内销售产品同样的补贴行为。第 7 章列出了 WTO 成员方由于受到其他成员方补贴而产生损失后的救济措施，包括去除或者撤回补贴。第 27 章的第Ⅶ部分规定：对于发展中国家 ASCM 会提供特殊和差别化的待遇，可以从第三部分（可申诉补贴协定）的条款中豁免与私有化相关的补贴。

（3）透明性条款。ASCM 第 25 章的第Ⅶ部分指出，ASCM 的通知和监管条款要求 WTO 成员方实施任何的补贴需要通知其他成员方。但是在企业和国家账户没有清晰的区分情况下，如何执行通知义务存在较大的困难。

成员国加入 WTO 的承诺本身是规制机制的一部分。在加入 WTO 过程中，WTO 本身会要求新加入成员给出新的承诺。比如，在中国 2001 年加入 WTO 的时候，WTO 对中国的国有企业管制提出了一系列额外的附加条款。除了要求中国的国有企业遵循上述的 GATT 有关国有贸易企业的相关条款之外，还进一步要求中国同意加入 WTO 后，不寻求使用国内的补贴措施，或者利用 ASCM 第 27 章的发展中国家成员地位来维持出口补贴和农产品补贴。WTO 协议列出了非市场经济认定和参照方法，用来在贸易争端出现的情况下量化中国的补贴水平。尽管很难（事实上并不可行）将这些新的有关国有企业的规制条款在 WTO 多边框架下扩展适用到所有的成员国，但是新成员加入以及随之带来的新承诺确实可以加强和完善已有规制机制的缺陷，一定程度实现期望结果。

2. OECD 中关于国有企业治理的指导原则

经济合作与发展组织（OECD）、联合国际货币基金组织（IMF）以及世界银行（WB）发展了一系列国有企业的指导原则和最佳实践。WTO 的条款主要用来规制其成员国的国有企业实践，具有强制性。但是 OECD 有关国有企业的治理是一种指导原则，不具有强制性和约束性。OECD 的国有企业治理原则主要目的是提出指导性原则来提升国有企业的绩效，而并非对国有企业进行约束。OECD 关于国有企业治理主要有六项指导原则：

（1）国家需要建立一套专门针对国有企业发展的有效法律和规制框架。

（2）国家需要强制要求国有企业的法律和规制框架能够以透明化和负责任的方式运行。

（3）国家需要确保国有企业所有持股人具有同等的待遇，能够以平等的方式获取信息。

（4）国有企业需要明确它们与持股人之间的本质关系。

（5）国有企业需要维持较高水平的透明度和披露信息标准。

（6）国有企业需要确保董事会的运作具有完整性和竞争力。

这些指导原则同样列出了国有企业实践中需要遵循的会计标准，这些会计标准需要能够确保识别和透明化与 WTO 补贴和反补贴协定（ASCM）中的相关问题。值得注意的是，当前 OECD 的指导原则主要是基于 WTO 在 1995 年成立不久后的多边投资协定（MAI）制定的，由于多边投资协定谈判的失败，多边投资协定中关于国有企业的相关条款作为遗产被纳入了美国的优惠贸易安排协定当中，因此上述的OECD关于国有企业的指导原则事实上可以看作是多边投资协定的一个草案文本。

3. 关于主权财富基金（SWFs）的"圣地亚哥"原则

以美国和澳大利亚为代表的发达国家试图通过各自国内的外商投资法来单边约束主权财富基金的投资活动。尽管如此，考虑到通过这种方式并不能充分解决他们对主权投资基金的核心关切问题，即仍然存在对主权财富基金的投资目标和运行缺乏透明性问题，发达国家认识到采取更为全面的方法，将主权财富基金以及其他东道国都纳入进来，以确保能够得到更为一致的规制性结果。针对主权财富基金的规制工作由主权财富基金国际工作组牵头负责，同时由国际货币基金委员会进行相关的协调工作。

2008年国际金融委员会宣布了一套针对主权财富基金的一般原则和实践方案（GAPP），也就是"圣地亚哥"原则。该原则总共包括了三个主要的内容：法律框架、制度框架以及风险管理框架。与OECD的准则类似，"圣地亚哥"原则对于国际工作组的成员没有强制约束力，目前共包括了26个IMF成员国家。同时与OECD类似的是，"圣地亚哥"原则的核心是确保主权财富基金在法律、制度和风险管理三个方面具备透明且负责任的投资。

4. 当前多边治理框架下有关国有企业条款存在的主要问题

尽管当前多边治理框架下对如何指导和规制国有企业存在较多的条款，但仍然在三个方面存在忽视。首先，除了OECD的指导准则之外，上述所有有关国有企业的条款只针对某一种特别类型的国有企业，比如在专门适用于国有贸易企业的WTO-GATT条款，以及专门适用于主权财富基金的"圣地亚哥"原则。这种规制条款的狭窄性主要是因为国际机构本身具有特定的管辖权范围。比如主权财富基金国际工作组主要负责对主权财富基金以及对全球金融市场会产生影响的一些国有企业投资行为进行规范和指导。其次，有关国有企业的相关条款并没有随着国有企业范围以及功能的复杂化而做出相应的调整。比如 WTO-GATT 下针对国有企业的条款只关注了国有企业的贸易行为约束，而忽视了国有企业生产功能对国际贸易体系的影响。同样，WTO 中的服务贸易总协定 GATS 只针对当时在基础设施、公共事业以及电信领域受到政府垄断或者专有性服务供应商的情况。随着技术进步以及市场竞争的不断引入，WTO-GATS 有关垄断和专有性服务供应商的相关条款已经逐步脱离了实践。最后，大多数的多边或者国际组织中有关国有企业的规制条款都不具有强制性和约束性，只具有指导性。包括 OECD 的国有企业治理指导原则以及专门针对主权财富基金的"圣地亚哥"原则都不具有约束性，是一种自愿采取的指导性原则。不仅如此，即便在 WTO 框架下，尽管要求 WTO 成员向其他成员通报国有企业的结构、功能以及运营的相关详细情况，但是这一要求事实上并没有被成员方广泛地遵守和执行，很多成员寻求 WTO 协定中的例外条款来规避上述要求。此外，WTO 成员对于国有贸易企业的定义以及相关章节的国有企业的范围都存在不确定的理解，这也造成 WTO 很多有关国有企业的条款并没有得到广泛遵循和落实。

### （二）已有的优惠贸易安排中与国有企业相关的条款

美国和欧盟已经认识到在多边组织和框架下对国有企业规制存在的上述问题，因此他们更倾向于将现有的国有企业相关条款纳入他们各自参与的优惠贸易安排协定当中，使国有企业相关的规制条款更具约束力和执行力。这一节主要探讨一系列的优惠贸易安排协定中的国有企业条款，特别是美国主导和参与的优惠贸易安排协定中的国有企业条款，这些国有企业条款都要求成员方给出具体的承诺，具有强制约束力。优惠贸易安排中的国有企业相关条款主要包括五方面的内容：国有企业的范围；国有企业的纪律机制；存在透明性；行为透明性；争端解决。

1. 国有企业的范围

国有企业的相关条款在优惠贸易协定中得到了不同的体现，最显著的出现在优惠贸易协定中的投资、跨境服务贸易、政府采购以及竞争条款中。这些条款的主要目标是澄清涵盖范围，为各方参与优惠贸易安排提供确定性。

美国与多米尼加共和国、中美洲国家、也门、秘鲁、哥伦比亚以及巴拿马签署的优惠贸易安排协定中的投资章节明确地表达了对国有企业约束适用的范围，认为参与优惠贸易安排的成员国做出的承诺不仅适用于国有企业投资时的情形，同样也适用于国有企业在代理政府行使管理、行政和其他政府职能时的情形。在一些优惠贸易安排协中，由国有企业提供的补贴和基金被排除适用于非歧视原则（最惠国待遇以及国民待遇），以及排除适用于投资条款中有关绩效要求、高级管理和董事会人员的相关条款。

为了更加全面地理解优惠贸易安排中争端解决机制（DSM）以及投资者和国家争端解决机制（ISDS），需要确定投资条款中的涵盖内容和范围。

优惠贸易协定中的跨境服务贸易涵盖的内容和范围通常也会为国有企业和机构提供的补贴或者基金提供排除机制。对于有关涵盖内容和范围的章节需要特别小心，比如，当一个章节可能排除了国有企业的约束纪律机制，但是在其他章节中上述关于国有企业的相关条款又可能受到争端解决机制的约束。优惠贸易安排协定中有关政府采购的章节同样为非合约的协议、由国有企业或者实体相互之间的采购提供了排除机制。有意思的是，阿曼和美国的自由贸易协定中政府采购章节同样包括了有关国有企业的边缘性条款，用来澄清阿曼政府不应当以不适当的方式控制或者影响阿曼石油发展公司、阿曼液化气公司的采购活动。阿曼王国需要确保所有实体进行的采购活动以透明和商业化的方式运作。显然，优惠贸易安排中的国有企业涵盖了所有形式的国有企业，包括从事生产和从事贸易类型的国有企业。

许多优惠贸易协定包括了特别的竞争条款章节，其中涵盖了大量国有企业相关条款。这些竞争章节同样包括对国有企业的定义（比如，澳大利亚—美国自由贸易协定），"皇冠公司（Crown Corporation）"的定义（比如，加拿大—约旦自由贸易协定），"政府垄断"的定义（比如，美国—智利自由贸易协定），"有效影响（Effective Influence）"的定义（比如，美国—新加坡自由贸易协定）以及"遵循商业考量"的定义（比如，美国—哥伦比亚自由贸易协定）。这些定义对于澄清不同章节中有关国有企业的类型十分重要。不仅如此，在韩国—新加坡的自由贸易协定中的竞争条款章节进一步将竞争中性作为一个目标，认为：参加自由贸易协定的任何一方都应当确保不应予政府所有的企业在商业活动过程中的任何竞争优势，原因就是这些企业是政府所有的企业。

上述条款适用于政府所有企业进行的商业活动，对于政府拥有企业的非商业活动并不适用。其他一系列的优惠贸易安排协定同样包括类似的条款。除此之外，北美自由贸易协定以及美国—新加坡自由贸易协定中竞争章节中的国有企业条款并不适用于政府采购。这一点在后来的美国参与的优惠贸易安排协定中出现了变化，可能的原因在于认识到了国有企业在政府采购活动中同样可能存在反竞争性的行为（比如，投标过程中的违规操作），因此，同样需要专门的章节对国有企业的政府采购行为进行规制。

2. 国有企业的纪律机制

优惠贸易安排协定中市场竞争政策章节中与垄断相关的章节将WTO协定中三个关键性规制条款都纳入了其中，主要包括：

（1）国有企业在商业活动中必须遵守非歧视性原则，包括购买和销售商品和服务的商业活动。

（2）国有企业在购买和销售产品和服务的过程中必须按照商业准则来行动。

（3）国有企业不能从事反市场竞争的行为或者滥用垄断地位。

前两个原则与 GATT 中 XVII 章节的纪律约束性条款具有一致性，而第三个条款与服务贸易总协定 XI 章节中关于商业实践的条款具有一致性。优惠贸易安排协定中同样存在禁止成员方企业采取与其义务不一致行动的条款，比如成员方的企业代理行使政府的一些管理、规制以及其他一些政府功能性行为等。这主要是认识到国有企业可能存在多种角色和任务，而这些角色或者任务之间本身存在冲突的可能性。

在优惠贸易安排协定中同样会包括有关竞争政策的特别章节。这些章节会明确指出并不妨碍成员方建立或者维持国有企业的存在，也不妨碍成员方指定的垄断性企业存在，目的在于尊重成员方的主权。尽管如此，美国在一些自由贸易协定中却限制其他成员方对竞争政策给出特别章节，比如美国—新加坡自由贸易协定、韩国与美国自由贸易协定中做出了如下的规定和说明：

（1）新加坡—美国自由贸易协定中要求新加坡降低政府关联性企业的数量，直至最终取消与政府关联性质的企业。

（2）韩国—美国自由贸易协定中同样要求指定性的垄断企业遵守竞争政策条款，没有明确提出不阻碍在其司法管辖范围内指定垄断国有企业的表述。与 GATT 中 XVII 章节以及 GATS 中 VIII 章节的表述类似，即：成员方指定垄断性企业的主权应该得到保护，只要这些实体企业的行为与成员方的责任义务相一致。

其他优惠贸易安排协定目前多数只是将国内的竞争法律同样适用于国有企业，前提是竞争法在应用到国有企业的时候并没有侵害或者威胁到国有企业承担的国家目标。比如智利—韩国自由贸易协定、欧盟—智利自由贸易协定、欧盟—韩国自由贸易协定中规定：关于公共企业或者国有企业的特别权和专有权。

（1）任何成员方都不应该采取或者维持与竞争准则相背离的措施。

（2）成员方都应当确保公有或者国有企业受到竞争法律的约束。

目前应用上述原则并没有对国有企业承担的特殊任务和项目绩效产生负面影响。

3. *存在透明性*

优惠贸易安排协定中的竞争政策章节有关国有企业的条款一般都会对存在透明性给出明确的说明。在北美自由贸易协定中（NAFTA）要求成员方在任何可能的地方先以书面的方式通知其他成员国有关指定国有企业的义务。这一要求已经被纳入协议中有关垄断和国有企业的主要条款中。这种方式也类似于服务贸易总协定 GATS 中 VIII.4 采取的方法，即在执行相关政策前三个月通知其他成员国。NAFTA 协定中提出无论在任何可能的地方旨在强调尽最大努力的通知义务，这一点也体现在了其他优惠贸易安排协定中。比如在新加坡—美国自由贸易协定中加入了要求新加坡政府提供更多信息种类的详细说明。这主要是考虑到在国内公司法层面的保护，国有企业可以不用向公众公开相关详细的财务状况。

在后来的美国优惠贸易协定安排中，对于通知的要求被简化，并且被放入专门的透明性章节或者透明与信息要求章节中进行说明。在优惠贸易安排协定中的通知义务并不需要提前通知，透明性要求也不再是基于最大努力的基础上予以执行。透明性要求被进一步明确为包括任何层面的政府所应当承担的义务，这主要是考虑到很多国有企业或者实体是由下一级政府部门所指定、建立并且维持的。

4. 行为透明性

优惠贸易安排协定中的竞争政策关于透明性的条款同样要求通知那些能够阻碍成员方贸易和投资的实际行为。这可能意味着任何只对国内市场产生有害的实际行为并不需要履行通知义务。成员方可能需要参照竞争法当中的"相关市场"来判断是否需要履行通知义务。许多优惠贸易安排协定中都包括了确保国有企业在代理政府行使职能的情况下不能免于被审查的条款。比如秘鲁—加拿大自由贸易协定中表明不管在任何地方国有企业代理政府行使规制、管理或者其他政府职能，比如审批商业交易、授予许可独占权利、施加配额、收取费用等。任何成员方都需要确保各自成立、维持以及运作国有企业与成员方在投资和金融服务的义务具有一致性。

5. 争端解决

优惠贸易安排协定中与国有企业相关的竞争政策章节并不排除一般性的争端解决条款。在投资章节中有关国有企业的条款同样适用了投资者与国家争端解决机制（ISDS）的安排。

### (三) TPP、CPTPP、USMCA 协定中有关国有企业的条款

前面主要强调了美国参与的以及部分没有美国参与的优惠贸易安排协定中有关的国有企业条款。这部分主要讨论多边框架下针对国有企业的规制的最新进展趋势，包括跨太平洋伙伴关系条约（TPP），以及完全继承了 TPP 有关国有企业条款的 CPTPP 美加墨贸易协定（USMCA），列出了美国版本的双边投资协定中和国有企业相关条款的变化。尽管很难针对未来投资和贸易协定变化对企业提出相关的建议，但是仍然有必要将核心的问题罗列出来供参考对照。

1. 美国 2012 年版双边投资协定中有关国有企业的条款

尽管在 2004 年的美国双边投资协定中已经涉及了有关国有企业的问题。最近的 2012 年版双边投资协定主要在三个方面对已有的双边投资协定中有关国有企业的行为和功能通过加入三个额外的约束性机制进行了扩展调整。首先，在第 8 条中规定：绩效要求阻止成员方要求对国内技术需求施加说明。这包括优先采用国内开发的技术以确保本国投资者、投资或者技术获得优势地位。其次，第 8 条允许来自其他成员方的投资者参与技术开发和标准制定（非歧视原则），并且进一步建议不要采用政府制定的标准。最后，在第 2 条的脚注 8 中说明了 2012 年版投资双边协定的涵盖范围中列出了判断国有企业是否代理了政府职能的条件，以确保国有企业能够遵循双边投资协议中所确定的责任和义务。

2. TPP 当中有关国有企业的条款

TPP 谈判的背景。TPP 事实上是太平洋战略经济伙伴关系协定（P4 FTA）的扩展提议。该自由贸易协定最初始于 2005 年，由文莱、智利、新西兰以及新加坡共同签订，包括了由现有的成员方

鼓励其他国家加入的条款。此后，美国、澳大利亚、秘鲁、越南、马来西亚、墨西哥、加拿大、日本相继加入 TPP 的谈判进程，但特朗普政府在 2016 年执政以来，果断退出了 TPP 的谈判，2017 年 11 月，澳大利亚、文莱、加拿大、智利、日本、马来西亚、墨西哥、新西兰、秘鲁、新加坡和越南 11 个原"跨太平洋伙伴关系协定"（Trans-Pacific Partnership Agreement，TPP）成员国，借亚太经合组织（Asia-Pacific Economic Cooperation，APEC）越南岘港会议之机，共同发表联合声明，宣布"已就新协议达成了基础性重要共识"，并决定将 TPP 更名为"全面且进步的跨太平洋伙伴关系协定"（Comprehensive and Progressive for Trans-Pacific Partnership，CPTPP）。2018 年 3 月，经过近四个月的不懈努力，上述 11 国代表在智利首都圣地亚哥举行了 CPTPP 的签字仪式。CPTPP 继承了大多数 TPP 有关国有企业的相关条款。

TPP 纳入对国有企业升级版的定义。正如前面所述，过去 20 多年来，国有企业发生了重大的变化，国际影响力和扩展范围显著增强。国有企业承担了大量的功能并在多个行业与市场参与竞争。由于国有企业的快速演进，已有的优惠贸易安排协定中基于传统的所有权、控制或者有效影响角度对国有企业的定义或许已经变得不足以刻画国有企业的特征，因此在 TPP 中对国有企业的定义应该反映出国有企业的一些新特征，在协议中不同章节中阐述国有企业的特定功能和角色。最后，重要的是无论国有企业怎么定义，在协议中关于国有企业的定义应该具有一致性，确保对国有企业的规制能够完整适用，而不是只适用于规范国有企业的局部功能。

TPP 纳入了更强的透明性条款。在现在大多数已经存在的优惠贸易安排协定中，透明性条款还不足以或者不能够有效地促进从成员方获取信息或者要求信息公开。TPP 中要求未来的透明度条款应当纳入更多通知义务、信息获取及公开的细节性条款，包括设定特定的公开时间线、利益相关方的联系或者参照点、语言要求、获取信息的种类、反馈，以及违反公开义务的纠正补偿机制。

TPP 中国有企业的承诺受到国内法律和规制的约束。不同于私营企业的是，因为担心国有企业可能被直接免除或者排除在国内法律和规制之外，包括竞争法和反垄断法，不需要承担相应的责任。因此，在 TPP 条框中要求成员方应该严格执行国有企业的规制条款，将规制的漏洞和局限性降到最低，如同在新加坡和美国自由协定中那样，防止国有企业被直接授予免除或者排除在国内竞争法和垄断法之外。作为透明性和信息披露条款的一部分，TPP 成员方要求提供国内法如何应用到国有企业的相关信息，如果适用排除和免除条款，需要说明排除和免除是如何评估的。

TPP 认识到了国有企业对国家经济发展存在的重要贡献。建立国有企业的一个重要目的是达到或者达到私营企业无法完成的经济发展目标。这种方法被几乎所有的 TPP 缔约方所提及。比如，越南所有的电信业都是由国有企业来运营的，国有企业产出占全国总产出的比重大约为 40%；日本邮政则是全世界最大的银行和保险公司之一；新加坡和马来西亚同样拥有很多重要的国有企业；新西兰在经济领域多个部门存在国有企业，包括 KIWI 银行、KIWI 铁路、新西兰新航空。一些 TPP 成员国要求将国有企业相关条款纳入 TPP 当中，承认国家资本主义与经济发展存在联系。竞争法应当适用于所有的商业活动。尽管如此，每个缔约方都应在特殊的部门适用于免除一般性的竞争性条款，只要这种免除是透明的，并且是基于公共政策或者公共利益做出的免除。

但是，将上述的免除条款纳入在公共政策和公共利益的范围界定方面存在争论。对公共政策和公共利益的认定在不同的司法管辖区域中存在较大的差别，需要特别的机制来监督和规范上述的免除条款。不仅如此，TPP中的发展中成员同样可能会寻求一种合作类型的承诺，要求发达国家成员提供能力建设以及技术支持来改革和治理国有企业。尽管如此，发展中国家成员可能被建议参照OECD指导原则以及圣地亚哥原则中有关治理最佳实践以及透明性要求来确保一个公平竞争的市场环境。比如，马来西亚、秘鲁、新加坡以及越南并不是OECD成员，而文莱和越南又不是圣地亚哥原则的签署方。发展中成员国家需要首先认识到这样高标准的最佳治理实践以及相关的管制能不能够适用于本国的情况。

TPP建立了紧急安全机制来处理危机。正如前面提到的一样，在2008—2009年国际金融危机期间，来自发达国家和发展中国家的政府选择为遭受损失的企业提供支持，甚至在一些情况下采取了国有化的手段。这就造成了很多担心外国和国内企业在土地征用、获取资助方面存在不公平现象，违反了非歧视原则。TPP对于个别特例情况的复杂性进行了处理，签署方可能希望开发一套危机经济保护机制作为条约的一部分。这种机制能够处理比如目标援助、效率支持、市场扭曲最小化、透明度以及支持退出问题。这为政府在危机期间采取适当的灵活性政策应对提供了保障，而又不至于违反TPP中对国有企业严格的规制体系。

TPP确保了不同章节中对国有企业涵盖范围的一致性。正如前面提到的一样，成员方需要确保国有企业涵盖的范围在协议的不同章节中具有一致性。

TPP是作为未来优惠贸易安排协定的一种参照框架。TPP谈判的一个显著的可能性是，一个达成协议的 TPP 将会是一个优惠贸易安排协定的模板，在未来的优惠贸易安排协定中被效仿。对于美国来说，基于 TPP 建立一整套清晰定义的规制并且确保竞争中性原则能够在 TPP 框架中严格执行至关重要。作为未来新加入的成员，需要承诺各自的国有企业应该遵守条约里的国有企业规制框架。中国和俄罗斯同时是 APEC 成员，并且拥有经济实力强大的国有企业，同样可能成为 TPP 的签字国。不仅如此，值得注意的是，由于 TPP 一些成员国在之前已经签署了优惠贸易安排协定，特别是与美国签订了相关的协定。基于 TPP 框架签的新的贸易协定必须取代原有的优惠贸易安排协定，在确保原有协定的条款和承诺能够得到完整执行的同时也能建立一个更强有力的多边平台，并且最小化条约之间的套利。

## 二 竞争中性规则国际化对中国国有企业发展带来的现实挑战

应当看到，市场竞争中性原则在规范一国内部企业之间的竞争、激发企业创新活力、矫正资源配置扭曲角度本身具有积极意义。用于规范一国内部企业的市场竞争中性原则也是与党的十八届三中全会和党的十九大报告强调的营造公平市场竞争环境，让市场在资源配置中发挥决定性作用的指导原则一致的。但是近年来，随着我国国有企业在国际市场的竞争力不断增强，欧美国家一直致力于将竞争中性原则扩展和推广到多边和双边贸易投资协定当中，将竞争规则逐渐从规范一国内部企业的市场竞争行为逐渐演变成国际经贸新规则，背后隐藏着美欧国家重塑国际贸易和投资规则的深层次动机，通过竞争中立规则在国际贸易协定的体现，很大程度的动机在于平衡来自新兴市场国家的竞争压力，重新掌握国际经贸规则的主动权，需要引起高度警惕。竞争中性规则从一国国内法律体制迅速推广成为"准国际规则"，形成了对我国国有企业的重要约束。OECD中明确列举了国有企业产生不合理行为的几种情形，主要包括：第一，直接补贴。一些国有企业直接从政府手中获得资金补贴，或者在商业活动中得到其他形式的公共资金支持。针对国有企业的税收减免，等同于提供了补贴。还有一些非资金形态的补助，比如相似地段，给国有企业用地的要价显著低于给私人部门用地的要价，等等。这些措施降低了国有企业的经营成本，使它们能够以更具竞争性的价格出售产品和服务，那些未获补贴的私人部门竞争对手因此将处于不利的地位。

第二，融资优惠和担保便利。国有企业可能直接从政府或政府所控制的金融机构那里获得低于市场利率的贷款，或者在贷款时得到政府公开或私下的担保，这些都将降低国有企业的贷款成本，帮助其获得相对于私人部门同行的竞争优势。国有企业因为有了政府的担保，可以免于破产，从而保证了贷款的安全性。

第三，政府提供的其他优惠待遇。一些国有企业不像其私人部门同行那样面临成本高昂的管制，如果可以不那么严格地执行信息披露要求，或者享受反垄断执法的豁免，更容易地获得建筑用地许可，甚至按照企业用地需求修改法定图则变更土地用途。国有企业可能更一般地受益于信息不对称给它们带来的优势，它们从政府那里了解更多的数据与信息，私人部门根本无法或只能在有限范围内获得。

第四，垄断。在一些情况下，政府委托国有企业来实现政府所要达到的目标，为此授予它们排他性的垄断权力。比如在邮政服务、公用事业及其他公共服务领域，政府会通过自己控制的实体来实现特定目标。

第五，股权锁定。国有企业的股权通常是被"锁定"的，所有权的不可转让性会给国企带来众多优势。例如，一些国企可以一直不分红，也不给股东任何收益；国有企业更可能会采取反竞争的（通常也是无利可图的）定价策略，也不必担心股价因为低于成本的定价而下跌；因为没有被收购的压力，也不受资本市场的约束，国有企业的管理层没有激励去让公司运作富有效率。深入分析美欧国家在多边和双边贸易协定中的竞争中性规则的具体内容，对我们下一步应对 WTO 经贸规则改革，掌握国际经贸规则制定主动权，推动国有企业走出去，规避竞争中性陷阱都具有较大的现实意义。

1. 对国有企业范围的宽泛界定将对国有企业发展造成现实挑战和威胁

国有企业的界定始终是"竞争中立"规则的首要问题，竞争中立主要规制的对象就是国有企业，因此国有企业的认定标准和范围就是竞争中性的关键问题。如果国企的认定范围过于宽泛，将会有更多的企业被认为是国有企业，竞争中立原则的约束就越强，反之就较弱。早在 2011 年，美国六大行业协会就致函美国贸易代表，要求通过约束国有企业，美国两党国会的许多议员也都向国会施压，要求美国在贸易协定中限制国有企业。美国副国务卿罗伯特·霍马茨更是把政府支持的竞争模式称为"国家资本主义"，并且认为中国是当今最为成功的"国家资本主义"践行者，扭曲了全球贸易和投资模式。因此，通过 TPP 建立高标准具有约束力的竞争中立规则，是应对具有强大国有经济的新兴经济体国际竞争力不断增强的一种重要的战略手段。

TPP 里把国有企业界定得十分宽泛，存在较大的随意性和主观性。根据 TPP 的相关内容条款来看，国有企业是指在从事商业活动中，一国政府在其活动中直接拥有 50% 以上的投票权企业，间接通过拥有者权益能够控制 50% 以上投票权的企业，或者政府能够拥有任命大多数董事会成员权力的企业。最为特殊的是最后一条，即只要缔约一方政府能够认命多数董事会成员，即使不拥有 50% 以上股份，仍然可以被推定缔约方为国有企业。基于股权和投票权比重认定国有企业标准较为清楚，并不存在太大的随意性问题，直接通过董事会成员的认命情况来推定国有企业就具有很大的主观随意性，这是典型的基于结果导向推定的方法。理论上只要董事会成员和政府之间存在关系，比如董事会里如果有现任和曾经的政府任职人员，就可能被认为是政府认命的，也不去考虑该企业的实际所有权性质。

美国力推的"竞争中立"规则只针对在国家层面的国有企业。在国际惯例中，国有企业仅指一个国家的中央政府或联邦政府投资或参与控制的企业。美国主张的投机之处在于美国并没有国家层面的国有企业，美国及联邦制国家的国有企业大多属于州立范畴，以国家层面上的国有企业作为规范对象的"竞争中立"规则可以使美欧各州立的国有企业免受冲击。与美欧等联邦制国家不同，中国的国有企业主要设置在国家层面上，越是重要的行业和领域，国家层面上的国有企业越集中。因此，TPP 中的国企条款对发达国家和发展中国家的国有企业可能造成的冲击程度完全不同。因此，以 TPP 为代表的竞争中立规则对国有企业的认定范围主观和随意性较大，为美国等发达国家利用竞争中立条款打击其他国家国有企业提供了有力的手段。

2. 非商业援助条款对国有企业发展造成的现实挑战和威胁

TPP 协议使用了"非商业援助"一词来概括政府对国有企

业的格外优待。具体形式包括：赠款或债务减免；优于商业条件的贷款、担保或其他形式融资；与私营投资者投资惯例不一致的权益资本；比商业条件更优惠的一般基础设施外的货物或服务。构成非商业援助的标准有四个，符合其中任何一个即可。一是该援助只能由国有企业享有，二是该援助主要由国有企业使用，三是该援助是不成比例的且大量，四是政府或其国有企业使用自由裁量权给国有企业提供的。在此标准下，一些国家的政策性银行给国有企业的贷款就很可能被认定为非商业援助，因为政策性银行的贷款往往期限比商业银行的更长。国有企业从国有控股的商业银行获得的信用贷款同样也可能被视为非商业援助，只要某个国有企业为之提供了担保，尽管这担保仅仅是个正常的商业行为。带有政府产业政策目的、含有政府或者国有企业出资的产业引导基金对某个国企进行了权益投资，也可能被认为是非商业援助。对中国而言，因为最大的几家国有银行均为国有控股的商业银行，其他几家中型的股份制商业银行如中信、光大银行也是国有控股，它们是国有企业取得间接融资的主要来源。假如竞争中立规则适用于中国，那么中国国有企业得到的大部分贷款都有可能被视为非商业援助。此外由于构成标准很低，几乎政府提供给国有企业的所有补贴、税收减免或其他任何形式的帮助都可能被认定为非商业援助。即使该援助各种所有制类型企业均可享有，而并非主要提供给国有企业，也有可能以符合第四个标准为由认定为非商业援助。甚至国有企业间正常的商业往来，理论上也可能被认定为非商业援助。由此可见，TPP非商业援助条款涵盖内容十分广泛，包括非商业援助的竞争中立规则可以非常容易用来攻击具有较多国有企业的缔约方违反贸易协定。

### 3. 基于对外国企业不利影响和透明度规则对国有企业造成的挑战和威胁

竞争中立规则最终的落实体现为不利影响，即国有企业因为非商业援助而对外国企业造成了不利影响。TPP协议再次无限扩大了不利影响的定义，变成了只要国有企业具有了市场竞争中的优势地位或是受益结果，就推定已经造成了对其他市场主体的不利影响，具体构成标准是低价格和市场份额变化。低价格指国有企业产品价格在本国或第三国市场上低于从另一缔约国进口的价格或低于涵盖投资企业同类产品的价格。至于市场份额标准则更苛刻，TPP列举了三种情形：一是国有企业的市场份额显著增长；二是市场份额不变，但若没有非商业援助，则会显著降低；三是降低幅度显著慢于无非商业援助的情况。换言之，只要国有企业的市场份额增长或者表现优于市场平均水平，无论国有企业依靠的是先进技术、提高管理还是合适的营销手段，都涉嫌违反了竞争中立，这是完全的结果导向。如果是私营或外资企业市场份额扩大、中标、获得许可等，这自然会被视为遵守竞争中立规则的结果。但是只要结果有利于国有企业，就有可能成为一方指责另一方的借口。此外，TPP还包含一个透明度条款，要求缔约一方必须公开国有企业名单，提供名单内国有企业的资产、收入、股权结构、年度财务报告等各类信息，其中可能涉及企业的商业机密，部分特殊行业企业，如军工企业则可能涉及军事机密，这对缔约一方的国家安全产生了威胁。总体来看，TPP协议中的竞争中立条款非常苛刻，每一个环节都可能被利用来限制和约束缔约方的国有企业参与市场竞争的手段。

### 4. 竞争中立规则对国有企业发展可能造成的其他负面影响

从目前来看，中国经济发展韧性强、潜力大，社会各项保障措施水平有待提高，还处于市场发育程度还不充分的经济发展阶段。在这个发展过程中，中国仍然需要国有企业来承担起保障社会稳定和社会经济可持续发展的重任。比如：首先辅助性地提供一些社会保障，建设社会基础设施，甚至在特定时期承担发挥国家宏观调控的重任等。而竞争中立规则将使中国赶超当前经济发展阶段，这就为国有企业在社会基础设施建设领域和国家宏观调控领域发挥应有作用带来了严峻挑战。

其次，竞争中立规则不但将补贴视为非法，而且将国有企业在信贷、政府采购、招投标中的便利和优势也视为非法，即便此种便利可能并非由于国有企业的身份所得，而是由于国有企业的规模、经营业绩和良好信用或者是丰富施工经验得到的。因为竞争中立规则并不在实务中区分，也没有能力区分到底哪些便利是由于国有企业的身份获得的，只能基于结果导向的"有罪推定"。只要发展中国家国有企业因为竞争中立规则被诉至国际仲裁机构，就会给这些国家的国有企业带来很多麻烦。由于在规则掌握和国际经济法律人才方面的欠缺，在国际仲裁中发展中国家处于劣势。国有企业往往被掌握话语权的发达国家和国际经济法律戴上有色眼镜看待，在国际仲裁中被不公平对待的可能性也非常大。

再次，作为中国"走出去"发展战略中领头羊的国有企业，在国际市场中逐渐发展壮大，目前中国已经成为世界三大对外投资国之一。在2018年《财富》公布的全球500强企业中，中国总共有120家企业上榜，仅次于美国的126家，在世界前十大企业中，中国的国有企业占据了三家。2018年中国的对外投资规模达到1298亿美元，位居全球第二，其中国有企业的对外直接投资贡献了相当比例。同时，随着"一带一路"倡议的不断推进，受到国际社会的关注度和认可度越来越高，中国在许多发展中国家和新兴经济市场的投资也保持了持续增长的态势。面对中国国有企业迅猛的发展势头，美国等国家一直就以各种理由阻碍中国国有企业在国际市场的合理经营与业务发展。伴随着当前竞争中立规则的制定推出，更是为中国国有企业步入国际市场制造了诸多限制，使得国有企业的涉外经营增加了合规成本与管理成本，削弱了在国际市场的竞争力。从美国利用竞争中立规则来实施贸易保护的途径上来说，也并不存在法律上的障碍，到目前为止，反垄断并没有具有国际约束力的国际多边协调和约束机制。反垄断诉讼主要依据各国的国内法进行，这就为美欧等国家限制中国企业对美投资提供了有力武器。从2005年华北制药集团遭受美国首次反垄断调查以来，中国已经成为遭受美国"337调查"最多的国家。有统计显示，从2007年到2016年4月，美国共发起"337调查"392起，其中涉华案件多达169起，占比43%。2016年5月美国国际贸易委员会（USITC）宣布对中国输美碳钢与合金钢产品发起"337调查"，调查共涉及宝钢、首钢、武钢等中国钢铁企业及其美国分公司共计40家企业，直到2018年3月美国国际贸易委员会才对上述反垄断做出复审裁决，最终决定终止对上述国有企业的"337调查"。中国已经连续13年成为美国"337调查"最多的国家，国有企业成为主要被调查对象，对于中国对美国正常对外投资造成了严重的干扰。将竞争中立规则贯彻到美国国内的反垄断法和知识产权保护法已经成为美国实施贸易保护的重要手段。

最后，由于国有企业很多是处于自然垄断行业的企业，比如电力供应、城市供水、电信网络、交通运输基础设施，等等，这些行业都是对维护社会稳定和安全具有特别重要的公共产品部门，一旦被外国资本控制，发展中国家不但经济安全多了一重风险，而且这些具有垄断地位的国企被外资收购后，便不再受到竞争中立的约束,私人或外国资本可以市场化定价的名义涨价,从而获取较高利润,损害消费者利益。比如兰州市政府曾将国有企业兰州供水公司出售给法国威立雅集团,该集团收购后以亏损为由三次上调水价,从 2006 年 1 月每吨 0.9 元涨到 2009 年 11 月的 2.25 元。然而涨价却未加大旧管网的改造,导致出现苯超标事件。因此,竞争中立规则还可能被利用,成为迫使发展中国家私有化国有企业从中获利的手段。

5. 竞争中立规则约束国有企业行为的主要途径

为了有效地遏制国有企业竞争力的扩张,美国极力构建具有约束力和执行力的竞争中立规则,并将其扩展成为新的国际经贸投资规则,为了保证竞争中立规则能够得以具体落实,美国主导的 TPP 以及未来的贸易和投资协定谈判中可能采用的手段包括以下几项。

首先,通过"边境内措施"来规范政府对国有企业行为的影响。在美国的极力推动下,OECD 已构建出所谓的"竞争中立框架",旨在"限制各国政府对国有企业的支持,保证国有企业和私营企业公平竞争"。该框架提出了一整套涉及债务、税收、定价权等方面中立的政策建议。TPP 针对国有企业的最新条款基本采纳了这些政策建议,包括要求取消补贴、取消国有企业特惠融资措施、撤销政府采购的优惠偏好、国有企业的投资及贸易地位等,有意通过"边境内措施"来规范政府和企业行为。

其次,通过严格的报告和强制执行制度,保证信息的全面及时披露。美国在处理国有企业"竞争中立"的执行问题上,主要会借鉴"圣地亚哥原则"的经验。该原则由国际货币基金组织协调制定,用于约束主权财富基金(SWF)的行为,要求 SWF 必须具有更高责任感与透明度。按此要求,"竞争中立"规则的执行制度至少会要求各方提交完备的年度披露清单，包括政府拥有所有权或控制利益的所有国企及其业务市场与市场份额，获得所有形式的政府支持包括担保、国有银行贷款利率和条件、土地特许使用或类似情况；国有供应商的供应合同；主要采购供应合同的参与条件；与关联方的重要交易；重大风险因素。

最后，通过审查、质询以及制裁制度，强化"竞争中立"规则的执行力。在信息披露义务的基础上，美国倡导"竞争中立"规则的各方专家提出建议，应依照 WTO 信息披露方式，建立常设工作组专门负责审查质询，如成员国不遵循，应要求其加快信息公示；告知后再违反，给予评估强制执行——根据该国国企预期的补贴率，用以市场为基础的代理费率调整国企出口关税，以搁置关税减让。

## 三　从市场监管角度来看，如何应对竞争中性国际化趋势

### （一）正确认识公平竞争规则的新变化

应该说，从公平竞争规则的演变来看，其本身符合市场经济的发展规律，有利于增强市场活力。事实上，改革开放以来，国有企业改革始终是中国市场化改革的重头戏，大部分国有企业也早已从过去计划经济的一个经济单位，转化为市场经济中的一个竞争主体。在 2015 年 8 月 24 日下发的《中共中央　国务院关于深化国有企业改革的指导意见》中，也明确了国有企业进一步市场化改革的大方向，其主导思想如分类推进国有企业改革、完善现行企业制度、完善国有资产管理体制、加强国有企业退出机制等，其实与竞争中立规则的理念并不相悖。所以竞争中立规则和一些国外践行的经验可以在相当程度上为中国国有企业的进一步改革所借鉴。但是

当竞争中立规则进入具有约束力的贸易与投资协定，比如 TPP 的国有企业条款，仍然带有一定的针对性和贸易保护倾向，对于今后中国国有企业出口和"走出去"具有较大潜在影响。但是，应该客观地认识到国际贸易和投资互惠互利的经济本质，并非贸易与投资条约可以轻易动摇的，一个经济健康发展、更加开放的中国对带动整个亚太地区经济的发展有着举足轻重的意义。

中国应该一方面以更加开放的姿态认同竞争中立规则的大方向，充分利用 TPP 国有企业条款的生效期和过渡期，加快国内改革步伐，与国际规则接轨。积极参与规则的研究和制定过程，充分利用自身的大国地位，使规则实施的具体细则充分考虑到发展中国家的现实国情，争取对本国最有利的条款。另一方面，中国应该本着区域经济互惠共赢的立场，继续积极寻求亚太地区的合作，同时开拓非洲、南美等新兴市场形成多元化的市场格局，防范可能对国有企业造成的冲击，建立预警机制，并在贸易摩擦发生时迅速响应，帮助企业渡过难关。

### (二) 建立健全竞争法和竞争政策

竞争政策是由政府制定的旨在调整市场结构、规范市场行为，维护市场公平的一系列规则和措施。竞争中立规则是竞争政策的一部分。中国的竞争立法、竞争政策起步较晚，而国际上竞争政策由来已久，最早可追溯到 1890 年美国的《谢尔曼法》。我国 1993 年才颁布了竞争领域相关的《反不正当竞争法》，1998 年颁布了《价格法》，直到 2008 年 8 月 1 日，作为竞争政策核心的《反垄断法》才正式实施，与欧美发达国家上百年的竞争政策经验相比，中国在运用竞争政策方面尚处在起步阶段。我国企业在竞争政策规制领域的法律意识相对淡薄，也使企业在越来越强调竞争政策的国际市场中不可避免地处于不利地位。我国应该全盘考虑，加快建立健全国内的竞争政策和竞争立法，积极参与竞争政策的国际协调，引导企业更快地适应国际市场新规则。

### （三）创造公平竞争环境，与国际规则接轨

改革开放以来，中国国有企业改革一直以建立现代企业制度为主要方向，成果显著。但在改革进入深水区时，继续推进国企改革遇到了瓶颈。竞争中立的做法或者可以为中国国有企业的深化改革提供另外一种思路，即通过保障一个公平竞争的外部市场环境来约束国有企业的行为，倒逼国有企业提高经营效率。在我国大部分国企已经完成公司制改革，基本建立起所有权与经营权相分离的现代企业制度之时，通过保障一个公平竞争的外部市场环境，使得企业的绩效充分反映其经营状况的好坏，硬化国企的预算约束，从而使经营者和所有者激励相容就变得更为重要和紧迫。澳大利亚在执行竞争中立政策的过程中，通过建立申诉机制保障国企改革成果，形成了一种市场自我监督的长效机制，保障了市场的充分竞争和活力，可以为中国所借鉴。创造并维护公平竞争环境也有利于中国与国际市场规则接轨，减少对外贸易和海外投资的摩擦。

### （四）加快推行国有企业分类监管

对国有企业进行分类监管，是实现国有企业竞争中立的基础。由于国有企业肩负了保障民生、提供公共产品和服务等责任，所以政府往往给予补贴、融资、税收、特权等优惠政策，如果这个国有企业同时参与商业领域的竞争，就会存在交叉补贴的问题，使得国有企业获得私营企业所不能享有的竞争优势。所以要实现

商业领域国有企业的竞争中立，首先要明确区分国有企业提供公共产品和服务的责任及其商业利益，划分国有企业的不同类别，对其进行分类监管。早在1998年，国企分类监管问题就进入了学者和管理层的视野，主张按照国有企业提供的产品性质及所处行业的差别，大体上把国有企业分为竞争性企业和非竞争性企业，有利于解决国有企业走向市场面临的难题。但由于当时国企改革的焦点更多是放在建立现代企业制度等方面，也由于分类监管的复杂性，因此分类监管没有得到全面落实。2013年党的十八届三中全会提出要准确界定不同国有企业的功能，这之后国有企业分类监管正式被提上国资委议事日程。在2015年8月24日下发的《中共中央 国务院关于深化国有企业改革的指导意见》中，分类推进国有企业改革被正式确定为国有企业改革方向之一。该文件提出，将"根据国有资本的战略定位和发展目标，结合不同国有企业在经济社会发展中的作用、现状和发展需要，将国有企业分为商业类和公益类""商业类国有企业按照市场化要求实行商业化运作，以增强国有经济活力、放大国有资本功能、实现国有资产保值增值为主要目标，依法独立自主开展生产经营活动，实现优胜劣汰、有序进退""公益类国有企业以保障民生、服务社会、提供公共产品和服务为主要目标，引入市场机制，提高公共服务效率和能力"。广东、上海新一轮的国企改革方案中都明确了国有企业分类监管的改革方向，成为试水国企分类监管的首批省市。加快推进国有企业分类监管，尽早在全国范围内推广落实，有利于实现商业领域国有企业和私营企业的公平竞争，焕发市场活力，也有利于我国尽快与国际规则接轨，减少贸易摩擦。

**（五）推动国有企业的混合所有制改革**

推动国有企业的混合所有制改革可以逐渐减少欧美等国试图运

用所谓的"所有权优势"来约束我国国有企业参与国际竞争的"筹码";能充分综合发挥公有制经济和非公有制经济的优势,增强我国企业的国际竞争力,进一步推进政企分开,从防止交叉补贴等方面有效应对竞争中立规则;还能够运用竞争中立规则的合理要素倒逼国有企业改革,进一步提升企业效率、促进市场化进程。从国有企业开始股份制改革以来,混合所有制并不鲜见,而2013年11月,党的十八届三中全会提出,要"积极发展混合所有制经济",正式拉开了国企混合所有制改革的大幕。2015年8月下发的《国务院关于国有企业发展混合所有制经济的意见》中,进一步明确了"发展混合所有制经济,是深化国有企业改革的重要举措"。

# 参考文献

程俊杰、黄速建：《基于竞争中性的混合所有制改革：逻辑框架与推进路径》，《江海学刊》2019年第5期。

崔凡：《美国2012年双边投资协定范本与中美双边投资协定谈判》，《国际贸易问题》2013年第2期。

东艳：《国际经贸规则重塑与中国参与路径研究》，《中国特色社会主义研究》2021年第3期。

何剑波：《全球多边贸易格局重塑背景下国有企业补贴规则研究——以"竞争中性"原则为视角》，《南海法学》2018年第12期。

和军、张依：《基于"竞争中性"原则的国有企业分类改革》，《社会科学文摘》2020年第10期。

洪功翔、黄月：《国有企业与民营企业公平竞争指标体系的构建与评价》，《上海经济研究》2021年第1期。

侯卓：《重识税收中性原则及其治理价值——以竞争中性和税收中性的结合研究为视角》，《财政研究》2020年第9期。

黄群慧：《国有企业分类改革论》，《经济研究》2022年第4期。

黄速建、肖红军、王欣：《竞争中性视域下的国有企业改革》，《中国工业经济》2019年第6期。

李俊峰：《竞争中性的国际规制演进与中国因应策略——以美欧互诉"民用大飞机补贴案"为参照》，《上海财经大学学报》2021年第1期。

廖凡：《政府补贴的法律规制：国际规则与中国应对》，《政治与法律》2017年第12期。

林梦瑶、张中元：《区域贸易协定中竞争政策对外商直接投资的影响》，《中国工业经济》2019年第8期。

刘纪鹏、刘彪、胡历芳：《中国国资改革：困惑、误区与创新模式》，《管理世界》2020年第1期。

刘戒骄：《竞争中性的理论脉络与实践逻辑》，《中国工业经济》2019年第6期。

彭波、韩亚品、林志刚：《贸易摩擦背景下竞争中性的内涵、思路及博弈策略》，《国际经济合作》2020年第1期。

沈伟：《"竞争中性"原则下的国有企业竞争中性偏离和竞争中性化之困》，《上海经济研究》2019年第5期。

孙瑜晨：《国企改革引入竞争中性的正当性及实现路径——以新兴经济体的实践经验为镜鉴》，《北方法学》2019年第6期。

唐宜红、姚曦：《竞争中立：国际市场新规则》，《国际贸易》2013年第3期。

王聪：《中国对外开放与国有企业竞争中性原则》，《国际经贸探索》2023年第2期。

王丹：《以竞争中性制度促进形成强大国内市场》，《宏观经济管理》2020年第6期。

肖红军、黄速建、王欣：《竞争中性的逻辑建构》，《经济学动态》2020年第5期。

张军旗、魏新亚：《SCM协定下我国当前可再生能源补贴措施问题分析》,《国际经贸探索》2018 年第 4 期。

张军旗:《WTO 补贴规则背景下我国产业补贴政策的变革》,《上海政法学院学报》2019 年第 3 期。

张任之:《竞争中性视角下重点产业政策实施效果研究》,《经济管理》2019 年第 12 期。

Capobianco, A. and H. Christiansen, 2011, "Competitive Neutrality and State-Owned Enterprises: Challenges and Policy Options", *OECD Corporate Governance Working Paper*, No. 1.

"Competitive Neutrality and its Application in Selected Developing Countries", *United Nations Conference on Trade and Development*, Geneva, 2004.

"Competitive Neutrality: A Compendium of OECD Recommendations", *Guidelines and Best Practice*, 2012.

Kowalsk, P., M. Buge, M. Stztajerowska, M. Egeland, 2013, "State-Owned Enterprises: Trade Effects and Policy Implications", *OECD Trade Policy Papers*, No. 147.

Rennie M. and F. Lindsay, 2011, "Competitive Neutrality and State-Owned Enterprises in Australia: Review of Practices and their Relevance for other Countries", *OECD Corporate Governance Working Paper*, No. 4.